히로시마만의 군사화와 성폭력

여성사에서 본 이와쿠니 미군사기지

국립중앙도서관 출판시도서목록(CIP)

히로시마만의 군사화와 성폭력
- 여성사에서 본 이와쿠니 미군사기지
지은이: 후지메 유키; 옮긴이: 양동숙.
-- 서울: 논형, 2013
p.; cm. -- (논형일본학; 30)
원표제: 女性史からみた岩国米軍基地
- 広島湾の軍事化と性暴力
원저자명: 藤目ゆき
일본어 원작을 한국어로 번역
ISBN 978-89-6357-413-4 94910 : ₩19000
일본사[日本史]
913.29-KDC5
952-DDC21 CIP2013001694

히로시마만의 군사화와 성폭력

여성사에서 본 이와쿠니 미군사기지

후지메 유키 지음 | 양동숙 옮김

女性史からみた岩国米軍基地— 広島湾の軍事化と性暴力
(藤目 ゆき 著, ひろしま女性学研究所, 2010)
Zoseisi Kara Mita Iwakunimikunkiji by Fujime Yuki

Originally published 2010 by Hirosima Zosei Kenkyuso.
This Korean language edition published 2013 by Nonhyung, Seoul by arrangement with the proprietor Hirosima Zosei Kenkyuso.

히로시마만의 군사화와 성폭력
여성사에서 본 이와쿠니 미군사기지

초판 1쇄 인쇄 2013년 3월 20일
초판 1쇄 발행 2013년 3월 30일

지은이 후지메 유키
옮긴이 양동숙
펴낸곳 논형
펴낸이 소재두
등록번호 제2003-000019호
등록일자 2003년 3월 5일
주소 서울시 관악구 성현동 7-77 한립토이프라자 6층
전화 02-887-3561
팩스 02-887-6690
ISBN 978-89-6357-413-4 94910
값 19,000원

한국어판 서문

역자인 양동숙 씨 덕분에 졸저의 한국어판이 출간되어 매우 기쁘다. 한국에서 내가 이와쿠니(岩国)에 대해 보고한 기회는 지금까지 한 번뿐이었다. 2011년 12월, '위안부' 할머니의 1,000번째 수요집회 직후, 서울에서 한일공동으로 개최된 '미군과 성폭력'에 관한 심포지엄에서였다. 그 자리에서 한국정신대문제대책협의회의 윤미향 씨는 1,000번째 수요집회를 소개하며, 기지촌 언니들도 수요집회에 참여해 연대의 발언을 했다고 보고했다. '위안부' 할머니들과 '기지촌' 언니들이 서로 따뜻한 연대를 쌓아온 이야기에 감격스러워, 언 마음이 녹아내리는 듯한 가슴 벅찬 기분이 들었던 그때의 일이 떠오른다. 심포지엄에서 나는 20분 정도 이와쿠니에 대해 보고했다. 일본에서조차 거의 알려지지 않은 이와쿠니의 상황 보고에 한국분들이 진지하게 귀를 기울여 주셔서 고마웠다. 그리고 이번에 졸저의 역서가 출판되었다. 양동숙 씨와 논형 출판사에 진심으로 감사드린다.

· · ·

자신의 책이 번역서로 읽힐 수 있다는 점은 어느 나라에서건 틀림없이 기쁜 일이다. 하지만 한국에서 이 책이 출판되어 기쁜 데는 특별한 이유가 있다.

첫 번째 이유는 한반도와 직결된 근현대사가 이와쿠니에 존재하며, 한미일

군사동맹체제의 중심에서 이와쿠니는 일본과 한반도의 현대사를 집약적으로 표현하고 있기 때문이다. 나는 이와쿠니를 구레(呉)·히로시마(広島)·에타지마(江田島)를 포함하는 '히로시마만'지역의 일부로 보고 있다. 이 지역은 근대일본에서 히로시마시에 제5사단, 구레에 진수부·해군공창·군항, 에타지마에 해군병학교가 설치된 고도의 군사집중 지역이었다. 원래 수도 도쿄(東京) 이외에 대본영이 설치된 곳은—전쟁말기 마츠시로(松代) 대본영의 환상을 제외하면—히로시마뿐이었다. 히로시마는 한반도의 갑오농민전쟁에 대한 간섭과 침략전쟁—일본의 역사교육은 한반도의 존재가 반영되지 않는 '청일전쟁'이라는 호칭으로 가르치지만—에 대한 출격거점으로 지정학적 의미가 있었기 때문이다. 근대일본의 조선침략과 관련하여, 한반도와 가깝다는 지정학이 히로시마만 지역에 고도의 군사화를 촉진했던 것이다.

이와쿠니가 오늘날처럼 오키나와(沖縄)의 가데나(嘉手納)기지를 능가하는 거대한 기지로 증강된 계기는 한국전쟁이었다. 미국은 한국전쟁 후에도 한반도 출격에 대단히 유리한 지근거리에 있다는 이유로, 이와쿠니기지를 포기하지 않으려고 했다. 그 결과 혼슈(本州)의 다른 기지시설 대부분이 일본 측에 반환된 사실과는 대조적으로 이와쿠니기지는 확장과 증강의 길을 걸어왔다. 이와쿠니기지는 항상 한반도 유사시에 적응 가능한 기지로 강화되어 왔다. 한국전쟁 중 '나는 미공군 조종사로서 이와쿠니기지에서 세균전에 관한 강의를 받은 후 군산으로 이동하여, 세균병기를 살포했다'고 고백한 미군 포로도 있었다. 미국정부는 이런 포로의 증언을 강제에 의한 허위라고 계속 주장해왔지만, 세균전 의혹에 대한 미국의 반증은 아직까지 설득력있다고 보기는 어렵다. 한국전쟁이나 베트남전쟁에 네이팜탄이나 고엽제, 기타 비인도적 병기

—병기에 인도적인 것이 있을지는 의문이지만—를 적재하여, 미군기가 출격한 경우도 이와쿠니기지이고, 베트남전쟁이 끝난 후에도 팀 · 스피릿이나 그 외 한미 군사합동훈련에 미병사가 출발한 지역도 이와쿠니기지였다.

이처럼 한반도 침략과 간섭에 연결되어 계속 확장되어온 이와쿠니기지와 관련해, 나는 이 책에서 이와쿠니기지 주변에 살았던 사람, 지금도 살고 있는 사람을 거론했다. 원래 이와쿠니(岩国)는 평지가 적고 바위산이 많아서 '바위의 나라(岩の国)'라 명명된 땅이었다. 특히 가와시모(川下)는 몇 백 년에 걸쳐 민중이 강하구를 매립, 간척하고 토지를 확장해서 농지를 만들어왔다. 일본군이 비행장을 만들기 전까지, 이와쿠니는 풍부한 해초가 밀생하는 축복의 땅으로 어업이나 밭농사가 사람들의 생업이었던 평온한 땅이었다. 지금도 노인들은 옛날에 세토나이카이(瀬戸内海)에서 조개채취를 하거나, 세토나이카이로 흘러가는 강에서 수영했던 어린 시절을 그리워한다. 하지만 구레, 히로시마, 에타지마를 보완하는 군사적 역할을 담당하는 군도가 된 전시하에서는 조선인을 포함한 다수의 이와쿠니 주민이 보복공격으로 목숨을 잃었다. 전쟁이 끝난 후에도 미군의 한국전쟁 출격지로 이와쿠니 사람은 오늘날까지 계속되는 고난을 강요받고 있다. 나는 이와쿠니의 조선인들, 토지를 빼앗긴 농민들, '기지촌'에서 미병사를 상대했던 창부들, 미병사와 관련된 범죄로 살해당한 여성들, 성폭력에 노출된 성인여성들과 소녀들, 그리고 평화로운 생활을 소망하며 미군기지의 폭력에 맞서 싸운 사람들, 또한 지금도 싸우고 있는 사람들에 대해 썼다. 한반도의 침략과 살육을 위해 건설, 확장되어온 이와쿠니기지는 기지주변에서 주민들이 평화롭게 안심하며 살고 싶어하는 소원을 유린하며 복합차별을 강화하고, 인권을 침해하며 존속해왔다. 그런 사실을 나는 한국인에게 알려주고 싶다.

한국어판 출간이 특별히 기쁜 또 하나의 이유는 이 책이 일본군 '위안부'문제와 기지문제, 여성인권과 외국군 주둔에 관한 한국인 운동에서 많은 감명과 격려, 그리고 가르침을 받아, 그 결과로 나온 성과기도 때문이다.

1992년 윤금이 씨 살해 사건 발생으로, 한국에서 미군범죄근절운동과 기지촌여성을 지원하는 활동이 전개되었다는 사실을 알게 되면서, 나는 기지주위의 여성사를 본격적으로 조사하기 시작했다. 가혹한 인생을 살아온 기지촌 언니들과 함께 하려는 한국의 인권활동에 감동하여, 과연 일본의 상황은 어떠한지 조사해봤다. 일본의 기지주변에서도 성매매, 흉악한 미군범죄의 역사가 쓰여 있었다. 다수의 여성이 성폭력 피해를 입었다는 사실이 차차 드러났다. 이와쿠니에서는 여성 살해 사건도 발생했다. 하복부에 드라이버나 망치가 찔려진 채 시체로 발견된 여성도 있었고, 유방과 성기가 절제된 채 유기되어, 시체로 발견된 여성도 있었다. 베트남전쟁 후에도 미군인이 저지른 살인 사건은 잇따랐다. 하지만 이 사건들은 현지 지방 신문기사에는 실렸을지언정 전국적으로 보도되지는 않았으며, 여성운동이나 평화운동에서도 이와쿠니 여성의 수난이 거론된 적은 없었다. 1955년 오키나와에서 참살된 나가야마 유미코(永山由美子)의 이름이 오키나와 사람의 마음에 각인되고, 1992년 윤금이 씨의 죽음이 한국의 반기지투쟁 속에 깊이 기억된 점과는 달리 같은 땅, 이와쿠니에서 살해된 여성들의 존재는 일본 '본토(本土)'의 평화운동이나 여성운동에게 기억되기는커녕 마치 아무일도 없듯이 알려지지 조차 않았던 것이다.

기지촌 여성에 대해 더 많은 점을 알고 싶어서, 나는 동료와 함께 2001년 '군사기지와 여성'이라는 네트워크를 구성했다. 이와쿠니를 시작으로 오키나와(沖縄)와 미사와(三沢)기지(아오모리현[青森県]), 연습장이 있는 오조지하라(王城寺原)(미야기현[宮城県]), 히쥬다이(日出生台)(오이타현[大分県])와 같은 혼슈(本州) 제 지역의 여성사 조사를 시작했으며, 또한 평택과 의정부, 동두천 등을 방문해 기지촌을 견학하고, 인권단체 사람들의 이야거를 청취하거나 보고서를 읽기도 했다. 2005년에는 오사카외국어대학(현 오사카대학 외국어학부)에서 두레방이 제작한 영화 '나와 부엉이'를 상영하고, 사무국장 정혜진 씨를 초빙하여 강연회를 개최했다. 그런 활동을 통해 나는 기지촌 언니를 지원하는 한국 내 활동을 알았으며, 국가적 성착취를 비판하고 보상요구운동도 기지촌에서 시작되었다는 사실을 알았다. 어느 활동가가 기지촌 언니의 인생은 부끄럽지 않다고 말하면서, '언니들은 세상의 가장 저변에서 일해오셨다. 따라서 언니들에게는 세상을 근저로부터 변화시키는 힘이 있다'고 존경을 표한 발언이 지금도 내 마음을 울린다.

반대로 일본사회는 기지촌 성매매에 종사한 여성을 트러블메이커로 간주한다. 살해당한 경우에서조차 피해자로 인정받지 못하는 실정이다. 성매매 종사자가 아닌 여성이 미국병사에게 성폭력 피해를 당해도 비난받는 측은 피해자 쪽이다. 피해자 비난은 피해자가 소녀인 경우에서조차도 매우 혹독하다. 그런 사태는 일본 사회의 여성인권 수준의 저열함을 보여주는 사례며, 이런 여성 억압성은 미군기지 문제를 보는 일본인의 눈을 흐리게 하며, 또 '위안부' 할머니에 대한 일본정부의 국가보상의 이행을 방해하는 큰 요소가 되기도 했다. 정말 한탄스러운 상황이다. 마음도 얼어붙는다. 기지문제를 여성의 시각에서 보려할 때, 일본의 국내상황은 그처럼 몹시 냉랭했다. 그렇지만 내가 '기지와 여성'이라는 주제에 계속 천착하며 씨름할 수 있었던 힘은 한국

'위안부' 할머니와 기지촌 언니 사이에 맺어진 배려의 유대, 할머니 · 언니와 지원자가 쌓아온 신뢰의 유대, 사회운동과 학술교류를 통해 생겨난 한일 우정의 유대로 영혼과 마음이 따스해져, 용기를 북돋울 수 있었기 때문이라고 생각한다.

· · ·

마지막으로 본서 탈고 후 2년 남짓 기간의 이와쿠니 상황도 언급하고 싶다.

이와쿠니에서는 항공모함 함재기 59기를 이와쿠니로 이주하고, 아타고야마(愛宕山)에 미군주택을 건설하려는 국가에 대항하여, 시민들의 고투가 계속 되고 있다. 기지를 둘러싼 소송이 몇 건이나 재판에 계류 중이며, 아타고야마 주민은 '아타고야마를 지키는 모임'이라 명명된 정기 연좌농성을 전개하고 있다. 2010년 9월 아타고야마를 지키는 모임의 회원이자 지구 자치회장이신 할아버지를 미군속여성이 차로 치여 사망케한 사건이 발생했다. 미군 측은 이 사고를 공무 중 사고라 주장했고, 사건은 불기소로 처리되었다. 피해자 유족은 검찰심사회에 두 차례나 심사청구했지만, 불기소는 번복되지 않았다. 현재는 민사소송이 계쟁 중이다. 작년 2012년 여름부터 가을에 걸쳐 오스프레이(オスプレイ)를 둘러싸고, 후텐마(普天間)기지 배치와 이와쿠니기지로의 분견대 배치를 반대하는 집회와 이와쿠니로의 반입 강행에 대한 단식투쟁 등의 항의행동이 전개되었다. 작년 말 총선거 결과, 전에 '위안부'의 강제성을 부인하는 폭언으로 국제적 유명세를 탔던 그리고 핵무장과 헌법개악을 추진한 강경파, 아베(安倍)수상 정권이 탄생하자, 바로 F35스텔스 전투기의 이와쿠니 배치가 결정되었다. 인권이 존중되는 평화로운 사회, 전쟁과 기지가 없는 세계를 소망하는 사람들에게 이곳은 정말로 얼어붙는 듯한 차가운 정치정

세다. 그런데도 이와쿠니는 설날부터 주민과 지원자들이 '지키는 모임'의 자리에 모여서 '아무리 두터운 회색 구름이라도 그 위에는 푸른 하늘이 펴져 있다. 모두 함께 힘냅시다!'라며 서로 다짐했다.

두텁고 어두운 구름이 낮게 깔리는 시대인만큼 한반도와 깊은 관련이 있는 이와쿠니를 다수의 한국인에게 알려주고 싶다. 그리고 한국과 일본, 한반도와 이와쿠니 사이에 60년 이상 강화되어온 군사적 결합이 아닌 새로운 평화를 위한 우정의 연대가 생겨났으면 한다. 그렇게 기원하며 이글을 한국 독자에 대한 인사말로 대신하고자 한다.

2013년 1월
이와쿠니 · 아타고야마에서
후지메 유키(藤目ゆき)

차 례

이와쿠니 지역 관련지도

이와쿠니기지
국도2호
JR산요선
이와쿠니
시역소
이마즈가와
매립지
이와쿠니기지
가와시모지구
니시키가와
신활주로
활주로
아타고야마 개발구역
토사집적장
미나미이와쿠니
몬젠가와
유수지
대형함선용 안벽
국도188호
[토사를 반송했던 루트]
후쥬

이와쿠니와 한반도의 거리

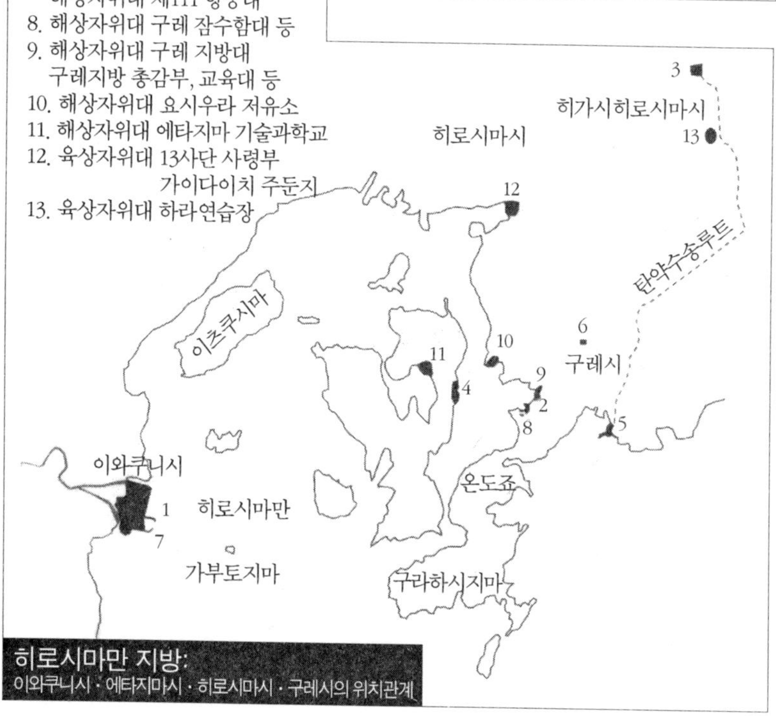

히로시마만 지방:
이와쿠니시 · 에타지마시 · 히로시마시 · 구레시의 위치관계

서론

미군재편의 중대한 초점이 된 이와쿠니기지

야마구치현(山口県) 이와쿠니시(岩国市)에는 혼슈(本州) 유일의 미해병대 기지가 있다. 바로 미해병대 이와쿠니 항공기지다. 이와쿠니시는 평야가 적지만 항공기지의 총 면적은 약 789 헥타르(2010년 5월 이후)로 광대한 면적을 차지한다. 미군은 해상에서도 기지 동쪽 수역 약 2,020 헥타르를 제공받았다. 그곳에서 미군은 일본 선박의 항행이나 어업 조업을 금지하고 있다.(『기지와 이와쿠니』, 헤이세이[平成] 21년판). 한국전쟁 전까지 일본 '본토(本土)' 각지에 다수 존재했던 미군기지는 종전 후 차츰 감축되어 오키나와(沖縄)로 집중되었다. 하지만 이와쿠니기지는 '본토'에 위치하면서도 감축되지 않고, 한국전쟁 후에도 미군의 전략 거점으로 반 세기 넘게 확장을 계속해왔다.

미국은 2001년 9월 11일 동시다발 테러 사건 직후 아프가니스탄에 공폭을 실시했고, 2003년에는 이라크에 군사 공격을 개시했다. 그런데 이런 전쟁에서도 이와쿠니기지가 완수한 역할은 컸다. 현재 미국은 세계 어디서라도 전쟁이 가능하도록 세계 규모로 미군재편을 진행하고 있다. 2005년 부상한 주일미군재편 계획으로 일본정부는 아츠기(厚木)기지에 배치된 원자력 항공모함 함재기의 이와쿠니시로의 이전을 이와쿠니시에 요구했다.

미군재편이 계획대로 진행된다면, 이와쿠니에 배치될 군용기는 배로 늘어나고 이와쿠니기지는 오키나와 가데나(嘉手納)기지마저 뛰어넘는 극동 최대 규모의 미군 거점으로 재탄생된다. 그에 수반하여 미군 관계자(군인 · 가족)도 배로 증가한다. 이와쿠니는 1997년 해상 매립으로 활주로를 신설하는 앞바다 '이설'공사를 착공했다. 아타고야마(愛宕山)에서 토사를 채취하는 작업을 2000년부터 시작해서, 현재 해상 매립은 완료했고, 2010년 5월 29일부터는 새로운 활주로 운용을 개시했다. 앞바다 '이설'은 기지 소음이나 사고로부터 시민을 보호하기 위해서라고 선전되었다. 하지만 미군재편으로 기지는 '이설'이 아닌 '확장'이 되었으며 항공모함 함재기 부대의 이주를 떠안게 되었다.

이와쿠니 시민은 2006년 3월 주민투표로 분명하게 함재기 이전 거부 의사를 표명했다. 기지 존재로 오랜 세월 동안 사고나 소음, 범죄로 위협당하며, 많은 부담을 떠안아온 주민이 더 이상의 부담은 수용할 수 없다는 의견을 명시한 것이다.

하지만 정부는 민의를 무시하고 동년 5월 미일안전보장협의위원회에서 미군재편 '최종보고'를 합의했다. 당시 이하라 가츠스케(井原勝介) 시장은 시민을 대표해서 미군재편 계획의 수락을 거부했다. 하지만 국가는 건설 중이던 이와쿠니 시청사 보조금(35억 엔)을 중지하고, 재편 교부금 대상 자치체에서 이와쿠니시를 제외하는 등 노골적인 압력을 이와쿠니시에게 행사하면서 미군재편 계획의 수락을 독촉했다. 토사 채굴이 끝난 아타고야마의 새로운 주택 시가지 개발용지도 국가가 현으로부터 매입, 소유했다. 미군 주택 건설 계획의 준비가 표면화된 것이다. 이처럼 미군재편을 향해 강경 자세를 취한 국가의 압력을 배경으로 시정 혼란이 발생하자, 이하라는 2008년 2월 시장 선거에서 낙선하고 만다. 미군재편을 용인하던 후쿠다 요시히코(福田良彦)가 새로운 시장으로 취임했다. 그렇지만 득표 차는 근소했다. 2008년부터 이듬해 2009년 동안 재편 안에 반대하는 시민의 제소로 이른바 '바다재판,' '땅재판', '하늘재판', '테이블재판'이 시작되었다.

4개의 재판	제소일	원고
바다재판(앞바다 이전사업 매립 승인 처분 취소 청구 소송 · 행정 소송)	2008-02-07	田村順玄 외 17명
땅재판(아타고야마 개발 사업 인가 취소 청구 소송 · 행정 소송)	2008-07-31	岡村寛 외 18명
하늘재판(이와쿠니 폭음 소송 · 민사 소송)	2009-03-23	津田利明 외 654명
테이블재판(아타고야마 개발 등과 관련한 시장 협의 보고 비개시 결정 취소 청구 소송 · 행정 소송)	2009-09-02	岡田久男

2009년 9월 미군재편의 재검토를 성명서로 내걸어온 민주당은 사민당 · 국민신당과 함께 연립정권을 성립했다. 하지만 이와쿠니로 함재기를 이전하는 문제의 재검토 그리고 아타고야마에서 미군 주택을 건설하는 문제의 재검토는 정권교체 후에도 어느 것 하나 행해지지 않았다. 게다가 심지어 민주당정권 때조차 행하지 않았던 아타고야마 개발적지 매입을 위한 예산조치가 강구되어 '재검토'는 오키나와 후텐마(普天間)기지문제로 특화되어 버렸다. 그 오키나와조차 이듬해 2010년 5월 발표한 미일 합의내용을 보면, 자민당 시대와 동일한 '후텐마기지 이설장소를 헤노코(辺野古)로 한다'는 내용이었다. 국민의 지지를 잃은 하토야마(鳩山) 정권은 6월 퇴진했지만, 후계 간(菅)정권도 발족과 동시에 미일 합의는 '국가와 국가 사이의 합의'다. 따라서 중대한 문제이므로 기지의 오키나와현 내 이설 방침은 견지한다고 표명했다.

이와쿠니 역사를 회고하다

시민의 희망이나 의사와 관계없이 미군재편의 중점 지역이 된 이와쿠니시지만 2006년 주민투표부터 현재까지의 시기만큼 이 쥬고쿠(中國) 지방의 소도시가 내외로부터 광범위한 주목을 받은 적은 없었다. 미군재편의 거부라는 민의를 분명히 표명했음에도 국가는 그것을 무시하고 보조금을 무기로 지방자치체를 억압하는 방식으로 시민의 평화로운 생존권을 침해하고, 지방자치를 파괴했다. 이는 민주주의의 근간을 위협하는 폭거며 이와쿠니 시민에게 닥친 재난이고 일본 전체 평화와 민주주의에는 위협이다. 또한 미국의 군사주의를 국제사회가 계속 추종할지 그렇지 않을지를 가늠하는 세계평화의 문제기도 하다. 따라서 일본 전국 게다가 한국이나 필리핀처럼 동일한 미군 문제를 안고 있는 여러 국가에서도 많은 사람이 미군재편을 거부하는 이와쿠니의 싸움에 주목하며 공감을 보냈다.

니시야마 마사히로(西山正啓) 감독의 다큐멘터리 작품 〈미군재편 이와쿠니의 선택-이와쿠니 주민투표의 기록〉(2006)이나 〈사라진 마을을 지키는 신의 숲-눈에 비친 앞바다 이설 계획〉(2007), 또한 2008~2009년 동안 출판된 『주간 금요일』 편 『이와쿠니는 패배하지 않는다-미군기지와 지방자치』, 『기지가 있는 자치체의 투쟁-그래도 이와쿠니는 패배하지 않는다』, 이하라 가츠스케(井原勝介)의 『이와쿠니에 부는 바람-미군재편 · 시민과 함께 싸운다』(高文硏, 2008) 등은 이와쿠니시가 직면했던 사태나 시민의 생각과 투쟁을 아는 귀중한 단서다. 이런 영상이나 도서들이 앞으로 더욱 더 많은 사람에게 주목받았으면 한다.

한편 이와쿠니기지에 보내는 타 지역의 주목이 일과성으로 끝나지 않았으면 한다. 최근 몇 년 이제껏 없던 주목이 집중되는 현상은 달리 보면 미군재편 문제가 부상하기 전에는 다른 지역에서 이와쿠니를 거의 의식하지 않았다는 얘기다. 하지만 원래 이와쿠니기지는 출발부터 결코 이와쿠니 사람이 희망해서 만들어진 것이 아니다. 안보체제 하에서 계속된 기지 확장도 이와쿠니 사람이 원해서가 아니었다. 오히려 선조들이 고생해서 개척한 토지를 지키며 조용히 평화롭게 살고 싶다는 사람들의 소망과는 다르게 국가가 기지를 강요하고 시민의 희망이나 의사를 억압해서 기지를 만들고 계속 확장해왔다.

'본토'와 너무도 불균형한 기지 부담을 떠안아온 오키나와 사람은 차별에 분노하며 기지의 현 내 이설에 반대한다. 당연한 분노로 헤노코 신기지 건설은 인정할 수 없는 일이다. 후텐마기지는 무조건 즉각 폐쇄되어야 한다. 하지만 오키나와 사람의 분노를 두고 미군의 일본 주둔 자체의 필요성은 의심하지 않은 채 '본토'에서 기지 부담을 서로 나누는 일이 차별을 시정하는 해결책이라고 주장하는 사람이 적지 않다. 이러한 의견에 우려를 금할 수 없다. 그런 언설은 미군기지 혹은 해병대가 마치 오키나와 외부에는 존재하지 않는 듯이 말하며, 기지문제가 마치 오키나와 차별문제(오키나와의 기지 불균형 부담 문제)를 가리키는 듯이 자주 설명된다.

확실히 '본토'가 오키나와를 차별하고 '본토'사람이 오키나와의 아픔이나 고뇌를 진지하지 않게 예사롭게 이해한 점은 사실이다. 그렇지만 이와쿠니처럼 혼슈에 위치해 히로시마, 후쿠오카, 오사카 대도시와 거리도 그리 멀지않은 장소라도 기지가 설치된 땅은 다른 지역사람이 쉽게 상상하지 못하는 크고 많은 불이익을 떠안는다. 아픔이나 고뇌는 나누어 가져도 좋은 것이 아니라 제거해야만 한다.

기지를 설치하는 일 자체가 지금까지 차별구조에 입각한 지역차별이다. 기지거리가 되어 차별은 한층 더 증폭된다. 이와쿠니기지의 역사를 회고하면, 기지의 존재로 사람들이 격렬한 전재(戰災), 거듭된 사고, 폭음피해, 전장(戰場)과 직결된 군사적 긴장, 미군인의 범죄와 폭력에 노출되었음을 알 수 있다. 약자 처지에 있던 경작자들, 한반도에서 도일(渡日)해야만 했던 사람들, 실업, 빈곤, 차별에 쫓겨 기지촌으로 유입한 사람들, 폭력이나 범죄 피해자들의 역사적 경험을 조명해보면, 지역에 기지가 존재한다는 의미는 한층 더 분명해진다.

여성사 시각에서 보다

내가 조명하고 싶었던 부분은 공적 기록이 적은 민중사 · 여성사며 그 중에서도 특히 비가시화 된 여성에 대한 폭력 문제다. 오키나와도 '본토'도 필리핀도 한국도 기지 주변지역은 공통으로 미군인이 여성에게 저지른 범죄가 반복되었으며 미군인을 고객으로 하는 매매춘 거리가 각지에 형성되었다. 이와쿠니도 예외가 아니었다. 그러나 여성의 피해가 공적으로 언급되는 일은 거의 없다.

내가 여성사의 시각에서 이와쿠니 현대사를 공부하기 시작한 때는 10년 전쯤이다. 여성국제전범법정(2000년 · 도쿄), 코리아국제전범법정(2001년 · 뉴욕) 등, 평화의 21세기라는 소망을 담아 과거 전쟁범죄를 구명하는 국제 시민참여행동이 행해지던 무렵이다. 아프가니스탄 공폭 개시 직후인 2001년 11월 동료와 함께 교토(京都)에서 '군사기지와 여성'을 주제로 전국여성사 교류 집회를 개최, '군사기지와 여성' 네트워크 활동을 시작했다. 이런 참여 활동으로 기지 주변지역의 여성사 전반에 관심이 깊어졌다. 특히 이와쿠니에 특별한 관심과 생각이 솟구쳤다. 계기는 이와쿠니 시의원 다무라 쥰겐(田村順玄)이 이와쿠니기지를 다룬 신문기사를 수집, 스크랩해오고 있었는데, 그것을 내게 보여주면서였다. 지금까지 이와쿠니기지 주변에 엄청난 수의 범죄가 발생했으며 잔혹한 살인 사건마저 다수 일어났고, 그 피해자 대부분이 미군 상대 접객여성임을 알았기 때문이다. 이것은 사건 자체도 충격이었지만 나는 내 자신이 그때까지 그런 사실을 알지 못해서 내심 부끄러웠다.

이와쿠니에 기지가 존재한다는 사실은 아주 오래 전부터 알았다. 대학입시를 위해 다녔던 예비학교 시절, 이와쿠니 출신 친구가 '폭음이 대단해!'라고 얘기해준 적이 있었는데 인상 깊었다. 학교 수업이 중단될 정도로 심했던 소음을 전해주려고 얼굴을 찡그렸던 그녀의 표정까지 떠오른다. 학생시절 때는 히로시마시에 자주 찾아갔고 원수폭 금지 대회에도 참여했다. 핵병기, 안보, 평화운동에 관심과 지식도 있었던 편이라고 생각한다. 그런데 이와쿠니에 살인 사건이 연속 발생하던 당시도 그 후 여성사를 직업으로 삼았을 때도 나는 그런 사건을 일찍이 모르고 있었다. 왜 몰랐을까. 사람의 생명을 잔인하게 빼앗는 범죄가 빈번하게 발생했다는데, 어째서 깨닫지 못했을까. 왜 그 사건들은 허용해서는 안 될 대 사건으로 일본 내부를 떠들썩하게 만들지 못했을까. 그런 놀라움과 굴레로 출발해서 조금씩 이와쿠니기지를 둘러싼 여성사를 조사했다.

조사를 진행하는 중 이와쿠니 미군 성폭력은 현재 진행형의 문제라는 사실을 알았다. 2003년에도 미군 병사가 여성을 폭행한 사건이 발생했다. 하지만 '군사기지와 여성' 네트워크가 사건을 안 시점은 수개월 후 공판이 개시될 무렵이었다. 게다가 오키나와 동료가 『오키나와 타임즈』 기사를 찾아냈기 때문이었다. 이와쿠니 사건을 '본토'가 아닌 오키나와신문이 알렸던 것이다. 이처럼 이와쿠니는 '본토'에서 얼마나 보이지 않는 곳인지, 여성에게 가하는 미군 병사의 범죄가 얼마나 경시되고 있는지를 잘 드러냈다. 그리고 2007년 이와쿠니기지 해병대원이 히로시마에서 집단강간 사건을 일으켰다. 흉악범죄면서도 경찰은 용의자들을 체포도 하지 않았으며 검찰은 불기소로 처리해버렸다.

'군사기지와 여성' 네트워크는 이 사건을 중요하게 여겨 성명, 신청, 집회, 가두행진 등 여러 실천행동을 조직했다. 하지만 사건발생 후 전개과정은 여성의 인권옹호, 사회정의의 실현과는 거리가 멀었다. 내외 많은 사람의 희망도 부질없게 되었다. 이같은 흉악 사건이 이처럼 소홀히 취급되어, 피해자 소송은 무시되고, 아무 일도 아닌 것처럼 사람들 기억에서 삭제되어버리는 것일까. 이 사건과 그 후의 전개과정은 이제까지 이와쿠니 미군기지의 존재로 발생한 다수의 성폭력 피해자와 무참히 살해된 여성의 일을 우리가 공적으로 기억하지 않고 봉인해온 점과 관련이 깊다.

이처럼 나는 여성사 시점에서 이와쿠니기지를 살펴보았다. 이즈음 히로시마여성학연구소 다카오 기쿠에(高雄 きくえ)에로부터 제안을 받고 10년 동안 참여한 조사를 본서로 정리했다. 본서는 기지 주변에서 반복된 여성에게 가해진 폭력에 초점을 맞추었다. 이와쿠니기지 문제의 전체 설명과 종합된 이와쿠니 현대사 관점에서는 부족한 점이 많으며 그저 묘사 정도로 그쳤다. 그럼에도 본서를 출판한 이유는 본서가 이와쿠니기지 문제에 사람들의 관심을 한층 높이고 지금까지 여러 겹 덮여있던 미군 성폭력 문제를 가시화하는 데 도움을 주어 여성사 · 민중사에서 기지문제를 생각하는 데 일조하면 좋겠다고 생각했기 때문이다.

본서 구성은 2부로 나뉜다. 제1부는 일본 군기지 건설에서 미군재편 문제가 부상하는 시기까지를 연대순으로 서술했고, 제2부는 2007년 집단강간 사건을 서술했다.

1부

히로시마만의 군사화와 여성에 대한 폭력의 구조화

1장
일본 군기지 건설

토지 접수와 일본 군기지 건설

이와쿠니기지의 역사는 1937년 중일전쟁 발발을 배경으로 구일본 해군이 항공기지 건설을 위해서 니시키가와(錦川)하구의 델타지대(가와시모[川下] 델타)의 토지를 매수한데서 시작한다.

니시키가와는 중국 산지로부터 발단하여, 하구에서 이마즈가와(今津川)·몬젠가와(門前川)로 나뉘어 세토나이카이(瀨戶內海)의 히로시마만으로 흘러간다. 니시키가와 하구의 델타지대는 에도시대 때 간척이 적극 진행되었다. 간척으로 생겨난 토지로 전답과 주택이 형성되었으며, 농경과 양잠이 활발하게 행해졌다. 이와쿠니의 연근재배는 현재까지도 유명하다. 1925년 이마즈가와를 낀 델타지대 대안(對岸)에 위치한 마리후쵸(麻里布町)에는 데이진진조켄시(帝人造絹糸)(현재 상인)[1] 공장이 건설된다. 또한 델타지대에서 몬젠가와를 건너, 남방, 남이와쿠니 나다마치(灘町)에는 1937년 동양방 이와쿠니 공장(현재 이와쿠니 기능재 공장), 이어 1939년 산요(山陽) 펄프공업(현재 일본제지) 이와쿠니 공장이 조업을 개시했다. 이처럼 평화스럽게 농어업을 영위

1) 현재의 기업명은 데이진주식회사(帝人株式會社)다. 1918년 설립 당시는 '데이진진조켄시주식회사(帝人造絹糸株式會社)'였으며, 1962년부터 정식으로 기업명을 현재의 데이진으로 바꿨다고 한다(역주).

해 근대공업을 발전시켰던 이와쿠니는 중일전쟁 개시 후 급속하게 군사도시로 변모해갔다.

그것은 히로시마만이 군사 집중지역에 위치한 점과 관련이 깊다. 이와쿠니시는 행정상 야마구치(山口)현에 속하지만 야마구치현 동쪽 끝에 위치한다. 그래서 현청 소재지 야마구치시에서는 멀리 떨어져 있는 도시다. 한편 히로시마시와는 가까워서 이와쿠니는 히로시마만 지역의 일부를 차지한다. 사회 · 경제 · 문화는 히로시마현과 관계가 밀접하다. 히로시마만 지역은 메이지(明治) 초기에 쥬고쿠 지방의 군사 거점으로 히로시마 진다이(鎮台)가 설치된 이래, 구일본군의 군사 집중지역이었다. 청일전쟁 때는 히로시마에 대본영(大本營)을 설치했다. 육군 제5사단 사령부 · 제2총군사령부 · 우지나코(宇品港)의 육군 선박수송 사령부는 히로시마시에 위치하며, 구레(吳)시는 구레진수부(鎮守府)를 설치했다. 동양 최고로 불릴 정도로 대규모 시설을 자랑하는 구레 해군공창은 일본 해군함정 건조의 중심이다. 에타지마(江田島)에는 해군사관을 양성하는 해군사관학교가 있었다. 이처럼 군사 집중지역인 히로시마만에 위치한 이와쿠니는 전시체제 하에서 새로운 항공기지로 자리매김되며, 히로시마나 구레, 에타지마의 기능 일부를 이전받는다.

중일전쟁 발발 이듬해인 1938년, 일본 해군은 강 하류, 델타 택지 1.3 헥타르와 목화와 연근 재배를 하던 농지 121.7 헥타르를 매수하고, 이와쿠니 비행장 건설에 착수했다. 다음 해 1939년에는 구레 진수부 소속 연습대를 배치하고, 1940년 7월 이와쿠니 해군항공대를 발족한다. 또한 1941년 육군 연료창 건설을 시작하여 1942년 조업을 개시한다. 같은 해 해군사관학교 이와쿠니 분교도 개교한다. 1944년 쥬고쿠 도료회사 이와쿠니 항공기공장이라는 군사품 제조공장도 설치했다. 1945년이 되자, 구레 제11 항공창이 폭격으로 괴멸되고, 구레 본창 시설을 이와쿠니로 피난시키는 계획을 돌관공사로 진행하고, 제11 해군 항공창 이와쿠니 지창(支廠)을 발족한다. 아타고야마에는 본토 결전용 국지전투기 '시덴카이(紫電改)'[2] 제조를 위해 총연장 약 2킬로미터의 터널이 뚫렸다. 이처럼 중일전쟁에서 아시아태평양전쟁 시대의 군사화로 군기지면적은 종전까지 약 451헥타르로 확장되었다.[3]

일본군 · 일본정부에 의한 토지매수는 실질적으로 강제접수였다. 일본 해군이 농민을 무도관(武道館)으로 소집해서, '군인은 적지(赤紙)[4]로 소집하고 있다. 농민은 백지(白紙)[5]로 보낼 수 있다'고 명령하면 농민은 이에 대꾸도 못하고 순순히 택지와 경지를 헐값으로 넘겼다고 한다. 1942년 해군이 발행한 영수증에 매입가격이 '1평 35전'이라 기록되었다. 야마구치현사 편찬에서 증언한 고노 이사오(河野勳)는 이 영수증에 대해 다음과 같이 말했다 .

> 가와시모(川下)에 사는 사람이 이 영수증을 보고 자신의 부친에게 물었는데, 히로시마현 구레에서 해군 고위층 인사가 갑자기 방문해서, 해당 농민을 가와시모무라(川下村) 동사무소 2층으로 집결하고, '천황 폐하께서 너희에게 오랫동안 빌려주신 토지가 이번에 필요하기 때문에 돌려달라'라고 말했습니다. 지금이라면 우스운 얘기입니다만 당시는 당연했습니다. 그 얘기를 듣던 농민들은 깜짝 놀랐습니다. 집합 장소는 어수선했다고 합니다. 그랬더니 헌병이 와서, '조용히 해!'라고 고함친 것 같습니다. 당시니까 쥐 죽은 듯이 조용해졌죠. (중략) 이런 일은 그것을 증명하는 얘기가 가와시모에 온 후에도 여러 가지 있습니다.[6]

---

2) 제2차 세계대전 중 대일본제국해군이 개발한 전투기(역주).

3) 岩国市史編纂委員会 編,『岩国市史(下)』, 岩国市, 1971, p.1052,『基地イワクニ~日米安保のはざまで』, 中国新聞社, 1966, p.235.

4) 구일본군대의 소집 영장(역주).

5) 백지 위임장(역주).

6)「山口県史－史料編－現代2 県民の証言 聞き取り 編(三. 社会の中で)에서「米軍基地

또한 히라오카 가츠토(平岡勝人, 1923년생)는 1942년 수해를 계기로 토지를 강제 매수당했다고 회고한다(『쥬고쿠신문(中國新聞)』, 1995년 2월 12일).

> 제방이 끊어져, 이 근처 집이랑 농지가 대 피해. 그대로 모두 접수예요. 반(10 아르[7])당 수백 엔. 헐값이었죠.

이 수해란 1942년 8월 스오나다(周防灘) 태풍으로 발생한 해일재해다. 야마구치현에서 사망자·행방불명자는 약 800명으로 해변 근처 무수한 가옥, 농지가 괴멸적인 피해를 입었다. 하지만 삼엄한 전시보도 관제 아래에 있었기 때문에 피해의 전모나 상세한 내용은 밝혀지지 않았으며, 재해 이재민의 구제도 행해지지 않았다. 일본군의 토지수용은 이러한 이재민의 곤궁한 상황을 이용해 실시되었다.

격심한 자연재해로 피해 입은 농지의 복구나 이재민의 구제보다도 군사이익이 먼저였다. 사람들의 곤궁한 상황이 군대이익에 필적하듯이 국가에 이용되었다. 그러한 국가의 군사우선주의가 당시는 어떤 일에서도 '당연함'으로 여겨졌다.

군도와 유곽

여기서 시점을 바꿔서 전쟁 전·전시 중의 공창제도를 생각해보고 싶다. 당시 궁핍하고 곤궁한 집의 딸들이 대좌부면허지(가시자시키[貸座敷]: 유곽)

を見つめて－岩国平和委員会の活動」, 구술자 河野勲, 구술일 1994.3.11. http://www5f.biglobe.ne.jp/~cosmos/kouno/kensi/kensi. 河野勲(1921~1995)은 이와쿠니시에서 태어나 이와쿠니 상공학교 졸업. 1948년 산요오 펄프공업(山陽パルプ工業)에 입사. 1964년부터 이와쿠니 평화위원회 회장을 역임했다.

7) 1아르는 100m²로 30평 남짓(역주).

에 팔리는 일은 흔한 일이었다. 국가가 그러한 성매매를 통제한 것이 공창제도다. 그리고 군사집중 지역은 반드시라고 말해도 될 정도로 유곽이나 사창굴이 형성되어, 팔려온 여성들이 병사를 상대했다. 여성사 연구자, 이마나카 야스코(今中保子)가 일찍이 지적한 바처럼, 히로시마만 지역은 특히 그런 일이 현저히 나타났다.

히로시마현의 유곽은 히로시마나 구레가 군도로 발전해가는 것에 비례해 비대해졌다. 히로시마 히가시(東) 유곽은 청일전쟁 후 1895년 설립되었는데, 전쟁지역에서 귀환한 병사, 인부, 고요쇼닝(御用商人)[8], 군속이 고객이었다. 히가시 유곽이 위치한 나가레카와쵸(流川町)부터 야요이쵸(彌生町)·야겐보리(藥研堀)는 현재도 홍청거리는 환락가다. 구레의 아사히(朝日) 유곽은 이듬해 1896년에 설립되었다. 히로시마현의 창기는 1896년 1,179명이었지만, 러일전쟁 후 1906년 2,654명으로 배가 증가한다. 히로시마현 내의 전체 유곽 중 내로라하는 대단한 유곽은 히로시마 히가시 유곽과 구레의 아사히 유곽이다. 1929년 히로시마현 경찰통계표를 보면, 히가시 유곽은 409명, 아사히 유곽은 4,888명의 창기가 일했다. 1929년 말 현재, 내무성 조사에서는 히로사마현 유곽은 19, 창기 총수는 2,242명에 달한다. 한편 야마구치현의 경우 면허지수는 41로 많지만, 대부분 시모노세키(下關)에 집중되었고, 또한 각 면허지는 소규모였기 때문에, 창기 총수는 902명에 지나지 않았으며, 히로시마현의 창기수보다 훨씬 밑돌았다.[9]

그럼 히로시마나 구레와 같은 히로시마만 지역에 속하는 이와쿠니는 어떠

---

8) 군인에게 서비스를 제공하는 사람, 밀리타리 비지네스(역주).

9) 今中保子,「1920年代~1930年代の廃娼運動とその歴史的意義-広島県を中心にして」, 歴史学研究, 1986.10.(総合女性史研究会 編,『日本女性史論集』, 吉川弘文館, 1998 수록), 林保登,『広島案内記』, 1901, p.90,『婦人問題資料集成』, ドメス出版, p.282, 456 등.

했을까. 이와쿠니의 지방신문인 『고후지호우(興風時報)』 기사로부터 모습을 살펴보자.

〈표 1〉『興風時報』 기사에서 본 이와쿠니 접객여성

기사일	사항
1937.2.11	柳井町 제2 松島누각 고용 창기(26)와 남성의 액사 시체와 유서 丸田고개에서 발견
1937.2.16	전직 여관 나카이 여성(본적 히로시마시, 20세)이 백화점에서 절도, 체포
1937.2.25	이와쿠니역 대로 방면 요정에서 작부(본적 高森町[29])가 손님과 동침 중 밀매음 현행범으로 체포
1937.2.27	麻里布町 今津권번의 예기치옥의 고용 예기(16)가 자살미수
1937.3.6	今津권번의 20여 명. 치옥업자들의 예기의 폭력 · 학대에 대한 대우개선을 요구하며 협의
1937.7.8	岩国유곽의 마을 매립지로의 이전 문제에 관해서 이와쿠니에서 최초 심의
1937.9.30	남성과 동반한 나카이(広島県 安佐郡 출신, 37세)가 요정 2층에서 체포. 밀매음 용의
1937.10.7	岩国유곽업자의 이전 계획에 10월 7일 이와쿠니 정회도 만장일치 찬성
1938.9.24	松声누각에서 손님이 19세 창기(본적 長崎県 東彼杵郡)을 단도로 찌른 후 할복자살
1938.1.24	松鶴누각에서 면도칼에 의한 신쥬 미수.창기는 즉사, 손님은 자살방조 · 살인용의로 기소
1939.2.18	岩国권번의 예기 3명이 성병예방으로 우량 표창. 답례로 이와쿠니국방부인회에 헌금
1939.4.27	栄楼娼의 창기(21)가 손님(24)과 가출, 극약을 마시고 신쥬 미수
1939.5.18	전시하 향락영업 제한 현령(県令). 岩国 경찰서 관하 15ヵ町村도 일제히 제한령을 단행
1939.6.20	유곽이전이 10일자로 허가. 岩国경찰서장은 이전하지 않는 업자의 영업 취소를 발표

이와쿠니는 다이쇼(大正) 말기에 니시미(錦見) 도휴쵸(登富町) 근처에서 면허가 교부된 대좌부 8채 정도가 영업을 시작했다. 하지만 야마구치현 내에서

도 이와쿠니 유곽은 시모노세키는 물론 야마구치, 야나이(柳井), 우베(宇部), 도쿠야마(德山) 등 다른 도시에 비해 규모가 극히 작았다. 중일전쟁이 발발한 1937년 7월 무렵, 이와쿠니 유곽은 대좌부가 9채, 창기 수는 50명 남짓이었다. 그런데 그 무렵부터 유곽을 이전·확장한다는 계획이 이와쿠니 정회(町會)의 뜨거운 화제로 떠올랐다. 당시 데이진진조켄시(帝人造絹糸)나 도요우보(東洋紡) 등 대공장의 조업(操業)도 있고, 이와쿠니 마을은 경기가 좋았고, 유곽은 번화했다. 기생집(妓樓) 경영자들은 도우후쵸(登富町)가 비좁다며, 마을소유의 니시키가와 매립지로 유곽이 이전되기를 희망했다. 매립지는 4천 수 백평에 미치는 광대한 토지였다. 이와쿠니 정장(町長), 경찰서장, 정회의원 모두가 찬성했다. 아니 찬성했다기보다 당시 이와쿠니 정치 지도자는 유곽 업자 이상으로 이 계획에 온 정성을 기울였다. 업자는 1,500평이면 충분하다고 했는데도, 정회의원은 반드시 2,000평의 매각주장을 양보하지 않았으며, 업자 이상으로 이전확장에 집착했다.

1939년 6월 10일자로 야마구치현은 이와쿠니 유곽의 이전을 허가한다. 이즈음 이와쿠니 경찰서장은 업자에게 '이전하지 않는 업자의 영업은 취소한다'며 강압적인 훈사를 내렸다. 중일전쟁 하에서 성병단속은 강화되어, 대좌부나 예기치옥 등 향락산업의 영업은 제한되었다. 하지만 서장은 '이와쿠니 지방은 가와시모 방면으로 중요한 공장 등이 건설되기에 다른 도시와 정취를 달리한다. 그러므로 위생검진만 철저하다면, 공인 사창제도는 허용될 수 있지 않을까'라고 생각했다.[10] 마침 그때 가와시모 델타에 해군비행장이 건설되었

10) 『岩国ニュース興風時報』 1939.6.20, 『岩国ニュース興風時報』의 전신은 1917년 창간한 『興風時報』. 『興風時報』는 29년 『岩国ニュース興風時報』로 이름을 바꾸고 40년 1월 11일부터 『岩国合同新聞』으로 변경(『周東毎日新聞』, 『周防新聞』과 병합). 하지만 전시 하 40년 2월부터 46년까지 휴간하고 46년 3월 재간되었다.

고 또한 산요(山陽) 펄프 이와쿠니 공장이 건설 중이었다. 경찰서장의 심중은 이러한 해군기지나 공장건설로 유곽의 수요는 더욱 더 증가할 것이라는 생각이었을까. 실제 야마구치현 내 도쿠야마는 1921년 해군 연료창이 생긴 후 빈번하게 군함이 입항했다. 그 당시 유곽은 수병들 사이에서 떠들썩한 화제꺼리였다. 창기의 수는 150명을 넘었다고 한다. 히로시마나 구레에 못 미치지만, 군도(軍都)가 되는 것은 유곽의 활황과 동일한 의미를 가진다.

이와쿠니 유곽의 이전확장은 이처럼 지방경제를 활성화하는 지역진흥책으로 이와쿠니 정치 지도자층에게 환영받았다. 그러나 유곽을 여성인권의 시점에서 문제삼은 적은 전무했다. 중일전쟁 개전 전후의 『고후지호우』에서 이와쿠니 유곽의 창기들, 그리고 마리후쵸 이마즈(今津) 권번에 적을 둔 예기나 여관, 요정, 음식점의 나카이(仲居)[11]나 작부들 관련 기사를 추려보자. 거기서 폭력, 죽음과 표리 관계를 이루며 살던 당시 접객여성의 상황을 엿볼 수 있다.

표 1에서도 나타나는 바처럼 접객여성의 자살 · 손님의 '신쥬(心中)'[12]나 그 미수 사건이 2년 2개월 동안 5건 발생했다. 50명 안팎의 창기가 있는 이와쿠니 유곽에서 반 년마다 사건이 발생한 것이다. 세상을 비관하고 자살한 여성도 있다면, 강제로 무리신쥬(無理心中)[13]를 강요하는 손님으로부터 살해당하거나, 칼에 찔리는 여성도 있다. 목숨을 잃은 여성 중 전월(前月)에 인신매매로 온지 얼마 안 된 사람도 있었다. 기생집이나 예기치옥 경영주가 여성을 학대하기도 했다. 예기들이 견딜 수 없어서 처우개선을 위해 모여서, 협의한다는 기사도 보인다.

---

11) 여관에서 식사 시중을 드는 급사나 접대를 하는 여성들의 직업(역주).

12) 친한 관계에 있는 사람들이 두 명 혹은 여러 명이 합의해서 함께 자살하는 행위(역주).

13) 무리신쥬는 함께 죽자고 강제로 죽음을 강요하는 행위로, 주로 엄마와 자식이 함께 죽는 경우가 많다. 하지만 남녀 커플의 무리신쥬도 적지 않다(역주).

매매춘은 일부 여관이나 요리 음식점에서도 행해졌다. 경영자는 나카이나 작부로 고용된 여성에게 매춘을 강요했다. 그런 행위들이 때때로 표면화되어 경찰은 '밀매음' 사건으로 그녀를 적발하기도 했다. 고용주 요구를 거절 못하고 손님을 맞이한 여성인데도 범죄자로 취급했다. 또한 경찰의 눈을 피했다 해도 성병을 옮기거나 임신하면, 여성 자신의 책임이 되어버렸다. 연표에서 두 번째 사건인 절도로 체포된 20세 여성은 부모님이 전염병으로 사망한 후 고아가 되자, 전년에 히로시마에서 마리후쵸로 나카이 봉공(仲居奉公)하러 왔었는데, 투숙객의 아이를 임신해 여관에서 해고되어, 갈 곳 없는 날들을 보냈다고 한다.

주목하고 싶은 점은 예기 3명이 국방부인회에 헌금했다는 '국방 미담' 기사다. 공창제도는 국가와 지방청이 매매춘을 통제하여, 매춘객의 성병보호를 위해 매춘여성에게 성병 정기검진을 받게 하는 제도다. 군국주의가 고조되자, 병사로 싸워야 할 일본남자를 성병감염에서 보호하기 위해 성병검진을 확충하는 움직임이 전국으로 고조되었다. 하지만 창기와 다르게 원칙상 매춘여성이 아닌 예기나 작부에게도 성병검진 제도를 강제하자, 저항도 발생했다. 그럼에도 이와쿠니 예기들은 성병검진을 했다는 이유로 표창받는다. 그녀들은 표창의 감사 '답례'로 국방헌금을 냈는데, 기사는 그런 그녀들을 기특하다며 칭송했다.

이와 같이 예기나 창기의 국방헌금이 미담으로 다루어지는 현상은 이와쿠니뿐만 아니라 전시 하 일본 전국에서 많이 볼 수 있다. 하지만 여성이 창기, 예기로 팔려 손님을 맞고 있다는 인권침해에 대해서는 어떠한 비판도 나오지 않는다. 접객업여성은 '당연함'처럼 화류계에 머물고, 몸을 팔아 얻은 얼마 안 되는 수입도 국방헌금으로 소개되어, 총력전의 일단을 담당했던 것이다.

전시체제 하의 이와쿠니

전시체제 하 이와쿠니의 사회 각계각층도 전쟁협력으로 총동원되었다.

여성계는 전쟁협력으로 여성을 동원하기 위해 관제부인회의 정비 · 통합을 진행했다. 앞서 예기가 국방부인회에 헌금했다고 언급했는데, 국방부인회의 정식명칭은 대일본국방부인회다. 1937년 이와쿠니에 대일본국방부인회 분회가 발족되었다. 이듬해 1938년 구가(玖珂)군 부인연합회가 조직된다. 그때까지 존재하던 마리후쵸(麻里布町)부인회는 대일본국방부인회 마리후 지부로 개칭된다. 1940년 이와쿠니 시제(市制)가 시행되자 구오카쵸므라(舊五力町村)의 부인회를 합병하고, 이와쿠니시 연합부인회를 조직했다. 이들 관제부인회는 동년 11월 1일 '부인의 시국에 대한 각오'를 합의했다.[14] 부인회 활동은 전쟁목적 달성에 집중되었다. 보라색 어깨띠(애국부인회), 백색 어깨띠(국방부인회)를 X자형으로 걸치고 봉사나 훈련을 실시하는 여성의 모습을 각지에서 볼 수 있었다. 출정 군인이나 귀환병의 송영, 위문대의 발송, 부재 중 가족원호, 근로봉사, 죽창훈련이나 소화(消火) 활동 때 필요한 물 양동이 전달훈련 등, 여성들 역시 거부하지 않고 전쟁협력으로 동원되었다.

남성을 차례차례로 전장에 보내고 국내 노동력이 부족한 상황에서 직장의 배치, 전환을 위해 국가는 국민총동원 태세를 취했다. 1939년 국민징용령, 1941년 국민근로보국협력령, 1943년 '여자근로동원 촉진에 관한 건'(차관회의 결정), 1944년 여자정신근로령 · 학도동원령이 나오고, 공장이나 건설 현장, 철도 · 우체국 등의 공공기관에서도 여성이 남성 대신 일하게 되고, 아이들도 학교를 통해 근로봉사에 동원되었다.

이와쿠니 · 전쟁체험을 구전, 계승하는 모임 편집 발행 『이와쿠니 공습의

---

14) 앞의 책, 『岩国市史(下)』, p.418, 834, 1067.

기록』(1986년)에는 전시 하 여성과 소녀가 생활하는 일면을 알 수 있는 대목이 나온다. 제11 공창에 근무한 야마자키 사요코(山崎小夜子)는 당시 모습을 다음과 같이 증언했다(p.55~57).

> 저희 직장도 처음에는 남자도 많이 있었지만, 소집으로 한 명 두 명 줄어들자 여자가 대신 일을 했습니다. 가솔린을 빼낸 비행기를 차로 끌고 가는 일입니다. 그 일을 뜨거운 여름날 1시간 이상이나 걸려 합니다. 하루에 몇 번이나 반복하고, 특히 항공모함이 기항했을 때는 바빠서 기진맥진 되었습니다. 그러나 나중에는 이제 비행기도 뭐도 없게 되었습니다. 그런데도 다했다고 말하면 꾸중 듣기 때문에, 모두 입 다물고 일했습니다.

소녀들도 학도병으로 동원되었다. 위 동일한 책에서 당시 이와쿠니 여고생으로 육군 연료창에 동원된 구라타 다미코(倉田民子) 일기의 일부도 전해져서 기록되었다(p.712). 1945년 3월 19일로 시작해 공습 전날 5월 9일까지, 다미코의 일기는 공습의 격화나 이오지마 고쿠사이(硫黃島玉砕)[15]의 전황 악화 등과 함께 군국소녀의 한결같은 결의가 쓰여 있다. 공습으로 육군 연료창을 쉬어야만 했던 다음날, 3월 20일 일기에 다음과 같이 쓰여 있다.

> 초등과 이외의 학교는 1년간 수업을 정지했다. '일단 유사시에는 스스로 공공을 위해 힘을 다하라' 이제야말로 학도가 나가야할 때가 온 것이다. 미국에서는 여자만으로 일본을 이긴다고 운운하고 있다. 그깟 미국 귀신(鬼) 여자들에게 절대로 지지 않겠어. 반드시 이겨내고야 말겠어. 나는 어떤 적이 온다 해도 꿈쩍도 하지

15) 1945년 2월 16일~1945년 3월 26일 태평양 전쟁 말기, 오가사와라 제도의 섬, 이오지마에서 벌어진 미군과 일본군 간의 전투. 거의 모든 일본군 부대가 이 전투로 전멸했으며, 조직적인 전투가 종결되었다. 2만 933명의 일본군 수비 병력 중, 2만 129명이 전사했다. 한편 미군 전사자는 6821명, 부상자 2만 1865명으로 집계되었다(역주).

않아. 빨리 현장에 나가 힘껏 생명이 다하도록 일할거야. 이 국난은 학도가 구해낸다. 힘내. 힘내. 어떤 일이 있어도 힘내. 국가 있고 나 있다. 모든 것을 대군에 바쳐 생명이 다하도록 일할거야. 힘내라! 힘내라! 승리를 위해서다.

총력전의 결말

여성과 아이도 동원되어 싸운 총력전의 결말은 너무 비참했다.

1945년 3월이 되자 연합군이 오키나와에 상륙, 본토 공습도 격렬해졌다. 이와쿠니는 5월 10일 대공습을 당한다. 전날 9일 공사가 막 완성된 이와쿠니 육군 연료창은 대공습으로 괴멸되었다. 공습으로 연료창 관계자 355명에 더해 학도병으로 동원된 이와쿠니 여고생 11명, 아게노쇼우(安下庄) 중학생 9명이 사망하고 또한 부근 주택도 전괴 18호, 반괴 27호, 사망자 104명, 부상자 20명에 달했다(『이와쿠니 공습의 기록』, p.15).

앞서 말한 구라타 다미코는 이 공습으로 17년의 생을 마감했다. 가네야스 나오코(兼安直子)도 공습을 당했다. 나오코는 같은 이와쿠니 여고 1학년 여동생과 우체국에 근무하는 언니, 이렇게 셋이서 학교 근처에서 하숙하고 있었다. 생명은 구했지만 전신 타박으로 임시 이재민병원인 와키(和木) 소학교에 수용되었다. 군의관이 마취 없이 개복수술하고 상처도 치유되기 전, 두개골 골절 · 시신경 단절로 오른쪽 눈을 실명했다(앞의 책, p.27~35).

육군 연료창 공습 후 이와쿠니는 반복해 미군의 공습을 받았다. 일본해군의 정박장이 된 하시라지마(柱島) 군도에도 미군기가 내습(來襲)했다. 7월 24일 공습에서는 폭탄이 투하되고, 아이들을 포함해 구로시마(黑島)에서 19명, 하시마(端島)에서 9명이 살해당했다(앞의 책, p.43~48). 8월 9일 이와쿠니 항공대에 집중공격이 행해졌다. 항공대의 근로봉사대 일원으로 봉사작업에 참가

한 아리타 미사오(有田ミサヲ)도 이마즈가와(今津川)의 다리(현재 렌보바시[連帆橋]) 강 하류 쪽 제방 부근을 봉사 대원 50명과 함께 걷고 있을 때 날아 온 미군 함재기의 기총 소사를 받았다. 오른손과 오른다리에 총을 맞고 이마즈가와로 떨어졌지만 강변 말뚝에 걸려서 간신히 재난을 피했다고 한다(앞의 책, p.76~77).

일본이 포츠담선언을 수락하고 연합국에 무조건 항복한 8월 14일 당일, 이와쿠니역을 중심으로 마리후 지구에 융단 폭격이 행해졌다. 학교 · 주택가 · 상점가 · 관공청 · 병원 등 대부분 모두 파괴되었다. 가는 곳 마다 폭탄으로 구멍 또 구멍의 참상을 보였다. 피해 가옥 886호, 사망자 517명, 행방불명 130명, 중경상자 859명 외, 이재민은 전부 4,405명에 이르는 막대한 피해를 입었다(야마구치현 경찰사편찬위원회, 『야마구치현경찰사』 하권, 야마구치현경찰본부, 1982년, p.469). 군사시설은 이때 폭격대상이 되지 않고, 이와쿠니기지는 거의 상처 없이 남겨졌다. 미군이 자군 승리를 전제로 이와쿠니 시민에게 본때를 보이기 위해 행한 표지공격이라 생각된다.

또한 이와쿠니시는 히로시마시에 가깝기 때문에 이와쿠니 시민 중에는 통근이나 근로 봉사 등으로 히로시마로 가던 중 피폭된 사람, 히로시마에서 피폭된 후 이와쿠니로 이사와서 사는 사람, 구조 때문에 혹은 혈육이나 부모를 찾기 위해 이와쿠니에서 히로시마로 가서 '입시(入市) 피폭'된 사람이 많다. 가족이 원폭과 이와쿠니 공습 양쪽 모두로 희생된 사람도 있었다.

가네사키 스나오(金崎是, 1916~2007)의 화집 '하늘에 구워진다'에는 피폭된 이와쿠니 여학생이 그려진 그림이 있다. 가네사키는 그림에 대해 다음과 같이 말했다(『쥬고쿠신문(中國新聞)』, 2001년 7월 2일).

그 날로 잊지 못할 광경이 있다. 아내와 두 자식이 걱정스러워서, 하츠카이치(廿日市) 직장에서 후쿠시마쵸(福島町)(현재 히로시마시 니시(西)구)의 집으로 서둘러 향했다. 아무리 찾아도 발견되지 않는다. 여기저기 찾아 헤매고 있을 때, 야마테가와(山手川)(현재 오타가와[太田川] 방수로) 기슭 습지대에서 검게 탄 여학생에게 말을 걸었다. 주위 늪지대 안에는 손을 하늘로 뻗어 올린 채 이미 숨이 끊어진 사람들의 모습도 있었다.

그 여학생은 잡초 안에 가로로 놓여 있었다. '아저씨, 저는 이와쿠니에서 왔습니다. 아버지와 엄마가 제 귀가를 걱정하며 기다리고 있습니다. 도와주세요.' 아내는 임신. 두 명의 아이는 4세와 2세였다. 우리 집은 반괴 상태였지만, 가족은 교외로 도망쳐서 무사했다.

아쉽고 미련이 남는 느낌이었다. 왜 그 때, 비록 내 등에서 숨을 거둔다 해도 한 걸음, 두 걸음 조금씩 걸어서라도 이와쿠니에 데려다주지 않았을까. 50년 이상 지났지만, 지금껏 잊히지 않는다. 왜 그 아이의 소원을 들어주지 못했을까.

지금까지도 비난받습니다. 얼굴이 타서 구워지고, 머리카락이 타서 꼬불꼬불 줄어들고, 보고 있는 눈만이 무사하여, 필사로 도움을 요청했던 여학생의 모습을 묘지까지 가지고 갈 수 밖에 없겠지요.

'물을 달라며 죽어가는 사람들 속에서, 살아 남은 소녀가 "이와쿠니 부모님 곁으로 데려가 달라"고 간절히 원했다.' 金崎是화집 '天に焼かれる' 스케치에서 히로시마 푸른하늘회 편집 발행『유언 ノー・モア・ヒロシマー미래를 위해 남기고 싶은 기록』제1집(2004년 8월) 수록. http://homepage2.nifty.com/hiroshimaaozora/tenni%20gashu.htm

패전 후 미 점령군과 일본정부는 원폭피해를 은폐하고, 과소평가했다. 피폭자는 전후로도 오랫동안 방치되었고 원폭증으로 계속 고통스러워했다. 원폭의료법(원자폭탄 피폭자의 의료 등에 관한 법률)이 공포된 것은 패전 후 10년 이상이 지난 1957년 일이다. 동년에 발족한 이와쿠니 원폭피해자 모임의 조사에 따르면, 1959년 시점에서 이와쿠니시 거주 피폭자는 800명에 달하여, 방사선 장해와 생활난으로 고통스러워하는 사람이 많았고, 대체로 빈곤 상태에 놓였었다.

하타나카(畠中) 일가도 그랬다. 하타나카 요시에(畠中敬惠)는 임신 중 피폭당했다. 요시에 · 구니죠우(國三) 부부는 딸 유리코(白合子)의 심신발달이 늦어져 근심이 많았다. 하지만 원폭으로 이발관을 잃고, 이와쿠니로 옮겨와 새로 가게 경영을 시작했지만 그것도 어렵고 해서 딸에 대해 아무런 조치도 취하지 못했다. 요시에 부부는 1957년 딸 유리코가 태내피폭 소두증(小頭症)인 사실을 알았지만, 이 질환은 원폭의료법의 적용 바깥에 놓였었다. 태내피폭 소두증 자식과 그 부모의 모임인 '기노코아우(きのこ会: 버섯모임)'(하타나카 구니죠우 회장)에 따르면, 국가가 소두증을 원폭증으로 인정한 시점은 1967년으로 전후 22년이나 지난 한참 후였다.[16)]

이와쿠니 거주 조선인

본장의 마지막으로 일본의 식민지 지배를 배경으로 도일한 조선인을 언급하고 싶다.

내무성 경보국 통계에 따르면, 재일조선인 수는 1920년 약 3만 명, 1930년

---

16) 岩国原爆被害者の会編集発行, 『岩国在住原爆被害者實態調査報告書』, 1959.8, 앞의 책, 『岩国空襲の記錄』, p.180~189 및 磯野恭子, 『聞こえるよ,母さんの声が－原爆の子 · 百合子』, 労働教育センター, 1979

약 30만 명이며, 1935년 60만 명을 넘어 1940년 119만 명을 넘는다. 야마구치 현에도 1921년 11월 현재 2,036명, 1929년 5월말 현재 9,881명(남=7,618명, 여=2,263명)이며, 재일조선인 수는 차츰 증가하여, 1930년 6월말 1만 113명으로 1만 명대에 이르렀다. 이 시기 이와쿠니에는 339명이 체류했다. 이듬해 1931년 4월 이와쿠니 거주 조선인 단체 '암선회(岩鮮會)'가 창립된다. 중일전쟁 발발 얼마 지나지 않은 1937년 8월, '암선회'가 개명되어 '신홍회'로 설립되었다. 그 때 회원 수는 마리후 300명, 이와쿠니 100명, 합계 400명이었다. 이런 민족단체는 1939년 2월 이와쿠니 경찰서가 전면적으로 관리하는 '협화회(協和會)'로 재편되었다.

1938년 국가총동원법 제정으로 조선인은 조선 본토나 일본 본국의 탄갱·군수공장·각종 토목공사 등에 '징용'공, '여자 정신대'로 강제 동원되어, 재일조선인 인구는 더욱 더 증가했다. 종전 후 1947년 이와쿠니시 총인구 57,661명 중 재일조선인은 1,027명, 이듬 해 1948년 이와쿠니 민족학교에 다니는 조선인 아동은 105명이었다.[17]

중일전쟁 발발 전후의 『고후지호우』에 실린 재일조선인 관련 기사는 적지 않다. 〈표 2〉에 타이틀을 올려놓았다.

타이틀과 기사에서 일본인은 '반도인' '선인'이라는 멸시호칭으로 재일조선인을 호명하거나, 절도나 싸움, 사기를 치는 반사회적인 집단으로 그들을 묘사하곤 했다. 일본인의 냉담한 차별의 시선이 나타났다. 기사는 도둑이나 싸움 등, 일본인이면 새삼스레 신문기삿거리도 되지 않을 내용들이 많았다.

---

17) 朝鮮人強制連行真相調査団 編,『朝鮮人強制連行調査の記録 中国編』, 柏書房, 2001, p.12~39, 90~97, 390,『興風時報』1937.8.14, 1939.2.21, 瀬上幸恵,「山口県における民族教育擁護運動」(和光大学総合文化研究所年報,『東西南北』別冊 01, WWW 版, 2001.7.18. http://www.wako.ac.jp/souken/touzai_b01/tz_b0103tbl1.html)

〈표 2〉『興風時報』에 보도된 재일조선인에 관한 기사 표제(1937~39年)

기사일	표제
1937.2.9	수상한 조선여성을 주모자로 사기도박 이번에 불량선인 일소
1937.2.11	반도소녀 도둑 각 상점을 망치다
1937.2.11	넝마주이의 반도소년 빈집을 노리다
1937.2.16	절도 조선인 체포
1937.3.2	조선인을 모욕한 일본인이 사죄
1937.3.9	마리후(麻里)시 역전에서 조선인 도박 용무
1937.3.11	손목시계를 훔친 이마즈(今津) 조선인 연립주택의 남자
1937.5.22	반도의 무희 최승희 이와에 오다
1937.6.26	열차철교에서 급정차 조선인의 처 구사일생
1937.6.26	아마추어 연예회 기부 강요로 취조 중
1937.8.14	암선회 해산, 신홍회 설립 위문금도 헌상
1937.8.14	조선인끼리 싸움해서 구류
1937.8.14	조선인 아이 공동으로 도둑
1937.9.25	고압선에 접해 인부 전격사
1937.9.21	아마추어 연예회 기부 강요로 체포
1938.2.19	이와쿠니 지방 반도인 길거리 무용으로 국방 헌금을 모집한다
1939.2.21	반도인협화회 발회식
1939.6.17	조선인 막노동자가 소녀를 폭행
1939.9.2	조선반도인협화회 봉공일 헌금

3월 2일 기사는 일종의 성희롱 폭언 사건의 전말이다. 후지카와무라(藤河村)의 니시키가와라(錦河原)의 자갈을 채취해서 옮기는 트럭 조수(일본인)가 길 가던 조선인 여성에게 추잡한 말을 건네며 모욕했다. 여성 본인과 부근에 사는 조선인들은 분노하며 트럭을 뒤쫓아 폭언에 항의했다. 구경꾼도 포함해 많은 사람이 모여들던 중, 순경의 중재로 일본인은 끝내 사죄했다고 한다. 당

시 일본인 남성의 조선인 여성을 향한 후안무치한 무례한 태도가 공공연하게 잘 드러난 사건이었다. 하지만 기사는 흥미 위주로 이를 이야깃거리로 만들었다. '선인을 지도해야 하는 일본인'이 사죄를 재촉당해 '재미나지도 않다'는 어조로 기사를 다루었다.

민족모멸이나 악의가 담긴 공공연한 기사가 많은 한편 조선인의 '내선융화' 활동이나 '총후미담' 기사는 호의를 가지고 썼다. '신흥회' 신설이 사실인지 아닌지는 차치하고 조직명이 '암선회'라면 '선인(鮮人) 모임으로 판명, 흥미 없기 때문'으로 설명했다(1937년 8월 14일). '이와쿠니 지방에 거주하는 반도인으로 구성된 암선회는 사변발생 이래 무수한 총후미담을 낳았지만, 17일부터 20여 명의 반도인이 의상을 한 데 모아, 꽹과리나 북으로 반도 특유의 환희의 노래, 전쟁 승리의 춤을 가두에서 연기하며, 이와쿠니 마을 내 각 호로 위문금을 모으러 걸어다녔다'(1938년 2월 19일). '반도인 단체 협화회 이와쿠니 분회 간부는 흥아봉공일 하루 급료 66엔을 모아 그 중에서 33엔을 국방헌금으로 이와쿠니 경찰서에 기탁하고, 나머지 33엔을 가뭄으로 고통 받는 반도인 구제금으로 할당했다'(1939년 9월 2일)는 기사도 있다. 앞서 말한 바, 동일 신문은 평소 예기나 창기를 업신여기면서, 그녀들이 국방부인회에 국방헌금을 낼 때는 미담으로 다루었다. 똑같이 조선인이 융화단체에 국방헌금을 기탁할 때만은 선심성 기사를 썼다.

국가총동원법 제정 후 도일하는 조선인은 급격히 증가했다. 1943년 말 통계에서 야마구치현 전체에 조선인은 현 인구 1할에 해당하는 13만 2,000명이었다. 야마구치현으로 강제 연행된 조선인은 전국에서 네 번째로 많았다고 한다. 대부분은 전쟁 수행을 목적으로 지하도 건설이나 당시 극비였던 인간어뢰, '가이텐(回天)' 기지, 지하 항공기 제조공장 건설 등으로 연행되어, 위험하고 가혹한 노무에 동원되었다.

이와쿠니에서는 많은 조선인이 육군 연료창이나 해군 제11 항공창 이와쿠니 지창(支廠)과 관련된 건설 토목공사에 동원되었다. 전쟁말기 1945년 1월 착공한 해군 이와쿠니 지창에는 약 5천 명의 노동자가 동원되어 돌관공사를 행했다. 군 관련 시설 외에도 민간공장의 조선인 강제노동 사실도 확인되었다. 야마구치현에서는 일본인 전재자에 대한 조선인 전재자의 비율이 매우 높아, 10.1%로 전국 최고 비율을 나타낸다. 전술한 이와쿠니 육군 연료창 공습도 건설공사에 관여했던 다수의 조선인이 희생되었다.

1993년 전국 스무 번째로 조선인 강제연행 진상조사단이 야마구치현에도 발족되었다. 다무라 쥰겐(田村順玄) 등 이와쿠니 지역 조사단은 강제연행을 증명하는 자료를 차례로 발견했다. 전술한 '전사자(戰死者) 명부', '전상자(戰傷者) 명부'와 같은 이와쿠니시의 '매화장인허증하부부(埋火葬認許証下付簿)'[18]도 그 하나다. 조사단은 이를 분석하여 전시 하 조선인이 처했던 어려운 상황을 분명히 했다. 이에 따르면, 1942년에서 1945년에 걸쳐 사망하여, 매화장(埋火葬)을 인정받은 조선인은 115명이다. 출신지는 경상남도와 경상북도 출신자가 대부분을 차지했고, 현주소는 해군 제11 항공창 부근 일대에 집중했다. 그 외에 '쇼조쿠(裝束)' '도미타카구미 나이요시키구미(富高組內吉木組)' 등 합숙소가 많았으며, 직업은 대부분 '토목', '토공', '인부'다. 사인(死因)은 병사(病死) 외에 역사(轢死), 익사, 매몰사 등 분명히 업무상 사고로 추측할 수 있는 것이 많았다. 사고나 폭행 결과라고 추측되는 두개저(頭蓋底)골절, 안면좌창 등의 사인으로 기록된 것도 있었다.[19]

18) 사망한 사람의 사체를 묻어서 장사지내거나, 화장해서 장사지내는 일을 인가 · 허가하는 공문서(역주).

19) 山口県朝鮮人強制連行真相調査団編集発行, 『朝鮮人強制連行調査の記録－山口編中間報告』, 1994, p.40~88

이러한 노동 현장에서 일한 사람은 남성이며, 이와쿠니 거주 조선인의 당시 남녀 비율은 불분명하다. 하지만 가족과 함께 사는 조선인은 적지 않았다. 예를 들면 해군 제11항창 제3공구에는 목조 판잣집 조선인 합숙소가 두 동 있는데, 그곳에 아내를 둔 사람도 40명 남짓 있었다고 한다.

조선인 여성의 상황을 알고싶어서, 다무라 쥰겐의 '매화장인허증하부부(埋火葬認許証下付簿)'를 보았다. 그러자 115명 중 28명이 여성이름이다. 또한 유아사망 수가 높고, 십대의 죽음도 적지 않았다. 매화장인가(埋火葬認可) 숫자 뒤에는 차별과 빈곤의 어려운 생활 가운데서 아이를 낳아 기른 조선인 여성들의 깊이를 알 수 없는 비탄이 있었을 것이다.

〈표 3〉에서처럼 전쟁이 끝난 1945년 매화장이 인정된 18명은 유아로서 부모는 토목공사나 숯장이, 날품팔이로 생활했다. 그로부터 3년 후 이와쿠니 거주 조선인 소학생은 약 100명이기 때문에 그 인원수를 6학년으로 나누어 셈한다면, 한 학년은 평균 16명 정도가 된다. 그 수에 필적하는 수의 유아들이 1년에 목숨을 잃었던 것이다.

또한 똑같이 1945년 1년 동안 매화장이 인정된 십대 젊은이는 15명이다. 하지만 그 중 6명은 1월에서 7월, 반 년이 안 되는 동안 이와쿠니 소년형무소에서 영양실조나 각기병 등으로 사망했다(5명은 조선출신, 1명은 대만출신). 식량난의 시대라고 해도 이러한 높은 사망률은 통상 생각할 수 없다. 전술한 바처럼 도둑이나 절도도 조선인 소년, 소녀가 저질렀다는 고의로 낸 소문이 떠돌았다고는 하지만 소년형무소에서도 민족차별이 존재했음은 상상하기 어렵지 않다. 또한 십대 사망자 중 이마즈(今津)의 음식점에서 작부로 일했다는 소녀도 있다. 경상북도 달성군 가창면 파동 출신의 그 소녀는 막 15세가 된 젊은 여성이었다. 익사체로 발견되었지만, 사인은 변사였다.

〈표 3〉 재일조선인의 유아 사망

성명	성별	생년월일	사망년월일	생존년수	사망원인	가업	가족 관계	주소
光田高雄	남	1944.1.31	1944.12.30	약 1세	급성폐렴	토공	3남	装束
林智代子	여	1943.9.8	1945.2.22	약 1세반	뇌막염	토목업	장녀	
延山政雄	남	1945.3.9	1945.4.6	약 1개월	급성폐렴	토목업		装束
松山龍鳥	여	1940.11.5	1945.4.6	약 4세반	급성 식중독	하마차운반업		今津
朝川富子	여	1944.3.16	1945.5.8	약 2개월	폐렴	토목업		
金城義晴	남	1944.3.20	1945.5.13	약 1개월	리스테리 아병	숯장이	장남	横山
金村秀男	남	1943.11.16	1945.5.13	약 6개월	소화불량		장남	牛野谷
良本次郎	남	1943.12.3	1945.5.25	약 1세반	폐렴	가업(日稼業)		車
高山惠子	여	1945.6.3	1945.6.19	17일	병사	기업(大林組 内吉本組)		
平山將	남	1945.6.10	1945.6.16	7일	병사			
大川富男	남	1944.3.6	1945.6.16	약 1세 3개월	폐렴	가업(日稼業)		今津
岩本富子	여	1945.6.5	1945.6.23	19일	장염			海土路
文山長春	남	1944.3.10	1945.9.19	약 1세반	신장염	정원사로 사망		室の木
金澤正子	여	1943.11.1	1945.10.2	약 2세	소화불량	일생업 (日稼業)	2녀	小津
中野重男	남	1941.11.6	1945.10.18	약 4세	급성장염	석공		今津
德山花子	여	1944.4.29	1945.10.26	약 1세반	병사	세째딸		今津
光山克子	여	1944.11.3	1945.12.3	약 1세	폐염	숯장이	차녀	
大川武雄	남	1945.3.7	1946.3.7	1세	뇌종양	토목업		人絹町

일본 식민지 지배로 많은 조선인이 고향에서 생활하지 못하고 도일했다. 또한 전시체제 하에서는 강제연행이 행해졌다. 위험하고 가혹한 노동이며, 게다

가 군사기밀 보관유지의 필요로 일본인이 꺼리는 엄격한 관리와 비인간적인 환경 하에서 일했다. 거듭되는 공습이나 식량 상황의 악화로 전쟁 말기 민중생활은 대체로 열악했지만 재일조선인은 일본인 이상으로 다대한 고난을 강요받았다. '매화장인허증하부부' 데이터에도 그 일단이 나타났다고 본다.

2장

점령 · 한국전쟁 · 안보

1. 점령 하의 이와쿠니

종전과 점령

일본은 1945년 8월 14일 포츠담선언을 수락하고 연합국에 무조건 항복했다. 연합국은 일본 점령을 개시했다. 미 육군은 이와쿠니를 1945년 9월 점령하고, 구일본군 기지 · 시설을 접수했다. 이듬해 1946년 2월 영연방 점령군(British Commonwealth Occupation Force, BCOF)이 일본에 진주했다. 영연방 점령군은 연합군의 일원으로 쥬고쿠(中國) 지방 및 시코쿠(四國) 지방의 점령 임무를 미군으로부터 계승했다. 영 연방군은 사령부를 구레 진수부에 두고, 치안유지나 무장해제를 맡았다. 미군은 점령군정을 담당했다.

패전 직후 사람들은 평화로운 생활에 대한 새로운 희망으로 부풀어 있었다. 수해 피해를 입은 채로 있었던 강 하류지구 농지에 대한 복구도 패전 후에 겨우 시작되었다. 전시 하 일본군에게 농지를 상납당한 사람들은 전쟁이 끝나자 토지를 되찾으리라 믿었다. 앞 장에서 수해 후 토지를 양도해야만 했다고 한 히라오카 가츠토(平岡勝人)의 증언을 접했지만, 동일한 인터뷰에서 히라오카는 40명 정도의 농민이 기지 바다에 있는 무인도 · 가부토지마(甲島)까지 가서 농작물을 경작하며, 토지반환을 기다렸다고 말했다.

재일조선인에게 일본패전은 일본 식민지지배에서 벗어나는 해방이었다. 재일조선인은 해방 직후 재일조선인연맹(조련)을 결성하고, 아이들을 위해 민족학교를 잇달아 세웠다. 1947년 당시 이와쿠니시 인구는 일본인 56,613명, 조선인 인구는 1,027명이었다. 이듬해 1948년 현재, 105명의 아동이 조련 이와쿠니 소학교에 다녔다.[1)]

2009년 1월 19일 이와쿠니시 다테이시쵸(立石町)에 위치한 대한민국 민단 사무소를 방문해서 창설기 민족학교를 다녔던 세대의 여성들로부터 전후 얼마 지나지 않은 시기의 얘기를 들었다. 당시 자이니치(在日)에 대한 일본의 차별은 혹독했으며, 부모님은 안정된 직업이 없이, 엿제조나 밀조주인 탁주제조, 넝마주이나 양돈으로 생계를 이어갔다. 사는 곳도 부자유스러웠지만, 그런 와중에서도 자신들을 기꺼이 지역에 받아들여준 사람은 피차별 부락민이라고 이종필(李鐘必, 1937년 출생)은 회상한다. 부락은 민족 간 편 가르는 일 없이, 일상적으로 이웃들이 왔다 갔다 하며, 가족처럼, 좋은 친구처럼 차별 없이 생활하는 일이 가능했다고 한다.

이튿날 1월 20일 설진구(薛鎭九)・유외생(柳外生) 부부에게서 여성이나 소녀들이 엿제조나 양돈으로 생계를 유지했던 일, 피차별 부락 일본인들과 상부상조했던 일 등, 이종필의 체험과 공통된 회상을 들었다. 부부는 전후 1955년경까지 가와시모 지구에 살았고, 벽진구는 조련 활동가로, 민족학교 설립에도 진력했다. 유외생(1933년 출생)은 종전 1945년 가와시모 민족학교(1947년 신 학제로 이와쿠니 시립 가와시모 소학교로 개칭)를 졸업한다. 전후 가와시모 지구를 다룬 자료로 유외생과 동일한 가와시모 소학교를 졸업한 히로모토

---

1) 1부 1장의 주19와 동일.

요이치(弘本陽一)의 『가와시모 이야기』(저자 · 발행자 히로모토 요이치, 1994년)라는 책이 있다. 기지촌이 된 가와시모에서 태어난 인물들의 생활과 풍속을 유머스럽게 묘사한 읽을거리로, 가와시모 여성들이 작은 강에서 세탁하는 한가로운 풍경을 묘사한 페이지(p.106~107)에 이런 대화 장면이 있다.

> '하나짱, 자기 어디야, 조선 엿 만들어 돈 번다는 얘기하던데?'
> '그렇지 않아. 경찰이 소란스러우니까 생각만큼 돈 벌지 못해'
> '그럼, 하나짱은 조선에 돌아가는 거야?'
> '나는 일본에서 태어났고, 조선에 가도 아무도 몰라. 일본에 친구가 많아서 좋아. 가지 않을 거야'.

유외생의 일본명은 '하나'였다. 히로모토는 이미 타계하셨고, 확실하지는 않지만 이 책에 나오는 하나짱이라는 조선인 소녀가 유외생일지도 모른다. 실제 유외생은 주변 사람들에게 그렇게 말한 적도 있었다고 한다.

종전 후 얼마 지나지 않아 일본은 전쟁의 참상도 아직 생생히 남아 있었고, 식량난이나 인플레이션, 실업으로 민중의 생활은 빈궁하고 엄혹했다. 또한 조국으로 귀환을 염원하면서도 귀환하지 못하던 재일조선인도 많은 수에 달했다. 그럴수록 자이니치(在日)인은 더욱 그립고 기억나는 일본인 친구, 이웃이 있을 때마다 도움받았던 생각도 한다.

새로운 냉전의 시작

냉전이 격화한 1948년에서 1949년 동안 GHQ의 대일 점령정책은 변화하고, 이와쿠니에도 암영이 드리워지기 시작한다. 이 시기 이와쿠니기지는 그때까지 동서로 늘어져 있던 활주로를 남북으로 개수하는 공사로 강화되었다.

이때 공사를 위해 니시키가와(錦川)의 자갈을 대량 채굴하여 기지 내로 운반하기도 했는데, 이는 1950년 기지야(キジヤ) 태풍 때, 긴타이쿄(錦帯橋)의 유출 원인이기도 했다고 한다.[2] 또한 GHQ와 일본정부는 민족교육을 인정하지 않고 일본 소학교로 전학할 것을 강제했다. 1949년이 되자 조련은 해산명령을 받았다.

1950년 6월 25일 한국전쟁이 발발한다. 전쟁 발발과 함께 '국제연합군(國連軍)'으로서 영국 해군부대 · 미국 공군 및 해군부대가 이와쿠니로 이송되었다. 기지에서 매일 같이 단발 전투기, 제트 전투기, 중형 폭격기 등이 전선 지원을 위해 조선 전장으로 발진했다. 새로운 전쟁의 시작이었다. 평화로운 생활과 토지 반환을 바라던 이와쿠니 사람의 희망은 깨져나갔다.

이와쿠니시는 전쟁 발발 5일째인 6월 29일, 긴급 시 회의를 소집하고, '방공계획의 대강'을 결정한다. 이와쿠니시는 시경찰서에 방공본부를 설치하고, 경찰서장이 방공본부를 지휘하도록 했다. 그 대강의 내용은 공습경보를 위한 사이렌 설치, 등화관제, 방공호 건설, 소방차 증가, 경비 강화 등이었다. 한국전쟁 발발을 맞아 이와쿠니시는 문자 그대로 '임전(臨戰)체제'를 취했다.[3]

상정된 '적의 공습'은 현실에서 전혀 없었다. 하지만 한국전쟁 발발 3개월 후인 9월 30일, 미군 B26 폭격기가 공중분해 되면서, 그 폭격기가 요코야마 아사히쵸(横山旭町) 민가에 돌진하여, 가솔린 인화로 민가 2채 반 소실, 3세와 6세 유아, 66세 할머니가 즉사하는 사건이 발생한다. 그 후로도 1951년 2월 8일 미군기가 무로노키(室の木)에 소이탄을 낙하해서 산림이 소실되었다. 동년 6

---

2) 「河野勲の岩国ノー[11]錦帯橋」 1983.12.25. http://www5f.biglobe.ne.jp/~cosmos/kouno/note/note11.html

3) 『岩国タイムス』 1950.7.10 · 7.30.

월 14일 영 · 호군 소형 제트 전투기가 니시미(錦見)로 추락해 산림이 소실되었고, 또한 동년 8월 1일 하시라지마(柱島)에 폭격기가 500파운드 폭탄 6개를 낙하, 그 중 1개가 작렬, 밭작물에 피해를 주는 등 사고가 잇따랐다.[4] 이처럼 미군을 주력으로 한 '국제연합군'은 이와쿠니 시민의 생명과 생활을 현실로 위협했다. 그러나 이와쿠니 시의회는 1950년 10월 정례의회에서 연합군에게 '국제연합군의 평화확보를 위한 이번 한국동란의 노력'에 대한 '감사결의'를 부여했다.[5]

지방의 소규모 자치체에서 한국전쟁 발발과 동시에 임전태세가 취해지거나, 지방의회에서 구태여 한국전쟁에 출동한 '국제연합군'에게 감사결의를 부여하는 일은 상식에 맞지 않는 생각지 못할 일이다. 야마구치현 · 이와쿠니시의 정치 · 지정학의 특수 위치가 작용한 결과였다.

다나카(田中) 지사(知事) 하에서 야마구치현은 한국전쟁 발발 전부터 중앙정부나 GHQ와 결속하여, 조선민주주의인민공화국과 재일본조선인연맹을 적대시하는 정책을 취해왔다. 조선인민군이 한반도 전 국토를 제압할 경우, 야마구치현을 한국의 이승만 정권 망명지로 한다는 구상까지 대화 나누기도 했다. 야마구치현에서 부산까지 약 320km, 평양까지 약 750km로 한반도와 가까운 이와쿠니기지는 공화국을 적으로 간주하여 출격하는 '국제연합군'의 중요 거점이었다. 이러한 야마구치현 · 이와쿠니시의 특별한 위치 때문에 시민생활을 실제적으로 해치는 '국제연합군'에게 일부러 감사를 표명하고, 대개

---

4) 『岩国ニュース興風時報』 1950.9.27. 및 岩国市総合政策部基地対策課, 『基地と岩国 平成 21年版』, 2009. 이후 미군기 추락 사고는 반복해서 발생했고, 그 수는 51년에서 71년까지 20년 동안 20건을 넘었다. 군용기 불시착 사고, 모의폭탄 · 연료탱크인 군기(軍機) 낙하물로 입은 피해 사건 등도 포함한다면, 20년간 사고 건수는 35건에 달한다.

5) 『岩国タイムス』 1950.10.30.

는 일어나지 않는 '국제연합군'에 대한 협력체제가 취해졌다.

한국전쟁기 '국제연합군'에게 '감사'를 표명하는 한편 반전운동, 농민 · 노동자 운동이나 재일조선인 민족운동에 대해서는 삼엄한 탄압을 가했다. 1950년 9월 10일 무거운 세금으로 고통 받던 농민 약 100명이 이와쿠니역에서 세무서까지 데모 행진을 했는데, 리더인 21세 농업 청년 오카모토 기치(岡本喜一)는 점령군을 비방했다는 이유로 이와쿠니시 공안조례 위반 혐의로 체포되었다. 도오게 산키치(峠三吉)와 함께 활동한 시인, 미쇼우 히로미(御庄博実)는 한국전쟁 당시, 국립 이와쿠니 병원에서 요양 중이었지만, 반전시를 썼다고 정령(政令) 325호(점령목적조외행위처벌령)로 체포되었다.[6]

재일조선인을 정치적으로 적대시한 GHQ와 일본정부는 조련이 해산되기 전 이와쿠니 지부 총무부장을 역임하고, 조련학교 교사이기도 했던 감성만(甘盛滿, 당시 28세)을 1951년 1월 반점령군 문서 배포, 정령 325호 위반 용의로 체포했다.[7] 앞서 소개한 설진구에 따르면, 1948년경부터 민족운동 탄압은 격렬해졌다. 조련의 강제해산 후에도 재일조선인은 계속 민족운동을 전개했으며, 한국전쟁 때는 재일조선통일민주전선(민전)을 결성하고 활동했다. 하지만 공안경찰의 삼엄한 감시로 많은 사람이 회의를 위해 모였을 뿐인데도 붙잡히는 상황이었다고 한다.

조선여성사 연구자 송연옥(宋連玉)은 한국전쟁이 발발하자 반전운동 금지를

6) 『岩国タイムス』(1953.10.24.)에 따르면 岡本喜一은 점령 하에서 기소되었다. 하지만 발표 후 1953년 10월 이와쿠니시 공안조례가 헌법위반이라고 해서 무죄판결을 받았다.

7) 『岩国タイムス』 1951.1.20. 또한 조선학교는 강화조약 발효 후 민족교육을 열망하는 많은 사람의 협력으로 이와쿠니시 몬젠쵸(門前町)에 재건되었다. 조복덕(趙福德, 1938년 출생)은 48년 민족학교 강제 폐쇄로 나다(灘)소학교로 전교하고, 나다(灘)중학교로 진학했다. 하지만 52년 민족학교 재건으로 이와쿠니 조선초급학교 6학년으로 재입학, 18세에 조선중급학교 3학년을 졸업했다고 한다.

위하여, 재일조선인 밀조주 제조를 과대 선전하여 정치탄압에 활용한 사건을 지적했다. 당시 밀조주 제조는 여성 수작업 중심의 일이었다. 따라서 여성들이 술과 작업도구의 환수를 요구하기도 했고, 생산현장의 경찰습격에 모두 하나가 되어 저항하기도 했다. 한국전쟁 때 밀조주로 생계를 잇던 이와쿠니 시내 재일조선인 여성들이 경찰에 끌려가는 사건은 이와쿠니시에서도 보도했다.[8]

여성해방과 폐창령의 허실

여성해방 관점에서 볼 때 전후 개혁은 어떤 것이었을까.

패전 후 일본 여성의 법적인 지위는 크게 바뀌었다. GHQ의 민주화 지령에서도 '참정권 부여로 여성해방'은 첫 번째로 내걸은 과제였다. 그 결과 1946년 전후 첫 총선거 때 여성들은 참정권을 행사하고 전국에서 국회의원을 탄생시켰다. 신헌법은 남녀평등을 명시했으며, 교육 · 노동 · 민법, 모든 면에서 민주화가 실행되었다. 그리고 GHQ는 공창제도폐지령을 포고해, 전쟁 전의 대좌부취체규칙 · 창기취체규칙을 폐지시켰다.

하지만 패전 후의 시대는 자신은 물론 가족 모두 하루하루를 살아내는 일만으로도 힘이 부쳐서, 온 힘을 다해 살아야만 하는 사람이 부지기수였다. 전쟁으로 무수한 여성이 부친이나 남편을 빼앗겼고, 집이나 재산을 잃었다. 여자 혼자 힘으로 아이를 키워야만 하는 사람도 많았다. 대학 문을 개방해도, 참정권을 부여해도, 날마다 생활고로 고투하는 여성들에게 그것들은 헛되고 허무한, 환상처럼 멀리 존재하는 것이었을지도 모른다. 점령 하의 정치는 살기 위해 고투하는 여성에게 좋을 것이 없었다. GHQ와 일본정부가 실시한 '공창제

---

8) 『岩国ニュース興風時報』 1951.8.16, 宋連玉, 「朝鮮戰爭期の在日朝鮮人女性の闘い」, 『アジア現代女性史』 第5号, 2009.

도폐지'도 실제로는 형식에 지나지 않았다.

GHQ는 분명 1946년 1월 공창제도폐지령을 포고하고, 2월 전국 대좌부 · 창기취체규칙을 철폐했다. 그러나 낡은 법률이야 폐지되었지만 이후 전국 각지의 유곽은 '적선(赤線)'으로, 창기는 '접대부'로, 대좌부는 '특수음식점' 등으로 이름만 바뀌었을 뿐이었다. GHQ와 일본정부의 폐지완료 이해를 전제로, 경찰 감시하의 매매춘 지구는 그대로 온존되었다. 전전(戰前) 이래 대좌부나 창기들의 영업은 '자발적인 상매는 위반이 되지 않는다'는 해석 하에서 '특수음식점'으로 계속 그 존속을 인정받았다.

또한 패전 후 시민생활의 격심한 궁핍과 사회혼란을 배경으로 새로운 매매춘 형태가 퍼져나갔다. 그것은 여성들이 야밤에 경찰의 인가 없이 유흥가나 역내, 그리고 군사기지 주변 등에서 손님을 유인하는 행위였다. 그녀들은 '가창(街娼)', 혹은 '팡팡(パンパン)', '밤의 여인' 등으로 불렸다. 가창은 1948년 5월 현재, 후생성 조사에 따르면, 전국 38,860명으로 더욱 증가할 뿐이었다. 야마구치현은 이와쿠니 · 시모노세키 · 야마구치 진주(進駐) 지역을 중심으로 가창이 격증했고, 1947년 5월에서 12월 말까지 8개월간 707명이 검거되었다고 한다. 1949년 8월 5일자 『보쵸신문(防長新聞)』은 '공창제도의 실체'라고 제목을 붙여, 밀매음 업자의 증가를 이렇게 알렸다(『야마구치 경찰사』 p.556~563).

> 공창제도폐지 전 공인유곽은 10개소 121채였지만, 제도폐지 후도 여전히 암거래 유곽이라 칭해지는 대좌부가 영업을 계속하고 있고, 또한 172채로 업자수도 격증하여, 새롭게 창녀를 찾아 돌아다니는 업자도 적지 않다. 그래서 매춘부는 공창제도를 경계로 일약 2배 이상으로 뛰었고, 315명이던 매춘부가 751명으로 증가하여, 모두 유객이 없는 여름밤은 드물다며 번창하고 있는 모습을 보였다. 한

편 가창부는 1년간 현 내에서 110명이 검거되고, 그 중 53명이 성병환자였지만, 각지로 여기저기 주거지를 옮기는 그녀들은 약 180명으로 추정될 뿐이어서, 경찰도 실체는 판명 못한다고 한다. 매춘부의 생활은 월수입 6천 엔부터 최고 2만 엔까지, 평균 8천 엔, 그 중 절반은 포주에게 하숙대, 이불대 명목으로 지불하고, 나머지로 병원치료비 등으로 쓰는 데 모두 자기 부담으로 하기에 그녀의 생활은 편치 않은 것 같다.

이렇듯 전후 매매춘의 만연은 정치적으로 형성되었다. 일본정부는 패전 직후부터 점령군을 위하여 성적 '위안'시설 설립에 착수한다. 점령군 측도 진주하자마자 일본 측으로부터 매매춘 시설을 소개받고, 장병이 성병감염 없이 매춘행위를 끝마칠 수 있도록 여성의 성병 검진을 엄격하게 요구했다.

점령군은 절대권력을 행사했기에 일본의 관공서나 경찰은 매매춘 알선과 같은 요구마저 고분고분하게 점령군에게 협력했다. 그런 에피소드는 모두 셈할 수 없을 정도로 많다. 예를 들면, 『야마구치현 경찰사』(p.514)는 1945년 11월 발생한 다음과 같은 어처구니없는 사건을 기록했다. 어느 점령군 장교가 우베(宇部) 경찰서에게 여성알선을 요구했다. 경찰서는 조심스럽게 창기를 설득해 누각에 오르도록 했다. 그런데 여성이 시계를 빼앗겨서 경찰은 수사하기 시작했다. 그런데 돌연 우베 경찰서장에게 파면명령이 나왔다. 진주군에게 협력하지 않았다는 이유다. 현(県) 지사와 경찰부장의 필사적인 절충 노력으로 파면명령은 취소되었지만 서장은 경질되었다고 한다.

기지촌으로 변모한 가와시모(川下) 지구

이와쿠니도 한국전쟁 전부터 가창의 모습이 눈에 띄었다. 패전 후 생활

난 · 도지플란(ドッジプラン)시대[9]의 실업 만연을 배경으로 이와쿠니는 많은 전재자, 귀환자, 실직자를 기지 고용 형태로 유입했다. 하지만 공공직업 안정소에 다녀도 허탕 치는 사람이 대부분이었다. 이와쿠니의 실업자는 1949년 8월 무렵, 약 2천 명 정도로 추산되며, 1950년 7월 무렵, 5천 명 정도였다고 한다.[10] 특히 여성의 취업은 어려웠으며, 많은 여성이 가창이 되어, 입에 풀칠하며 겨우겨우 살아가던 시대였다.

한국전쟁 발발 후 이와쿠니에서 보인 현저한 변화는 가창의 격증이며, 기지에 인접한 가와시모 지구가 기지 매춘거리로 변모한 점이다. 영 연방군이 병사에게 일본 여성과 교제하지 못하도록 금지정책을 취한 적도 있었다. 이와쿠니에 가창이 눈에 띄게 증가한 시점은 한국전쟁 발발로 미군의 대부대가 이와쿠니에 진주한 후였다. 기지에서 가까운 가와시모 지구와 이마즈(今津) 지구에 미국병사 상대의 호텔이나 음식점, 침실 딸린 캬바레나 팡팡 하우스, 호(ホー)하우스[11] 등으로 불리는 매춘업소가 즐비했다. 인접한 히로시마현과 여타 지역에서 다수의 여성이 이와쿠니로 유입되었다. 이내 곧 그 수는 천 명을 넘었다. 그녀들은 주민등록을 피하기 위해 불법으로 판매되는 쌀을 사야만 했고 방세는 고액이었다. 그런데도 생활비를 절약해서 고향에 송금하는 여성들이 있었다.[12]

나카하라 유키코(中原ゆき子) 등, 이와쿠니시 여성교원들은 한국전쟁이 최고조일 때, 가창들로부터 얘기를 듣고, 상세한 조사를 실시한다. 나카하라 등

---

9) 전후 일본경제 부흥 정책(역주).

10) 『岩国タイムス』 1950.7.10, 『岩国市史 史料編三－ 近代現代』, p.910~913.

11) 매춘숙(売春宿)을 뜻함(역주).

12) 『岩国タイムス』 1951.1.20.

이 정리한 데이터에 따르면, 가창들의 연령은 15세부터 36세 정도까지로, 20세부터 26세까지가 많다. 또한 학력은 대부분 소학교 졸업이지만, 그 중에는 구제(舊制) 여고나 전문학교를 졸업한 사람도 있다. 전직이 간호부라는 여성이 상당수 있으며, 전직 교원여성도 있었다. 출신지는 오사카 방면, 규슈 방면, 히로시마현이 다수를 차지한다. 다른 군사기지 주변에서 왔다는 여성도 많다. 수입은 월 1만 엔에서 8만 엔까지 차이가 있다. 애인이나 현지처 같은 형태로 미 군인과 교제하는 '온리(オンリー)'[13]의 경우, 약 3만 엔이 표준이었다. 그녀들은 한 달에 2천 엔부터 7천 엔 정도까지 집세를 지불하고, 민가에서 셋방살이했다. '호-하우스'에서는 오야카타(親方)[14]가 2, 3명에서 5, 6명의 여성을 맡아, 1회 1,000엔의 '쇼트(ショート)'라고 부르는 접객을 하면, 여성이 400엔, 주인이 600엔을 받는다. 여성들이 매춘장소에 몸을 의탁하는 데는 경제적인 이유가 첫 번째였다.

나카하라 등이 기록한 가창들의 신상에서도 전재, 귀환, '미망인'의 곤경이 나타나 있다. 여성이 어깨에 짊어져야만 했던 전후의 고난이 엿보인다. 또한 신상에서 표출된 사실은 여성의 결혼이나 연애가 파탄 나거나, 남성의 유기로 여성이 사회에서 고립되거나, 혹은 경제 궁핍으로 몰락된다는 점이다. 게다가 그곳에서 벗어나 자신과 가족을 지원할 만큼 충분한 수입을 얻기 위한, 선택지가 거의 없었다는 여성의 사회적 열위(劣位)였다.

어느 여성은 당시 24세로 히로시마시 출신이다. 고등여학교를 졸업, 원폭 중심지 부근에서 피폭 당했는데, 기적적으로 살아남았다. 하지만 '전신에 원폭 당시 상흔으로, 첫 결혼에 실패한다. 친정은 20만 엔의 빚을 떠안고 도산

---

13) 특정 외국인 한 사람만을 상대로 하는 매춘부(역주).

14) 일종의 주인, 마스터(역주).

직전'이었다. 생가의 가족을 지원하기 위해 가창이 되고, 요코스카(横須賀), 구레(呉)를 거쳐, 1952년 봄에 이와쿠니로 이주하여, 가족의 빚을 전부 반제한 후에도 여전히 송금을 계속했다. 사고방식은 진보적이며, 국제정세에도 깊은 관심을 보였다. 또한 원폭 피해자로서 극단적인 전쟁반대자다. 그런데도 지금 여성으로 제일 손쉽게 고액 수입을 얻는 팡팡을 그만두지 못하며, 장래는 '순결한 결혼'을 하고 싶다고 한다.

또 다른 여성은 당시 27세 미망인으로 귀환자였다. 고베(神戸)에 사는 친정어머니에게 5세의 아이를 맡기고 있다. 월수입은 3만 엔이지만, 친정어머니에게는 바에서 근무한다고 말하고 양육비를 송금하고 있으며, 나머지 금액은 장래를 위해서 저금하고 있다. 자신은 추위를 견딜 만한 옷가지 밖에 가지고 있지 않다고 한다. 가창 내에는 17세 소녀도 있었다. 아버지는 부재하고, 어머니는 병든 몸으로 여동생 4명과 구레시에 살고 있다. 가창으로 월수입이 1만 5천 엔이지만, 그 중 8천 엔에서 1만 엔은 송금한다고 한다.

1952년 한 해에 세 번이나 아도르므(アドルム: 최면제) 자살을 시도한 23세 여성도 있다. 후쿠오카(福岡)에서 소학교를 졸업한 후, 가와시모(川下)로 시집간 언니 집에서 임시로 거처하면서, 양재학교에 다녔는데, 그 때 알게 된 미 병사와 약혼하여, 동거를 시작했다. 하지만 부모의 반대로 결혼수속을 밟지 못했다. 그러다 약혼자가 조선으로 출동해서 전사한다. 그 후 다른 미 병사와 교제했지만, 속아서 빈털터리가 되고, 가족과는 절연 상태의 상황에서 희망을 잃어버렸던 것이다.[15)]

---

15) 中原ゆき子, 「第二二回婦人教員研究協議会第二分科会研究報告書(平和をめざして婦人教師の使命)」 1951.1. (『性暴力問題資料集成』 第四巻, 不二出版, 2004에 수록).

점령군 의사로 제정된 매춘취체(取締)조례

미군 병사는 가창을 적당한 놀이상대로 여기는 한편 미군 당국은 가창을 성병감염원으로 여기고 경계했다. 그래서 미군 당국은 일본 중앙 · 지방정부에게 단속을 요구했다. 그에 따라서 각지에서 팡팡 사냥이라 불리는 가창에 대한 일제 검거가 있었다. 이와쿠니도 1950년 여름, 일제 검거로 약 150명의 가창이 검거되었다. 법적인 근거도 애매한 채로 검거된 여성에게 굴욕적인 성병검진을 강제했고, 병이 발견되면 그녀를 수용했다.[16)]

기지 주변의 아이들 사이에 '팡팡놀이'나 손님끌기 아르바이트가 행해졌다. 시민들 사이에서도 아이 교육에 미치는 악영향으로 염려의 목소리가 높아졌다. 목욕탕에서 가창과 동일한 목욕통을 사용하여 성병에 감염되었다는 풍문도 돌았다. 그래서 시민들 사이에서 가창은 풍기를 어지럽히며, 성병을 만연시켜 사회를 해치는 존재라는 배제의식이 차츰 확대되었다.[17)]

철저한 가창단속을 위해 이와쿠니시는 1951년 6월, 야마구치현 하에서 최초로 매춘등취체조례를 제정했다. 한국전쟁 하 전국 각지 자치체에서 유사한 단속조례가 나왔다. 미군기지가 있는 자치체에서 가장 빨리 조례를 제정한 경우가 많았다. 실제 각 자치체 의회 의사록을 보면, 지역에 주둔하는 미군사령부가 지사나 시장 혹은 경찰서장을 소환하여, 가창단속 및 성병관리의 철저를 지시내리기도 한다. 그 결과로 의회에 조례안이 제출된 경우도 많았다. 목적은 미 군인이 성병에 걸리지 않도록 여성을 단속하는 것이며, 여성인권은 어떠한 점도 고려되지 않았다.[18)]

---

16) 『岩国タイムス』 1950.8.10, 『岩国ニュース興風時報』 1950.8.9.

17) 『岩国ニュース興風時報』 1951.3.30.

18) 졸고, 「日米軍事同盟と売春取締地方条例」, 『アジア現代女性史』 第3号, 2007年, p. 132~150.

1951년 6월 3일, 이와쿠니에서 시의회 긴급임시회가 열려, '의안 제15호 매춘등취체조례 제정에 대하여'를 심의했다. 모두 발언에서 시장은 이번 조례가 전년(前年) 10월 무렵부터 전(前)시장 하에서 고려되었다고 설명했다. 경찰서장의 발언을 보면, 점령군이 일찍부터 이와쿠니시에게 취체조례를 요구했다는 사실을 알 수 있다.

> 점령군 당국은 이미 오래 전부터 우리에게 매우 강경한 단속 제의를 해왔다. 그러나 이 단속으로 걸린 경우는 없다. 도로교통취체법은 도로에 물건을 두면 걸리지만, 단지 길에 있는 사람을 잡아들이는 단속법규는 없다. 여러 면에서 이 점을 고려해, 호주군 헌병대는 엄중단속을 했다. 어느 때도 팡팡과 유사한 자는 없었다. 하지만 작년 6월 미군진주 이래 상당히 많은 여자가 들어와서, 미군, 호군 양군 간 단속대상 문제를 발생시켰고, 그 문제가 그대로 방치되어 현재와 같은 상황이 되었다. 처음에는 미군도 까다롭게 말하지 않았지만, 최근 여자 문제가 매우 까다로워져 어떻게든 해야만 할 것 같다는 얘기가 있어, 결국 이 조례를 만들고자 한다. 단속방법은 어디까지나 가두에 나온 여자를 주로 하고, 그 외는 완급을 두어, 적당한 방식의 단속 방법으로 가고 싶다.[19]

이 조례안의 심의 과정에서 가창의 생활고나 구제를 문제 삼은 의원은 아무도 없었고 반대 의견도 전혀 나오지 않았다. 오직 표명된 두려움과 염려는 매춘여성을 엄격하게 단속하는 조례를 시행한다면, '시민의 부녀자'에게 위해(危害)가 미치지는 않을까라는 점이었다. 어떤 남성의원은 두려움을 표명하며, '풍속을 해치지 않는 범위에서 직장으로 인정해줄 시설을 어디엔가 갖춘다면, 부녀자에게도 영향은 없다'라고 발언했다. 매매춘지구를 공인해, 그곳

19) 岩国市議会議事録, 『性暴力問題資料集成第22巻』, 不二出版, 2006, p.118~122.

에서만 매매춘을 행하도록 하면 좋다는 전형적인 존창론(存娼論)이며, 정조방파제론(貞操防波堤論)이었다. 곧 일정 지구에 매춘여성을 에워싸고 가두면, '풍속'은 해가 되지 않으며, 남성은 성욕을 채우기 위해 '양가 자녀'에게 위해를 가할 걱정도 없다는 공창제도를 지지하는 사고방식이다. 실제 매춘으로 몰리는 여성의 인권 구제는 일고하지도 않고 있다.

이러한 의견에 대해 시장은 곧바로 히로시마현에서 매춘취체조례 제정 후에도 매춘은 사라지지 않았다는 전례를 근거로, '양가 자녀를 위협하는 문제'를 염려할 필요는 없다고 설명한다. 경찰서장 역시 '가두에서 권유하여, 손님을 끄는 행위에 대한 단속이 주안점'이며, '니시키쵸(錦町) 서쪽 유곽'은 단속대상에서 예외라고 언명했다. 문제는 어디까지나 '가두에 진출하는 여자'였다. 여기에서도 점령 하 '공창제도폐지'는 명목뿐이며, 전전 이래로 매매춘지구는 전후에도 계승되고 있으며, 단지 당국의 관리 바깥에 있는 가창이 문제될 뿐이라는 실태가 드러난다.

이처럼 이와쿠니시의 리더들은 빠짐없이 존창론에 입각한 채, 성병대책을 요구하는 점령군의 의사에만 관심을 집중했다. 이런 상황에서 당시 기지촌에서 살아야만 했던 아이들, 여성들과 함께 이들 문제에 적극 대처한 이와쿠니의 나카하라 유키코 등과 같은 교원도 있었다는 사실은 구원이 아닐까. 나카하라 유키코는 이와쿠니시 조례에서 '성행위 상대자에 대한 벌칙이 없는 점' 등을 비판했다. 또한 야마카와 센죠(山川詮三)는 나카하라 등의 조사를 기초로 이와쿠니기지 문제를 다룬 르포를 썼다. 조례 시행 후의 실태를 '약한 자 괴롭히는 단속만이 매춘등취체조례의 전부다'라고 쓰고 다음과 같이 신랄하게 지적했다.

가끔 행해지는 경찰단속은 결코 업자를 대상으로 하지 않는다. 근간을 잊고 지엽과 같은 가창 개개인에게 학대가 행해진다. 가창은 단속의 실태를 호소하고 있다.

'일층에서 혼자서 낮잠 자고 있을 때, 조용히 서슴없이 올라 와서 갑자기 이불을 젖힙니다. 그 경우엔 경찰관이 아닙니다. 한 명의 음란한 남자로서 어쩔 도리가 없습니다. 그리고 그 곳 내부를 샅샅이 뒤지며, 외국 담배 등을 모두 가져가버립니다.'

'나는 어떤 이유도 설명받지 못한 채로, 갑자기 유치장으로 쳐 넣어집니다. 그리고 호색적인 몇 사람의 경관에게서 조사를 받습니다. 경관은 머리채를 잡아당기거나 허리가 빠질 만큼 때리거나 합니다. 왜 우리들은 이런 심한 곤욕을 치러야만 하는 것일까요'

'나는 애원 전술을 폈습니다. 엉엉 울면 용서해주었습니다만, 어쨌든 눈물 전술뿐이었습니다.'

이처럼 약한 자를 괴롭히는 단속만이 매춘등단속취체조례의 모든 것이다. 두들겨 맞은 동료 가창은 경찰에 항의하려 했지만, 주인(親方)이 저지했다. 일단 민주적인 방식으로 조합을 결성해 월 50 엔의 조합비를 납부하는 가창도 자기 자신을 지키기 위해 조직을 만든 것은 아니었다. 업자의 착취를 정당화하기 위한 조직으로밖에 존재할 수 없었다.[20]

야마카와가 지적한 '조직'이란 조례시행과 거의 동시에 가창이 결성한 '사쿠라(桜)성병예방조합'이다. 시장이나 시 경찰서장이 고문이었다. 가창이 '자숙'하고 '자발적'으로 조합을 조직하여 '종래의 추잡한 풍경을 배격하고 밝은 이와쿠니 거리의 건설에 협력하기로 했다'라고 신문은 보도했다.[21] 여성들은 정기적으로 성병검진을 받고 조합원 배지를 몸에 부착했다. 그것은 '매춘행위를 해도 안전한 접대부'라는 증명이며, '접객해도 체포되지 않는 보장'이었다. 곧 자주 · 자발의 조직은 명목이며, 실상은 가입을 강제했다. 매춘취체조례로 가

20) 山川詮三, 「失われいく祖国-山口県 · 岩国基地」(猪俣浩三 · 木村禧八郎 · 清水幾太郎編, 『基地日本』, 和光社, 1953, p.176~184에 수록).

21) 『岩国タイムス』 1951.6.10.

창은 언제, 어느 때고 조례위반으로 체포되어도, 이상하지 않은 약자 입장에 놓이고, 그 약점을 이용하여 행정은 매춘을 통제했다. 9월에는 이와쿠니보건소 내 가창을 검진하는 '야마구치현 성병진료소'가 개설되었다.

당시 일본 각지 매매춘 거리에서 동일하게 자주 · 자발이라는 명목의 성병예방조합 · 보건조합이 결성되었다. 하지만 실제 현실은 눈에 띄지 않는 형태의 공권력에 의한 매춘통제였다. 해외에서 신통제주의(Neo-regulationism)라 불리는 공창제도였다. 역설적이지만 매춘취체지방조례의 제정은 새로운 공창제도의 시작과 결합해 있었다.

부인회에서도 뿌리 깊었던 존창론과 매춘여성 멸시

존창론 · 정조방파제론은 일부 여성을 '특수부인'이라 간주하고, 그녀들이 매춘을 행한 남성 및 '양가 자녀'에게 희생할 것을 인정하는 사고방식이다. 하지만 이러한 사고방식은 단지 단순하게 보수적인 남성만이 전유하지는 않았다. 매춘취체조례안을 심의 · 가결한 이와쿠니시 의회에서 유일한 여성 시의회 의원인 이모토 도시(井本トシ) 또한 부인회도 '양가 자녀의 안전'이 최대 두려움과 걱정이라며, '배려'를 호소했다.

여기서 간략하게 전후 부인회가 걸어온 길을 회고해보자.

여성 참정권 획득으로 1946년 총선거에서 전국 다수의 여성 국회의원이 탄생했지만 야마구치현에서는 여성 국회의원이 한 명도 나오지 않았다. 1947년 제1회 지방의회 선거에서 야마구치현 전체로 25명의 여성 지방의원이 탄생했지만 이와쿠니시는 늦어서 1951년, 당시 43세의 이모토 도시가 처음으로 여성 시의회 의원으로 당선되었다. 이처럼 타 지역에 비해 여성의 의회진출 정도가 늦고 수도 적은 데서 야마구치현 및 이와쿠니시의 보수성이 드러난다고 볼 수 있을지도 모르겠다.

이모토 도시의 득표 기반은 부인회였다. 패전 후 일본의 국방부인회나 대일본부인회는 해산되었지만 기반인 지역부인회는 이어 각지에서 재결성되어 광역차원으로 연합해간다. 이와쿠니도 경과는 동일하고, 전후 곧 부인회 활동이 재개되어 1948년 '이와쿠니부인회연합'(다지마 유키[田島ユキ] 회장)이 결성되었다.[22] GHQ는 부인회의 활동 · 여성의 사회진출을 장려했다. 동년 가을 구레의 영 연방군 사령관 로버트슨(ロバートソン) 중좌(中佐)가 부인 동반으로 이와쿠니를 순시했을 때, 시장이나 시의회 의원들과 함께 부인회 회원 백여 명이 역까지 마중 나가고, 시청에서 환영회를 개최했다. 환영회에서 사령관은 여성들에게 격렬한 어투로 독려하며 이렇게 말했다. '시의회 의원 중 여성이 몇 명 있을까. 한 명도 없다면 말이 안 된다. 남자도 여자도 특징이 있다. 여성에게 일하도록 하지 않으면, 일본은 언제까지나 외국에게 뒤떨어진다. 남자에게도 그것을 요구한다. 기자가 이것을 신문에 써주었으면 한다.' 사령관 말에 부인회 회원들은 갈채를 보내고, 다지마 회장은 '확실히 하겠습니다'라고 답했다고 한다.[23]

이모토 도시는 다지마 유키 등과 함께 부인회에서 활약한 인물이다. 매춘취체조례를 심의한 시의회에서 이모토 도시는 부인회에서 진행된 토론경과와 여성의 요망에 대해 발언한다. 그 내용에 따르면, 당초 매춘여성을 이와쿠니시에서 쫓아 몰아낸다는 요청의 조례안을 제출하게끔 시에 청원할지 말지가 부인회에서 토론되었다. 하지만 '양가 부녀자가 위협을 느끼는 결과가 되

---

22) 「岩国市連合婦人会のあゆみ」, 岩国市連合婦人会編集発行, 『岩国市連合婦人会30年史』, 1983, p. 15.

23) 『興風時報』 1948.11.14.

지는 않을까'라는 문제가 논의되어, 청원은 행해지지 않았다. 하지만 그로부터 약 반 년 지나서, '빈축을 살만한 일'이 눈에 띄며, '이는 사회교육상 아동교육상 실로 슬퍼해야만 할 현상'이다. 또한 단속대상을 가창으로 한정한다면, '양가 부녀자가 위협을 느낄'일도 없다. 그러므로 조례안에 찬성하지만, 조례 시행 후 '우리 부녀자가 가장 염려하는 점', 곧 '양가 부녀자에게 재해가 없도록' 해주기 바란다는 점이 요청 내용이었다.

매춘여성은 '양가 자녀'의 정조방파제로서, 만약 존재하지 않는다면 곤란하지만, 그렇다고 가창이 자유롭게 행동한다면 그것은 '빈축을 살만하다'는 부인회 측의 에고이즘과 가창 차별의식이 드러나 있다.

여성단체인 부인회의 의사를 이와쿠니 시의회에서 여성의원이 대표하여 '매춘여성을 쫓아 몰아내면 양가 자녀의 위해가 걱정이다'라고 발언한 셈이다. 하지만 이는 이와쿠니로 한정되지 않는다. 당시 부인회 조직은 대개 전쟁 전 · 전시 하에서 국책에 협력했던 부인회 조직이 명칭을 바꾼 단체들이다. 실제로 여성해방을 지향한 자주적 조직단체는 아니었다. 시내 명가(名家) 아내들이 회장 · 임원을 역임했다. 지구마다 조직된 주부들은 상부에 봉사하는 체질을 전쟁 전부터 계승한 형태가 많았다. 나카하라 유키코 등의 여성교원들처럼 여성으로 가창의 곤경을 이해하려 하고, 친밀하게 간담도 하며, 그녀들과 신뢰관계도 쌓으려는 방향성을 가졌던 점과는 대조적이었다. 부인회는 여성의 소임에서가 아닌, 점령군이나 시의 권력기구가 요청하는 소임에서, 가창을 오로지 빈축과 배척의 대상으로 여겼다. 이러한 부인회의 경향은 후에도 오랫동안 계승된다.

이와쿠니의 여성단체로는 지역부인회 외에 일본기독교부인교풍회 지부도 있었다. 이와쿠니 지부는 1950년 11월 이와쿠니시 사회교육회와 협력해, 도쿄(東京) 본부의 이사, 이노우에 마사코(井上正子)를 초대하여 '순결평화운동'이라는 강연회를 이와쿠니 시내 세 군데 소학교에서 개최한다. 그리고 1951년 7월에도 교풍회 이사이며, 순결운동의 전국 지도자, 우에무라 다마키(植村環)를 초대하여 이와쿠니 소학교에서 600명의 청중을 상대로 강연회를 개최하기도 한다.[24)]

교풍회는 19세기 말 창립 이래 '순결'을 슬로건으로 삼아, 전시 하 순결보국운동을 전개했다. 전후는 GHQ · 일본정부와 협력하여 성교육을 추진했다. 교풍회의 주장은 주류화 되었다. 이와쿠니 소학교에서 강연한 우에무라 다마키는 전후 순결운동의 대표 지도자다. 이와쿠니에서 행한 강연내용은 자세히 알지는 못하지만, 우에무라는 일관하여 매춘의 단속강화를 GHQ와 일본정부에 제언했다. 그리고 점령군 상대의 일본인 여성의 매춘을 '추업'이라 한탄하며, 가창을 병사에게 달라붙어 떨어지지 않는 '진드기(ダニ)'로 비유하기도 했다.[25)] 이처럼 순결주의 관점에 선 교풍회의 분주한 활동 역시 매춘취체조례제정과 가창의 단속강화를 재촉하는 배경이 되었을 것이다.

2. 안보체제의 성립과 이와쿠니 미군기지의 확장

기지의 확장

한국전쟁이 한창일 때, 샌프란시스코 강화조약과 함께 미일 안보조약이 체

---

24) 『岩国ニュース興風時報』 1950.11.21, 1951.7.30.

25) 植村環, 「売笑婦のいない世界を」, 『婦人公論』 1953.4, 졸고, 『性の歴史学－公娼制度 · 堕胎罪体制から売春防止法 · 優生保護法体制へ』, 不二出版, 1997.

결되고, 1952년 4월 발효되었다. 강화조약으로 연합국 점령은 끝이 났지만, 안보조약으로 미군은 무기한 일본에 주둔하게 되었다.[26] 한국전쟁을 계기로 이와쿠니를 동아시아 전략상의 중요 거점이라 평가한 미국은 한국전쟁 정전의 해인 1953년에서 1956년 동안 농지를 접수하여 기지를 확장해갔다. 이때 토지매수도 주민의 자유의사에 따랐다고 보기는 어렵다. 그 경과는 다음과 같다.

1952년 6월 미일합동위원회는 미군기지 확장으로 기지에 인접한 가와시모 지구의 43정보(町步)(1정보는 10반[反], 약 1 헥타르. 100정보가 약 1평방 킬로)를 이용한다는 방침을 결정했다. 그 중 30만 정보는 일본 패전 후 개척한 토지로, 이주했던 일본인이 구일본군으로부터 반환, 양도받은 토지였다. 나머지 13정보는 귀환자 주택 15호와 민유지 농가, 그 외 25호가 있는 부지였다. 2백 수십 명의 경작자와 주민의 의사를 완전히 무시하고 미일합동위원회는 토지접수를 결정해버렸다.

미일합동위원회의 결정을 접한 지권자(地權者) 2백 수십 명은 집회를 열고, 이와쿠니를 방문한 아라세(荒瀨) 현(県)개척과장에게 '전원 대반대(大反對)'를 표명했다. 구노 도라오(久能寅夫) 시장은 지권자들의 의견을 수용하여 17일 상경한다. 상경한 구노 시장은 외무성 · 농림성 두 성과 협의한 후, 접수반대 의사를 전달했다. 그렇지만 반대라고는 하지만 그것은 처음부터 무기력한 교섭이었다. '불가능할 경우 인접지를 접수', '그래도 불가능할 경우 접수지를 축소하여 받는다'고 했기 때문이다. 다나카 다츠오(田中龍夫) 지사 · 오자와 다로오(小澤太郎) 부지사는 당초 민유지 접수는 앞으로 행해지지 않을 것

26) 이와쿠니기지는 1952년 4월 호주 공군에서 미국 공군의 관할로 이전되었다. 54년 10월 기지 사령권은 미 공군에서 미 해군으로 이전되었다. 앞의 글, 『岩国市史』, p.984~985.

처럼 전했다(『고후지호우(興風時報)』 1952년 6월 27일). 또한 6월 28일, 이와쿠니 항공대 미군사령관도 구노 시장에게 민유지 접수는 행하지 않는다고 알렸다. 6월 30일, 미일합동위원회의 미군 측 대표와 일본 측 대표 이제키(井関) 외무성 국제협력국장 일행은 이와쿠니 현지를 시찰하고, 민유지 접수는 생각하지 않는다고 말했다. 그런 말을 듣고 관계자인 지주들은 안심했다(앞의 신문, 1952년 7월 5일).

그런데 그것은 헛된 기쁨이었다. 8월 7일 미일합동위원회는 또 민유지 중에서 약 30정보를 접수한다고 결정했다. 그 안에는 귀환자 주택 2동, 15세대가 살았고, 주택도 한 채 있으며, 지역 내 경작자는 230명이나 되었다. 이와쿠니시 조역(助役)은 이번 결정이 지난 번 언급한 내용과 다르다며, 재차 진정하기 위해 상경했다. 그 사이 가와시모의 관계 지주는 8월 18일 대회를 열고, 반대 진정서를 작성했다. 19일 시의회 측을 대표하여 시의회 의장, 시의회 의원들, 그리고 지주 대표들은 반대 진정을 위해 도쿄로 갔다(앞의 신문, 8월 27일).

그러나 결국 10월 30일, 농림성으로부터 오카야마(岡山) 농지사무국으로 연락이 왔다. 확장지역은 이마즈가와 가코난간 가와시모(今津川 川口南岸 川下) 지구며, 민유지 10만 9,800평을 새로이 무기한 사용한다는 연락이었다. A지역(일본인이 사용하는 모든 관개 배수로 그 외의 시설을 미 정부가 이전한다), B지역(이 지역의 건물은 일본정부가 이전하고, 농경은 허가된다), C지역(건물만 이전한다), 3종류로 나눈 이전 · 사용조건을 공지했다. 대체로 구노 시장이 상경해서 요청한 내용과 동일했다(앞의 신문, 11월 5일). 강압적인 국가의 일방통고였지만, 시의 유력자들은 타협으로 기울고, 국가와의 교섭은 점점 줄어들었다. 교섭도 접수 가격을 둘러싼 조건 교섭이었으며, 절대로 토지를 양도하고 싶지 않다는 사람들의 생각은 산산이 깨져나갔다.

이와쿠니시접수농지보상요구완철(完徹)기성동맹

그렇지만 중요한 토지를 순순히 게다가 일방 통고된 액수로 양도할 수는 없었다.

모리시게 시로(森繁四郎)와 여러 사람들은 이와쿠니시접수농지보상요구기성동맹을 결성하고, 1953년 2월 14일부로 '이와쿠니 비행장 확장에 따른 농지 접수에 대하여'라는 청원서를 시의회 의장에게 제출한다. 위원장 모리시게 시로와 그 외 215명, 연명의 청원이었다. 모리시게 벤이치(森重弁)(고이마즈[向今津]), 오키무라 하츠지로(沖村初次郎)(고이마즈[向今津]), 가시와무라 쇼이치(柏村正一)(구르마[車]), 가와카미 요시요(川上佳生)(구르마[車]), 나카야마 지요이치(中山千代一)(나카츠[中津]), 가와무라 요시미츠(川村義光)(나카츠[中津]) 등, 가와시모 지구시의회 의원 6명이 소개의원[27]으로 일원이 되었다. 시의회는 이것을 청원 제6호로 수리하고, 동월 28일 채택한다. 그 전문은 다음과 같다.

이와쿠니 비행장 확장에 따른 농지 접수에 대하여

이와쿠니 비행장 확장계획으로 인접 농지를 접수하는 사건이 벌어졌습니다. 하지만 해당 이와쿠니시 가와시모 지구의 농민들은 선조 대대로 소유, 경작해온 토지 대부분을 그 유명한 대동아전쟁 수행 때 비행장 용지로 사용하기 위해 반강제로 몰수당해 도탄의 괴로움을 맛보았습니다. 그런데 일본 패전으로 토지는 미군 점령지로 변했습니다. 그 후 현지 가와시모 지구의 구 관계자 농민은 용지의 일부를 불하받고, 환희 작약하며 공복도 잊고, 노인이나 아이 가리지 않고 일가를 총동원하여, 흙투성이로 토지를 개척하는 데 온 마음을 쏟고 있으며, 점차 원래대로 모심기가 가능한 전답에 이르렀고, 장래 생활 안정의 등불로 삼아, 겨우 안도의 순간

27) 소개의원은 일반적으로 의회에서 시민의 진정을 중개하는 의원을 의미한다(역주).

에 이르렀습니다. 그런데 그 순간도 한 순간, 또 다시 토지를 접수한다고 해서, 저희 관계자는 망연자실, 그 이루는 바도 알지 못한 상태가 되어버렸습니다.

저희 관계 농민은 농지가 접수된 후 얼마 지나지 않아, 곧 생활 곤궁이 발생, 생존권의 위기마저 장래에 초래되리라는 사실을 불을 보는 것보다도 더 분명히 알고 있습니다. 따라서 사회보장 방침을 정한다 해도 해당 이와쿠니시는 하늘, 육지, 바다에 그 입지 조건이 다른 땅에 비할 바 아니며, 이와쿠니시의 전도는 양양하기에 이상과 같은 여러 가지 사정을 현명히 살피셔서 정부당국이 당연 충분한 보상의 배려를 하사해주시기를 간절히 간절히 염원하는 바입니다.

쇼와(昭和) 28년 2월 14일

대표자 이와쿠니시접수농지보상요구완철기성동맹 모리시게 시로 외 215명

이와쿠니시 의회 의장 구와타 사스케(桑田佐助) 전(殿)

야마구치현 조사국은 1953년 5월, 기지인접 민유지 34정보의 접수가격을 셋으로 분류하고, A지구는 반(反)에 22만 엔, B지구가 반(反)에 26만 엔이라는 평가를 제시했다. 10반(反)은 1 정보(町步)다. 하지만 지권자 측에서는 '반(反) 30만 엔 이상'은 양보할 수 없는 최저액이었다. 구노 시장과 관계 시의회 의원이 중재에 나섰고, 21일 시청에서 관계자가 회합했지만, 구레 조달국(吳調達局)은 '다른 곳의 사례도 있고, 그 이상 어떻게 할 수는 없다'고 가격을 매겼다. 구노 시장과 가와시모 지구출신의 시의회 의원이나 지권자 대표는 이곳에도 상경해, 지주의 고충을 호소하고 반(反)에 30만 엔 평가를 간청하며, 총리부 · 특별조달청에 진정했다. 하지만 정부의 강경한 자세로 토지의 접수가격은 반(反)당 28만 엔으로 결정되었다. 한국전쟁 정전 후인 1953년 10월, 특별조달청과 이와쿠니시 사이에 33정 3반보 접수의 조인이 끝나고, 지대 9천만 엔이 이와쿠니 시장에게 건네졌다(『고후지호우(興風時報)』 1953년 7월 5일, 1953년 10월 5일).

2010년 3월 4일, 모리시게 시로(1921년 출생) 선생 댁을 방문했다. 가와시모 지구에서 태어나 자란 시로 선생은 지구(地區) 역사의 산 증인이다. 이마즈가와(今津川)의 물놀이가 즐거웠다는 소년 시절의 추억, 구사일생으로 전쟁터에서 귀환한 일, 전후 얼마 지나지 않아 곧 시의회 의원을 1기(期) 역임한 일, 농업의 수고스러움과 즐거움, 그리고 접수농지보상완철기성동맹의 활동에 관한 말씀을 들었다. 시로 선생은 히라오카 가츠토(平岡勝人)나 다카하시 이와오(高橋巌)와 함께 활동의 중심 멤버였다. 몇 번이나 집회를 열기도 했으며, 교섭하러 가거나, 진정하러 가기도 했다. 하지만 조달국은 '어째서 논에 그렇게 집착하는가'라고 발언했으며, 선조 대대로 내려온 토지를 빼앗기고 싶지 않다는 농민들의 필사적인 호소는 경시했다. 항의와 격렬한 응수도 있었다고 한다. 가와시모 지구의 농민과 시의회 의원들은 수상(首相) 면회를 원했지만 이루어지지 않았고, 비서와의 면회마저 몇 번이고 거절당했다. 농민의 처지에 서서 동행하려한 현(県) 의원은 존재하지 않았으며, 시장도 역시 농민을 위해 일한다고 생각되지는 않았다고 한다.

시로 선생과 여러 사람의 활동은 결국 결실을 보지 못했다. 적어도 최저한의 접수가격만은 원했지만 그것마저도 실현되지 않았다. 시에서 생활재건을 위해 마련한 상담창구도, 거의 실체 없이 끝났다. 접수지 이외로 토지를 소유하거나, 목수(大工)나 공장근무 등으로 농업 이외의 수입이 있는 사람은 모두 각각 어떻게든 극복은 했지만, 어떻게 하지도 못한 채 가와시모를 떠난 사람들도 있었다.

그리고 반 세기가 경과했다. '지금 되돌아보면, 어떻습니까. 할 수 있는 만큼 해서 좋았다는 기분이 드십니까?'라고 질문했다. 선생은 일언지하에 부정했다. 불합리하게 토지를 취한 정부에게 느끼는 분노와 억울함은 지금도 사라지지 않았으며, '유감무념(殘念無念)', '엎친 데 덮친 격'이라고 말씀하셨다. 과거의 일만이 아니다. 시로 선생 댁은 보통 유리보다 3배나 더 두꺼운 방음 유리 공사를 시행했다. 하지만 서까래와 천정으로 새어 들어오는 기지 소음은 일상을 괴롭히고 있었다. '이게 없으면 큰 일'이라며, 주머니에서 꺼내 보여 준 것은 방음을 위한 귀마개였다.

델타에서 자란 소녀의 작문

국가가 이와쿠니기지 주변의 농민에게 토지 접수를 통고한 당시, 한 명의 소녀가 쓴 작문이 시미즈 이쿠타로(清水幾太郎) · 미야하라 마코토(宮原誠) · 우에다 쇼우자부로우(上田昭三郎) 편(編)『기지의 아이-이 사실을 어떻게 생각하면 좋을까』(고우분사[光文社], 1953년 4월, p.243~246)에 게재되었다.

내가 자란 델타

가와시모(川下) 중학교 3년, 이시자키 다카코(石崎孝子)

어느 날 학교 귀가 도중, '마츠이(松井), 집 어디로 바뀌는거야?'라고 물어보았습니다.

마츠이는 '아직 모르지만, 어차피 바뀌어. 그럼, 이시자키랑 함께 학교에 갈 수 없네'라고 섭섭하듯이 말했다.

'그렇지만 지금 있는 곳은 비행기 소음으로 공부 집중이 안 돼. 오히려 좋을지도 몰라.'

그렇게 대화하면서, 둘은 귀가했습니다. 마츠이는 '집은 바뀌어도 학교는 바꾸고 싶지 않아'라고 말했다. 마츠이와 나는 9년 동안이나 언제나 함께 통학했습니다.

동네 사람의 소문으로는 마츠이 집은 아무래도 퇴거해야만 한다고 했습니다. 마츠이 집은 활주로 바로 옆에 있어서, 여름에 날씨 좋은 날, 비행기가 날면, 모래 먼지가 날고, 집안으로 먼지가 날아 들어오는 일도 있습니다.

2, 3년 전부터 '선로 앞바다는 퇴거된다'는 얘기가 어디에서인지는 모르지만 들려

왔습니다. 항상 그런 얘기는 사라지고 소문으로만 그쳤는데 이번에는 드디어 어떻게 될지 장담 못하게 된 것입니다.

우리 집에서 약 4백 미터 떨어진 곳에 항공대가 있습니다. 오늘도 어제도 비행기는 주야로 끊임없이 시끄러운 고음의 소리를 내며 날고 있기 때문에 싫어도 내 귀에 들리고 내 눈 앞에 보입니다. 백 미터 떨어진 앞바다에 가면 그곳은 비행기가 착륙하는 활주로가 되어버렸습니다. 안에 들어가지 못하도록 출입금지 상태가 되었습니다. 가와시모는 현재 반 이상이 항공대로 되었습니다. 그런데 그것도 모자라 아직까지 우리를 퇴거시키려고 합니다.

얼마 전부터 퇴거문제로 회합이 잦았습니다. 우리 부락은 모이기만 하면 언제나 그 얘기로 대소동이었습니다. 어느 날 근처 집들을 한 채 한 채씩 사진을 찍어 돌렸습니다.

우리가 사는 곳에는 마사키(正木) 토지를 매립하고 개척해서 세운 25채의 집이 있습니다. 가와시모의 앞바다 널찍한 농지와 토지는 참억새가 나고, 웅덩이는 갈대가 우거져 있습니다. 제가 6세 때인 쇼와(昭和) 17년 큰 수해로 제방이 끊어져 많은 집이 해일로 흘러가고 전답도 상당히 큰 피해를 입었습니다. 그래서 침수된 곳도 많았습니다. 그 때 우리 근처의 집만이 남았습니다. 지금 활주로가 있는 근처도 집이 몇 채인가 있었는데 수해 때문에 흘러가서 전쟁 무렵 모두 항공대 토지가 되었습니다. 야마하타(山畑)도 7, 8년은 만들 수 없었습니다. 종전 후 제방 복구공사를 계속해, 재작년 가을부터 간신히 야마하타를 만들 수 있었습니다. 당시 논은 호수나 늪과 같은 곳뿐이었습니다. 7, 8년이나 농사짓지 않아서 갈대가 생겨난 곳도 있었습니다.

우리는 백성의 아이들, 그런 곳도 가꾸고 일하면, 언젠가는 멋진 전답이 되겠지라고 생각하며, 땀 흘려 모두 일했습니다. 학교 귀가 후면 바로 전답으로 갔습니다. 어떤 날이든 열심히 일했습니다. 그렇게 고생한 집은 제 집만이 아닙니다. 이 부락의 백성 대부분은 희망을 품고 서로 모두를 격려했으며 예전과 같은 전답을 만들려고 고생했습니다.

그 논이 지금에 와서 어떻게 된 것일까요? 집은 모두 제방을 따라 즐비합니다. 모두의 반대로 퇴거하지 않아도 괜찮다고 들었다는데, 지금까지 고생해 드디어 수

확도 했는데, 이미 전답을 취했다는 얘기, 전답은 이제 어찌할 도리가 없답니다. 근처 이웃들은 어떻게 생각하는지 모르지만 전답을 취했다며 기뻐할 사람은 없을 것입니다. 아무리 조선에 가까이 있다 해도 미국인은 자신의 국가 미국에 항공대를 만들면 좋을 텐데. 여기는 일본 해군 때부터 비행기지였기 때문에 저는 무리하게 가와시모 항공대를 다른 곳으로 옮기라는 얘기는 아닙니다. 그렇지만 지금까지 토지만으로도 충분한데 더 이상 토지를 취하면 가와시모 경지는 자꾸자꾸 적어지게 됩니다. 앞바다 쪽부터 점점 취해져서 이번은 우리를 다른 곳으로 이동시키려고 합니다. 몇 년 정도 경과하면 가와시모가 전부 없어지는 건 아닐까요? 우리 신변은 슬픈 동아줄로 매여 있습니다. 우리도 세계의 일원, 서로 기뻐하고, 웃음을 나누고, 끝까지 오래 살고 싶습니다.
근처 25채는 머지않아 퇴거된다고 말들 합니다. 그 얘기가 실현되면 지금 우리는 어떻게 될까요. 저도 또한 마츠이처럼 괴롭고 슬픈 생각을 하지 않을 수 없습니다.
우리 농촌이 토지를 잃으면 어떻게 될지 이해할 수 있습니까? 저의 아버지는 데이진(帝人)에서 근무했기에 많은 전답은 없습니다만 농업만으로 생계를 이어가는 가정도 몇 채 있습니다. 무리하게 우리의 전답을 취하지 않아도 앞바다 쪽은 아직 많이 펼쳐져 있습니다. 그런 토지를 취하면 좋으련만…
2백 년도 전에 고심해 매립한 가와시모의 델타 땅은 옛날 사람들의 기쁨이나 고통이 스며들어 있다고 생각합니다. 이 땅은 우리가 태어나 자란 소중한 땅, 그립고 정겨운 땅입니다. 그런데도 왜 이 땅을 잃어야만 할까요. 그뿐만 아니라 여기 일본의 소중한 땅, 우리가 사는 가와시모의 땅은 정말로 지금부터 어떻게 되는 것일까요?

2010년 4월 이와쿠니시 아사히쵸(旭町)의 이시자키 에이치(石崎榮一) 선생 댁을 방문해서 이 작문을 쓴 다카코 선생을 만났다. 에이치 선생은 다카코 선생의 사촌이다. 에이치 선생 댁도 전시 중에 토지를 몰수당했다. 명령을 거역하면, 헌병대로 끌고 갈 것처럼 강압적인 방식으로 권력을 앞세우는 일본 해군의 행동 탓이었다. 전후에도 기지 확장으로 그 때까지 살던 거주지에서 이

사해야만 했다. 다카코 선생 일가는 1955년경, 마사키개작(正木開作)을 퇴거해야만 해서 이사했다. 그 시기 다카코 선생은 중학교 졸업 후, 데이진(帝人)에 취직을 했고, 일하면서 정시제 고등학교에서 공부도 하고, 기숙사 생활을 했다.

다카코 선생의 일가가 당시 끝내 양도하지 않은 일부 농지는 지금도 다카코 선생의 오빠가 경작하고 있다. 다카코 선생도 가끔 일을 도우러 가는데, 그럴 때마다 기지 폭음에 놀라게 된다고 한다. 건너편이 전혀 안 보일 정도로 확장된 농지가 지금은 기지용지로 되어 버렸다. 다카코 선생은 '중학생 시절의 작문은 당시 생각을 썼을 뿐으로 어느 것 하나도 깊게 생각하며 쓴 것은 아니'라며 계속 겸손하게 말씀하셨다. 하지만 '현재 젊은이는 모두 바깥으로 뛰쳐나가지 않으면 안 된다', '토지를 빼앗기지 않았다면 델타는 더욱 발전했을 텐데'라고 말씀하시는 모습에서 선생께서 '태어나 자란 소중한 땅, 그립고 정겨운 땅'이라는 생각을 계속 품고 오셨음을 잘 헤아릴 수 있었다.

불채택된 청원서

이와쿠니시 의회도서실에는 의회의사록과 함께 시민이 시의회에 보낸 청원서류도 보존되어 있다. 그 중 토지를 잃은 곤궁한 가와시모 사람들의 청원서를 찾아냈다. 1953년 9월 16일자, 고이마즈(向今津)의 주민이 가와시모 지구 출신 시의회 의원을 소개의원으로 하여 제출한 시유지 불하청원이다. 청원 제35호로 2건이 수리되었다. 둘 모두 11월 16일 부로 채택되지 못했다.

한 건은 7명의 농민이 낸 청원으로, 다음과 같이 호소했다.

'저희는 모두 이와쿠니시 오아자 고이마즈(大字向今津)에 거주하는 전업 농업 종사자입니다. 그런데 1942년 풍수해로 이마즈가와(今津川) 제방 결궤로 소유 농지를 유출했습니다. 그래서 그 후 복구공사를 재삼 탄원하고 있습니다만, 아직도 방치되어 집집마다 곤궁이 극에 달하고 있습니다. 그런데 이와쿠니시 오아자 고이마즈 오히라키(大開) 2600번지, 7무보(畝步), 2629번지 18무(畝) 3보(步), 합계 1반(反) 5무(畝) 3보(步)의 원야(原野)는 사유지입니다만 현재 황무지로 방치되고 있습니다. 이미 올해 9월 5일 이와쿠니시 가와시모 지구 농업위원회에서 전기(前記)한 토지의 불하 건이 채택되었으므로, 제발 저희의 곤궁 정황을 살피시길 아뢰며, 한편으로는 국토가 협소한 지금 한 치의 토지라도 유효하게 활용하기 위해 저희들에게 불하조처 방법을 원컨대 아뢰는 바, 자(玆)에 연서로 청원합니다.'

또 한 건은 3명이 연서해 제출한 청원으로, 이렇게 청원했다(인물은 익명으로 한다).

저희는 이와쿠니시 오아자 고이마즈에 거주하는 전업 농업 종사자입니다. 그런데 1942년 풍수해로 이마즈가와 제방이 결궤하여, 택지의 유출 또는 새 제방용지로 택지가 사용되어, 그 후 복구공사를 재삼 탄원하고 있습니다만, 아직도 방치되고 있습니다. 현재,

○○○○○는 남의 집의 창고를 빌려 거주 중이며, 말라리아로 요양 생활을 오래하고 있습니다. 신경 쇠약으로 취업하지 못하는 상태며, 모친만이 있는 가족으로 생활이 곤란합니다.

○○○는 전 해군관사에 거주 중이며, 부모님은 폭사, 형제 4명은 생활이 몹시 곤궁하여, 그날그날 식사도 어려움을 느끼는 상태며,

○○○○는 어머니가 홀로 지금까지 아이를 키워왔으며, 현재 아직도 어린 형제자매 4명이 있어 또한 생활이 곤란한 상태며,

모두 택지조차 매입할 자력(資力)이 없습니다. 듣기로 이번 이와쿠니시 오아자 고이마즈 오히라키 2610번지, 2599번지 1의 시유지 택지가 불하청원되었으므로 그 중 일부를 저희 세 명에게 택지로서 불하조처 방법을 탄원하고자 청원합니다.

수해 후 고생해서 농지를 복구하여 농업을 계속하려 한 사람의 토지는 강권으로 수용되어 미군에 제공된 한편, 수해나 전쟁으로 피해를 입고 곤궁의 극한에 이른 사람들에게 토지 제공은 이처럼 계속 방치되었다.

제2차 세계대전의 전후 처리를 목적으로 일본에 주둔한 점령군은 강화조약 발효 후에도 미일 안보조약으로 여전히 계속 일본에 주둔할 수 있는 체제를 발족했다. 점령으로 일시 일본의 군사시설의 편의를 사용했을 수도 있는 미군·영연방군은 한국전쟁 참전으로 '국제연합군'의 깃발을 내걸었다. 이와쿠니기지는 일본으로 반환은커녕 아시아에서 미군의 전쟁을 위한 중요 기지로의 위상을 가졌다. 한국전쟁 정전 후에도 더욱 미일 안보조약을 수호하며, 기지 확장을 계속했다. 미일 안보체제는 선조가 고생하여 개척한 토지를 지키며, 평화롭게 살고 싶다는 농민의 희망을 국가가 강권으로 토지를 취하여 빼앗는 데서 시작했다.

이렇게 해서 많은 농민의 희망에 반해 경작지는 양도되었다. 본 절에서 소개한 모리시게 시로 선생과 이시자키 에이치 선생은 수용되지 않고 일부 남겨진 토지가 있거나, 농업 이외의 수입도 있었기에, 다양한 기지 피해로 골치를 썩으면서도, 가와시모 지구에서 지금도 건재하고 있다. 하지만 델타의 3분의 2를 기지가 차지해서, 택지면적은 협소하며, 게다가 날마다 소음으로 위협받는 상태에서 선조로부터 계승한 토지를 자식이나 손자 세대에 계승해 가기는 어렵다. 또한 납득할 만한 보상 획득도 없이 많은 사람이 생활을 위해 어쩔 수 없이 가와시모를 떠났다. 타 도시에 이주하거나 해외로 이민한 사람도 있다. 계속 확장되는 이와쿠니기지는 이면에 고령화로 발생한 지역의 적막이나 고향을 잃은 이산자들의 신산을 은폐하고 있다.

3. 기지와 팡팡의 히로시마만— 새로운 공창제도와 복합 차별

정착한 기지경제

미일 안보체제의 성립으로 이와쿠니기지 주변의 성매매는 더욱 극심한 상태가 되었다. 한국전쟁으로 병원(兵員)과 전쟁물자의 유동은 현저했으며, 전체 시(市)에는 호전적인 분위기가 넘쳐났고, 매매춘은 만연했다. 야마카와 센조(山川詮三)는 한국전쟁 하의 기지 주변은 '식민지적' 양상을 띠었다고 구술했다. '농민은 방을 팡팡에게 제공하고, 싸구려 호텔이나 카바레가 범람했으며, 대부분의 상점은 주둔병과 가창을 상대하는 업소로 변해가'는 상황이었다고 했다(전게, 「상실되는 조국-야마구치현 · 이와쿠니기지」 p. 176).

안보체제 확립으로 이와쿠니시 매춘인구도 증가했다. 시 인구는 1950~55년에 11,130명 증가했다. 단순한 자연증가는 아니었다. 미군기지와 그 확장에 따른 공사나 기지 내 노동 수요의 증가로 타 지역에서 많은 사람이 유입된 결과다. 하지만 타 지구의 인구증가는 남녀 큰 차이가 없는데, 가와시모 지구는 압도적인 수로 여성이 증가한다. 증가한 1,401명 중 1,008명, 곧 7할 이상이 여성이었다(『고후지호우(興風時報)』 1955년 11월 30일). 미군기지 주변은 이미 환락가로 변해, 많은 접객여성을 요구하고 있었다. 기지 안에도 일을 도와주는 종업원(メイド), PX(매점) 점원, 클리닝 등, 여성이 일할 수 있는 장소가 여럿 있었다. 가창(街娼)은 특히 1955년 6~7월에 유입이 눈에 띄었다. 이와쿠니기지가 확장되는 한편 가까운 에타지마(江田島) · 히로(廣) · 벳부(別府) 등의 미군기지는 폐쇄되었는데, 이런 미군재편을 배경으로 많은 여성이 기지 폐쇄지역으로부터 이와쿠니기지로 이주했기 때문이다(『고후지호우』 1955년 6월 20일). 야마구치현 부인소년실의 '현하(県下) 매춘부 실재 예상 6월 중순 조사'에 따르면, 당시 야마구치현 내의 가창 총계 2,114명 중 2,000명이 이와쿠니에 있었다. 곧 거의 전원이 이와쿠니에 집중해 있는 상태였다. 일찍이 양잠의 뽕밭이나 부용화(ハス)밭이 넓게 퍼져있던 가와시모 지구는 변모하여 그곳에 미 장병이나 접객여성을 위한 상점, 셋방, 셋집이 지어졌다. 당시 시내의 '팡팡 하우스'는 65채, 바(バー) · 카페는 23채, 여성전용 하숙집은 가와시모 지구에 401채, 인접한 이마즈 지구에 113채에 달했다(전게, 1955년 7월 10일).

농지를 잃고 생계수단이 끊긴 사람에게 선택지는 부족했다. 미군 상대 장사로 큰 벌이를 하는 사람도 있었다. 하지만 주민의 상당수는 강제로 떠안은 기지경제에 순응했는데, 어쩔 도리가 없었다고 해야만 할 것이다. 셋방 · 셋집 영업자의 증가로 1954년에서 1955년 동안 이와쿠니 세무서는 약 100만 엔의 소득세의 수입 증가를 전망했다고 한다. 『고후지호우』(1955년 7월 30일)는 기가 막히게도 이 세수의 증가를 '밤의 여인 사이에 셋집 급격히 증가, 세무서 싱글벙글'이라는 타이틀로 보도한다. 1956년 이와쿠니시와 미군의 경제교류를 목적으로 '미일경제연락협의회'가 결성되지만, 협의회에서 미군측은 기지장병이 매월 1억 6,200여 만 엔을 시로 흘려보내고 있다고 호언했다(앞의 글, 1956년 3월 20일). 이런 과정으로 이와쿠니기지 확장은 계속되었고, 성매매를 중심으로 한 기지경제가 정착되었다.

한국전쟁 하에서 생긴 새로운 공창제도는 정전 후 기지 확장시대에 더욱 강고한 사회제도가 되었다. 미일 안보체제 하에서 미군은 시 당국에 성병검진이나 가창단속의 강화를 요구하고, 출입금지를 무기로 시에 무거운 압력을 가했다. 1953년 12월 미일친선협의회(회장은 이와쿠니 시장)가 설립되고, 매춘

문제 전문 분과회를 설치했다. 그곳에서 일본 측(시, 경찰, 보건소)과 미군의 협의회가 적당히 개최되었다.

매춘여성은 성병예방조합에 가입해 정기적으로 성병검진을 받고, 보건소가 발행하는 등록 카드를 휴대하도록 요구받았다. 매춘취체지방조례가 제정된 1951년 이와쿠니도 '사쿠라(桜)회 성병예방조합'을 만들어, 여성들에게 조합배지를 달도록 요구했던 일은 전술했지만, 안보체제 하에서 여성들은 한층 더 엄격하게 관리되어 행정직할 등록이 행해졌다. 이와쿠니 성병진료소는 베트남전쟁이 한창일 때인 1969년까지 유지되었다. 수검자는 연간 총계 2만 명에 달해, 미군은 매 주점을 돌며 성병검진카드를 체크하고 위반자가 있는 업소는 출입금지를 펴서 압력을 가했다고 한다.[28)]

기지와 팡팡의 히로시마만

여기서 시야를 히로시마만 지방 전역으로 넓혀 보자.

기지 매매춘이 만연했던 지역은 이와쿠니만은 아니다. 일본 내 기지 주변 지역에서는 공통된 현상이었다. 그러나 특히 한국전쟁 시대의 히로시마만 지방은 전국에서 악명이 자자했다. 야마시로 도모에(山代巴)는 『원자구름 아래에서-신편 8 · 6 소년소녀 시집』(피폭실태 조사회 편 · 야마시로 도모에 저/아키[亞紀]서점 · 1989년)의 후기(「시집 『원자구름 아래에서』와 나의 관계」)에서 다음과 같이 적었다.

> 당시의 히로시마만은 한국전쟁 기지였다. 기지와 군인을 상대로 하는 매춘은 으레 붙어 따라다니는 법, 아직 매춘금지법은 생기지 않았으니까, 기지를 감싸는 에

---

28) 『岩国ニュース興風時報』 1952.8.12, 1955.6.20, 『岩国タイムス』 1953.10.20, 1955.6.20. 및 『中国新聞』 1995.1.7.

> 타지마(江田島) 등, 자치체는 야단법석을 떨며, 매춘을 부추겼다. 구레(吳)도 하치혼마스(八本松)도 탄약고가 있다. 하라무라(原村)는 연습장이 있다. 이 근처의 실체를 르포화 해서, '기지와 팡팡의 히로시마만'이라는 팜플렛을 내려는 일은 가와데(川手)의 제안으로 8월에 착수되었다. 에타지마의 실체를 보러 간 나는 이전 해군병학교(이때는 미군기지)와 그 뒷산 사이의 좁다랗고 가느다란 길을 걸었던 기억을 지금도 잊을 수 없다. 창을 열어 제친 집들에서 미군 병사에게 몸을 맡기는 섹스 현장이 공공연하게 보였다. 매미망태를 짊어지고 아이들은 '저것은 온리(한 사람만 상대)다', '저것은 버터플라이(누구라도 상대)다' 등이라고 이러쿵저러쿵 평하며 그것을 바라보았다.

'기지와 팡팡의 히로시마만'이라는 팜플렛은 현재 거의 남아 있지 않지만, 미요시시 미라사카쵸(三次市 三良坂町)에 위치한 야마시로 도모에(山代巴) 문학연구소에 보존되어, 열람이 가능하다. 에타지마의 실태는 마츠다 도모오(松田友雄)(다키오 에이지[滝尾英二])의 르포 '군사기지 에타지마'(『새로운 세계』 63호, 1953년 1월)에서도 자세히 나와 있다.

히로시마만이 이런 상태로 접어든 이유는 어째서 일까.

원폭이나 구레 7 · 1 공습으로 히로시마시나 구레시의 유곽은 일단 완전히 소멸했다. 그런데 일본정부가 점령군에게 '특수위안'을 제공한다는 정책으로 유곽들을 부활시켜버렸던 것이다. 정부는 패전 직후 8월 18일 연합국 진주에 대비해, '성적 위안시설'을 마련하도록 전국 도도부현(都道府県)에 지시를 내렸다. 히로시마현은 이에 따라서 즉시 유곽업자를 소집해서 여성모집이나 자재알선을 약속하고, 고액의 현비(県費)를 투자해 위안시설을 설립했다. '위안부' 모집은 경찰이 담당했다. 경찰의 요청과 설득으로 히로시마현 하의 예기 · 창기 · 작부 · 밀매음 상습자 대부분은 모집에 응했다. 11월 말까지 히로시마 · 구레를 시작으로 에타지마 등 전부 9개소에서 현(県)이 후원하는 '위안소'가 개설(등록 여성 725명)된다.[29)]

경찰이 알선한 여성 그리고 전재로 집이나 가족을 잃은 다수의 여성이 급히 모집되었고, 위안시설은 대성황이었다. 성병을 두려워한 군인은 이러한 시설에 출입을 금했지만 업자들은 역 주변에서 여성들로 하여금 손님을 유인하게 했다. 공습으로 불탄 자리에 세운 여러 판자집에서 매매춘을 행하도록 했다. 경찰이 여성을 특정지구로 모을 방침이라서 한국전쟁 전 히로시마에서는 구유곽, 역 주변, 히지야마(比治山) 기슭, 그리고 구레는 구 아사히(朝日)유곽, 가메야마(亀山) 일대 등에 집창가가 형성되었다.[30)]

특히 구레는 미 제8군의 중국 · 히로시마 군정부와 영 연방군사령부가 위치한 연합국 대일 점령의 거점이다. 주둔하는 장병 수도 많아서 한국전쟁기 '공포의 거리', '폭력의 거리'라 불릴 정도로 외국군의 범죄나 매춘, 폭력으로 거리가 황폐화된 곳이다. 1952년 강화조약 발효 후에도 영 연방군은 '점령 영 연방군'(BCOF)으로부터 '조선 파견 영 연방군'(British Commonwealth Forces Korea, BCFK)으로 개편되어 계속 주둔했다. 미군은 안보조약을 근거로 주둔했지만, 영 연방군은 주권 회복 후 일본에 잔류할 법적인 근거가 없었다. 한국전쟁에 출동하는 '국제연합군'의 일부에서는 근거가 있지만, 국제연합군에게 기지를 제공해야만 한다는 조약은 당시 일본에 존재하지 않았다. 그럼에도 영 연방군은 구레나 이와쿠니에 계속 주둔했다. 이때 점령시대 이상으로 범죄다발의 사태가 발생하자, 현지에서는 분노의 소리도 높았다. 특히 1952년

29) 広島県警察史編さん委員会 編, 『広島県警察史 下巻』, 広島県警察本部, 1972, p. 889~894.

30) 전후 히로시마현 매춘문제는 神崎清, 『娘を売る町-神崎レポート』, 新興出版社, 1952, 「看板にあがったパンパン-呉の集團賣春」, 『改造』, 1953.6.도 상세하다.

제13회 국회는 이 문제를 큰 문제로 여기지 않았다.[31)]

하지만 대관절 국회에서 정부는 어떤 답변을 했을까? 1952년 7월 30일 제13회 국회 법무위원회 의사록을 보자. 강화조약 후 주둔지인 이와쿠니나 구레에 주유군(駐留軍) 관계자의 범죄가 빈발하는 문제와 관련해 오카하라(岡原) 검무(検務)국장은 정부위원으로서 범죄 발생건수나 종류, 검거율, 범죄 처치 방법 등을 질문받고, 다음과 같이 답변했다.

> 질문하신 구레 지구에서 발생하는 영호군(英豪軍) 등의 범죄는 현지보고에 따르면, 이미 100건으로 이런저런 사건이 4월 29일 이후 발생하고 있습니다. 범죄내용은 일단 죄명으로 간주 가능한 사건은 강간이라든지 혹은 폭행상해, 사기, 절도와 같은 사건이 대부분입니다. 폭행 사건의 경우는 대개 야간술집 등에 들어가 뭔가 비위에 거슬리는 일이 생겨서 박살내고 때려 쳤다는 내용입니다. 상해의 경우는 그래서 부상당하는 사건이 많다는 내용입니다. 더욱이 강간 등은 저희들도 죄질의 중대함에 비추어 볼 때, 사안의 내용을 깊게 검토하고 있습니다만, 여러 건 보고되는 대부분의 사례에서 피해자가 이른바 팡팡이라서 그 내용이 꼭 강간인지, 혹은 합의한 간통인지, 그 점에서 범죄 혐의가 확실하지 않다는 안건이 많다고 합니다.[32)]

---

31) 예를 들면, 1952년 6월 18일 제13회 국회 외무위원회(제36호)는 공산당 立花俊男가 구레 시장과 조역이 거의 눈물 흘리면서 '구레에서 딸 있는 집은 밤에 전등을 켜고 잠을 잘 수 없다'고 호소한다며 통계자료를 제출했다고 보고했다. 구레시 자료는 52년 1월 이래로 상해, 강도, 절도, 강간, 기물파손 그 외, 명백한 사건만도 210건이 일어났으며 특히 강화조약 발효 후인 5월 1일에서 10일간 동안은 강간 2건을 포함하여 29건의 범죄가 발생했고, '구레시 전체가 암흑, 폭력의 마을' 모습이었다.

그리고 7월 30일 외무위원회(제39호)는 구레 출신의 宮原幸三郎 의원이 국가경찰 형사부장의 설명 중 부녀자가 외출할 수 없을 정도의 위험은 아니라고 발언한 점에 대해 항의하고 구레시 일부 지역은 확실히 그럴 위험이 있으며 '구레시에 범죄가 하루 1 · 5건 비율로 날마다 반복해서 발생한다'고 지적했다.

또한 한국전쟁 정전 후인 1954년, '일본국에서 국제연합군의 지위에 관한 협정'(국연군지위협정)이 연계되어 이후 이것은 영연방군이 일본에 주둔하는 법적 근거가 되었다.

32) http://kokkai.ndl.go.jp/SENTAKU/syugiin/013/0488/01307300488074a.htm.

이 답변에서 다발하는 범죄는 대부분 대단한 일이 아니다. '강간'이라 보고되는 사례도 '피해자가 이른바 팡팡이라서 꼭 강간인지 어떤지 모르겠다.' 곧 총체적으로 그다지 심각한 상황은 아니라는 것이다. '구레에서 딸 있는 집은 밤에 전등을 켜서 잠을 잘 수 없다'는 현지 호소를 무시하고, 다수 피해자가 '팡팡'인 점을 근거로 강간 사건 보고를 의구심을 갖고 취급했다. 그 결과 국제연합군 범죄가 거의 기소되지 않는다는 사실도 정당화되었다.

결국 영 연방군은 1956년까지 계속 주둔했다. 일본정부는 지역사람들이 받는 위협을 제거하는 일보다도 '국제연합군' 협력을 우선시했다. 이런 방식으로 '기지와 팡팡의 히로시마만'이 정치적으로 형성되어, '국제연합군' 협력 이면에 유린된 여성의 인권구제는 돌아보지 못 했던 것이다.

매춘과 복합 차별

희생자는 약한 처지에 있던 여성들이었다. 전쟁으로 많은 여성은 과부나 고아가 되었으며, 또한 집이나 재산을 잃고 일할 자리도 없이 곤궁한 상태로 존재했다. 일본정부는 그런 여성의 곤궁상태를 이용해 전국의 경찰 · 행정 조직을 동원, 그녀들에게 매춘을 하게 했다.

매매춘의 배경에는 여성을 매춘으로 몰아넣는 복합적인 폭력과 차별구조가 있었다. 전국에서 악명 높았던 한국전쟁 전후의 히로시마만 지역의 매춘 상황을 생각할 때, 무시할 수 없는 한 가지는 히로시마에게 괴멸적인 타격을 준 원폭 문제일 것이다.

나카하라 유키코(中原ゆき子) 등이 한국전쟁 당시 들었던 이와쿠니기지 주변의 가창 중에서도 폭심지 근처에서 피폭해서 전신상처를 입고, 결혼에 실패한 후, 친정집 빚을 짊어진 채 가창이 된 24세의 여성이 있었음은 전술한 대로

다.[33] 고노 이사오(河野勳)는 1984년 '이와쿠니 · 평화를 위한 전쟁전(戰爭展)' 개최를 준비하던 중 '더 이상 종사하지는 않지만, 한국전쟁, 베트남전쟁의 초연의 악취를 풍기는 미국병사를 상대해 왔다'는 당시 64세 여성을 가와시모로 가서 방문했다. 그 때의 일이 이렇게 적혀있다.

> 도어를 두드린다. 목이 잠긴 미성의 소리가 '저기. 잠깐만(どう-ぞ)'이라 말한다. 그녀는 침대에 누워 있었다. 갑작스런 내 방문에 놀란 모양이었지만 용건을 말하니 반신을 일으켜 '고마워. 고노. 나도 피폭이야. 너와 대화하고 싶은 일이 산처럼 쌓였지만, 4, 5일 전 폐렴에 걸려, 이렇게 자고 있어. 오늘은 정말…. 좋아지면 얘기하고 싶어'라고 말한다. 유감스럽지만 재회를 약속하고 '건강해, 힘내'라고 말한 후 헤어진다.[34]

고노는 이미 타계했고, 고노가 그 후 이 여성과 재회하여, 그때 못들은 얘기를 들었는지 어땠는지는 모른다. 그래서인지 피폭 후 이와쿠니로 이주하고 한국전쟁 때부터 미국병사를 상대로 접객했다는 그 여성의 '대화하고 싶은 일이 산처럼 쌓였다'는 말이 더욱 마음을 먹먹하게 한다. 피폭 체험도 그리고 그 후의 고생도 이루 다 말할 수 없었던 것은 아닐까.

야마시로 도모에는 '기지와 팡팡의 히로시마만'을 세상에 묻고 수십 년 후 『이 세계의 한 귀퉁이에서』(이와나미신서[岩波新書], 1965년)를 편찬했다. 책은 피폭 후 부흥에서 뒤쳐진 히로시마의 원폭 슬럼가나 피차별부락 사람의 생활을 기록했다. 원폭 슬럼가는 피폭한 일본인과 재일조선인도 많이 거주했

---

33) 앞의 책 中原ゆき子 보고서 12항 (『性暴力問題資料集成』 第四巻, p. 178).

34) 「河野勳の岩国ノート[44]戦争展準備中 1984/8/26」, http://www5f.biglobe.ne.jp/~cosmos/kouno/note/note44.html

다. 그곳은 실업대책 사업이나 날품팔이 인부로 오는 사람이 많았으며, '토공, 움집, 양돈업, 자가영업의 음매(淫賣), 도박자, 그리고 범죄자의 은둔 장소'가 되었다고 한다. 또한 책은 '자가영업의 음매(淫賣)'라는 말을 사용하지만, 그녀들도 또한 '가창'이나 '팡팡'이라 불린 전후의 매춘여성들이다.[35] 피폭 후 히로시마에서 의지할 사람도 없고 일할 곳도 없을 때, 여성들은 그 외 어떤 방식으로 수입을 획득했을까. 홍미 위주로 공창지역을 취재한 책은 1950년대 히지야마(比治山) 기슭의 매춘거리에 업소가 약 200채, 여성이 300 명 혹은 500명이라 소개하고, '그 중에 원폭환자도 있으니 가슴을 칠 유홍'이라고 적었다. 피폭의 상처를 짊어진 여성들의 매춘행위를 이처럼 표현하는 신경감각은 도대체 어떤 신경감각일까.[36]

1952년 당시 부락해방전국위원회 히로시마현연집행위원장 · 히로시마시의회 부락대책위원장이었던 즈치오카 기요이치(土岡喜代一)는 히로시마 시립 후쿠로마치(立製町) 소학교 교사 · 후쿠마루(福丸亮)양과 대담했는데, 피폭 후 히로시마에 새로운 차별이 발생하는 사태를 지적했다.

> 주의 · 경계해야 할 것, 그것은 '제2의 부락발생'입니다. 이번 전쟁은 무수한 희생을 낳았습니다. 다치고, 육친을 잃고, 가재(家財)가 불타고, 또한 몸에 걸친 옷 말고는 아무 것도 없이 돌아왔습니다. 이런 와중에 비와 이슬조차도 제대로 피할 수 없는 어둡고 누추한 집에서 인플레와 맞서며 겨우 근근이 살아가는 사람이 있습니다. 게다가 그들은 햇빛이 들지 않는 비위생 지구(地區)에 집단을 이루며 생활합니다. 이런 생활이 개선되지 않고, 이대로 방치되어 얼마간 세월이 흐르면 일반인에게 천시를 당합니다. 교제도 혐오당합니다. 그 자제와 일반인의 결혼마

35) 文沢隆一, 「相生通り」(앞의 책 『この世界の片隅で』 수록), p.10.

36) 渡辺寛, 『よるの女性街 · 全国安内版』, 自由国民社, 1955(木村聡, 『赤線跡を歩く 完結編』, 自由国民社, 2007, p.139 수록.

저 곤란한 경우도 생각할 수 있습니다. 국민 대부분이 아직도 봉건사상에서 빠져나오지 않는 현상은 더욱 심합니다. 동화(同和) 문제는 단지 기존 지구로 한정된 일이 아니며, 시야를 모든 생활의 낙오자로 확대해, 이런 생활수준을 높여 환경개선을 도모할 강력한 시책을 강구하는 일이 '제2 부락발생'을 방지하는 방법입니다.[37)]

여기서 '제2 부락'이 발생된다는 말은 원폭 돔 옆에 있던 원폭 슬럼가나 히지야마 기슭에 형성된 매매춘 거리일까.

당시 상황을 생각할 때, 하나 더 간과할 수 없는 점은 부락차별 문제다. 시내의 부락은 피폭 후 수십 년을 경과해도 차별로 지역부흥이 방해되었다. 미일 양 정부가 원폭피해의 실체를 은닉하고, 피폭자 구제조치를 강구하지 않는 사이, 피폭자에 대한 이유 없는 공포감이나 편견이 세상에 떠돌기 시작했다. 후쿠시마 부락만도 2,000명에 달하는 부락의 피폭자가 부락차별과 원폭피폭자차별이라는 이중차별로 괴로움을 당했으며, 경제곤궁도 일반 이상으로 매우 혹독했다.[38)] 패전 후 국민생활은 전반적으로 혹독한 실정이었다. 매춘장소로 몰린 여성과 매춘여성을 목표로 생활하려한 사람이 이런 상태에 놓인 사람들로부터 일반 이상으로 많이 출현했다 해도, 그것은 이치적으로 헤아리지 못할 일은 아니다.

즈치오카 기요이치는 1952년 10월 저서 『동화독본(同和讀本)』(민정신보사(民政新報社)을 간행했다. 그 책에서 즈치오카는 취직차별, 결혼차별, 임신중절 강요, 폭력, 그리고 경찰관이나 학교 교원이 행한 차별과 같은 악질차별 사

---

37) 「対談 同和教育について」, 広島県教職員組合機關誌, 『ひろしま教育』제29호(同和教育特輯号), 1952, pp.18~20.

38) 多地映一, 「福島町」(앞의 책 『この世界の片隅で』 수록), pp.35~36.

건이 많이 발생하고, 비관한 부락 출신자의 자살 사건이 벌어지는 상황을 설명했다. 그 중에서 히로시마의 어느 여자학원에서 부락출신 여자 생도 F가 교원과 급우로부터 가업이 '팡팡집'이라며 모욕당하는 사건이 소개되었다. 2학년 담임교사는 학교를 자주 결석한 F를 불러, '너희 집에서 하는 장사가 그런 장사이니만큼, 너 같은 애는 학교망신이다. 교장(校章)을 돌려주고 그냥 학교를 그만두어라'라고 말했다. 학생들 사이에 소문이 나서, 'F네 집은 팡팡집이래. 팡팡집은 요트(ヨッ)[39]가 하는 장사야. 거기에 F는 O마을 출신이니까 요트가 틀림없어', '우리 엄마와 M 아줌마가 대화하고 있었는데, "O마을엔 요트가 많고, 성실한 사람이 없어서 교제하면 안 된다"라고 말했어'라는 언동이 난무하는 상태가 되었다고 한다.

정부는 1953년 2월 후생행정에 관한 조사의 일환으로 각지의 피차별부락 시찰조사를 실시했다. 히로시마현의 경우는 부락해방위원회 대표자들이 현이 작성한 시찰일정이 너무 짧다고 항의해서 시찰일정의 연장을 강하게 요구했다. 그래서 시찰단은 예정을 하루 연장하여 후쿠시마, 에타지마, 구레 등의 부락을 방문했다. 2월 19일 제15 국회 후생위원회에서 이노우에(井上)는 시찰단을 대표해서 보고를 실시했다. 히로시마현의 부락 내 대다수 사람은 빈농, 소규모 어업, 수공업, 일용노무자, 수육 피혁(獸肉 皮革) 관련 업무에 종사하고 있다. 업태(業態)는 모두 불안정하고 정착성이 부족한 일이다. 주택 그 외의 환경도 지극히 비위생적이다. 일반적으로 건강상태가 현저하게 불량하다. 차별 사건이 상당히 많이 발생하고 있다고 보고했다. 그리고 '특히 고려할 필요가 있는 점은 전부터 문제의 특수부인 80%는 이 동화(同和) 관계 부락출

39) 피차별 부락민을 멸시하는 호칭. '다섯 손가락'이 아닌 '네 손가락'이라는 말로, 일반민에 비해 무언가 결핍된 사람이라는 뜻으로 모멸감을 담고 있다(역주).

신이다'라고 진술했다.[40]

이 80%라는 숫자, 그 자체는 신빙성 있어 보이지는 않는다. 국회 후생위원의 보고로 적절했다고 말할 수는 없으리라. 하지만 이런 숫자를 올릴 정도로 패전 후의 생활난 시기에 차별받던 사람이 보다 가혹하게 생존 기반을 빼앗겼던 점은 사실이다. 그리고 부락차별 이유의 여러 다양한 고통 속에서 부락 출신 여성이 보다 많이 매춘의 장에서 살아야만 했다는 점은 추측할 수 있다. 차별 속의 빈곤, 빈곤 속의 차별이라는 이 관계에서 빈곤과 차별을 짊어진 여성은 매춘으로 몰아넣어지고, 국가와 자치체가 추천한 주류(駐留) 군인을 상대하러 매매춘 장소로 흘러든다. 그녀들은 업신여겨지고 폭행을 당해도 가볍게 취급된다. 게다가 범죄나 매춘이 만연한다 해서 기지 주변지역은 차별적인 시선의 대상이 된다. 또는 매춘에 종사하는 사람이 많다 해서 부락출신자에 대한 편견이 조장되기도 한다. 그곳에는 망연자실할 정도로 중층적이며 복합적인 차별구조가 존재했다.

일본정부는 점령군 · 국제연합군에 대한 '위안'정책을 취하여, 사회에서 약자의 처지에 있는 여성을 이용해 군대 매매춘을 만연하게 했다. 그리고 차별을 확대재생산 했다. 미일 안보체제는 그러한 복합차별을 이용하여 구축되었던 것이다.

여성교원들의 군사기지 하의 저항과 붉은 일기장 사건

다시 이와쿠니로 시선을 돌려보자. 이와쿠니 여성단체는 한국전쟁, 기지문제, 매매춘 확대로 새로운 공창제도가 만들어지는 상황에 대해 어떻게 대

---

40)「第15回国会厚生委員会第19号」議事録, http://kokkai.ndl.go.jp/SENTAKU/sangiin/015/0790/01502190790019a.html

응했을까.

당시 일본교직원조합(일교조) 산하 야마구치현 교직원조합 이와쿠니 지부 부인부는 일본의 기지화 · 이와쿠니기지의 확장에 확실히 반대했다. 전술(前述)한 나카하라 유키코 등이 실시한 가창의 실태 조사도 그 조합 활동의 일부였다. 일교조는 한국전쟁 중인 1951년 '제자를 다시 전장에 보내지 마라, 청년이여 다시 총을 들지 마라'를 슬로건으로 채택했다. 그리고 총회를 통해 부인부가 평화운동의 중심에 설 것을 확인했다. 1952년에는 교육의 민주화, 평화교육 등을 테마로 전국부인교원연구협의회를 개최했다. 1953년 2월 치바(千葉)현에서 개최한 제2회 전국부인교원연구협의회는 앞서 말한 제2분과회에서 나카하라가 실시한 조사를 근거로 '우리는 군사기지 하의 압박에 대해 어떻게 저항했는가'(연구보고서 평화를 지향한 부인교사의 사명)에 대하여 보고했다.[41)]

그 보고에 따르면, 이와쿠니에서 조직 노동자들은 기지확장으로 농지접수를 당한 채 생활권의 위협을 받는 농가와 자주 회합을 가졌으며, 그 실태에 대해 서로 소통했고, 농지접수 반대 서명을 모으는 등의 반대운동을 전개했다. 이와쿠니 지부 부인부도 그 회합에 참가하고 서명운동에 동참하는 등 열심히 활동했다. 부인부는 독자적인 활동으로 가창들과 다섯 차례에 걸친 좌담회를 열고 서로 소통했다. 가창 수십 명은 매춘을 하게 된 사정이나 고민을 말했으며, 조합 측은 매매춘 현상이 매춘하는 여성의 자식에게 미치는 부정적인 영향이나 이와쿠니가 미국의 전진기지가 되는 정세를 호소했다. 가창들 사이에서는 재군비나 전쟁에 강한 분노를 품은 사람도 있었다. 또한 가창들 중에는 여성교원들과의 대화를 계기로 성매매 하는 광경을 자기 자식 눈에 띄지 않게

41) 1부 2장의 주15와 동일.

하려는 배려심을 가지게 된 사람도 있었다.

당시 야마구치현 교직원조합은 전국에서 앞장서 평화교육 커리큘럼을 만드는 등, 일교조합의 평화교육운동에 선구적 · 주도적 역할을 완수했다. 야마구치현 퇴직교직원협의회 부인부 편집발행의 『산이 움직이는 날-야마구치현의 부인교사, 그 전전(戰前), 전중(戰中), 전후(戰後)』(1986년)를 읽으면, 여성교원들이 통한의 전시(戰時)체험을 기점으로 평화교육에 온 힘을 다했음을 잘 알 수 있다. 그 중 외아들을 잃기 싫다며 눈물 흘리는 모친을 설득해서 제자를 소년병으로 보냈으나 그 자식이 전사해버렸다는 경험을 가진 사람도 있다. 전쟁 중 남편을 잃고, 전후 혼란의 와중에 자식을 잃은 사람도 있다. 원폭이나 공습의 참화에서 얼마 지나지 않아 이와쿠니는 한국전쟁 하의 미군 출격 거점이 되어 기지촌의 아이들을 위협했다. 이러한 상황 하에서 여성교사들은 평화옹호의 사명감을 갖고 기지문제에 참여하여, 활동했던 것이다. 『산이 움직이는 날』(pp.278~281)에는 나카하라 유키코가 남긴 시도 수록되어 있다.

군사기지 하의 저항

집집마다 걸어 돌아다니며 48 어린 생명의 거처를 방문한다
쇼와(昭和) 20년 4월부터 21년 3월에 걸쳐
전란의 조국에 첫 울음소리를 안겨준 이 48의 사랑스러운 생명
살아 뻗어, 건강하게, 오늘까지 잘도,
태내에서 원폭섬광을 쬔 M남편과 H자식
부모 없는 고아 두 명
아버지 없는 아이 아홉 명
어머니 없는 아이 두 명

어느 해보다 불우한 상흔을 또렷이 드러내 보인 이 48명
이 48의 생명은 일본의 여명과 함께 탄생
창생기, 힘든 혹란의 와중에서 자랐다.
이 48의 생명은 아빠 엄마의 피투성이 애련에 싸여
완수하지 못한 평화의 꿈을 맡게 되었다.
13년 전 전란의 도시에서 도주한 여교사는
지금,
아이의 생년월일을 떠올릴 때마다
이 날 나는 공폭 아래에 있었다.
이 날 나는 굶주림으로 죽을 뻔 했다.
이 날 나는 사랑하는 사람을 잃었다.
이 날 나는, 하며
한 집 걷고, 한 집 걸어,
이미 먼 날이 된 쇼와 20년의 날을 두르고 둘러싼다.
지금 동글한 밝은 눈동자에 5월 태양의 빛이 빛나
48의 생명은 오염되지 않고 밝다.
비록
젖먹이 시절 부족한 영양으로 신체 발육이 늦더라도
불안과 공포로 부들부들 떨어 태내에서 선천적으로 자리 잡지 못했더라도
전쟁의 손톱자국으로 그 가정을 끔찍하게 무너뜨렸더라도
48의 눈동자는 두말할 나위 없이 밝다.
이 아이들이야말로 일본의 연륜이다.
48의 집을 모두 돌아다닌 후 한 명의 여교사의 감상은
교육의 혹독한 거처에서
꽃피는 날 있다네, 이 아이들 위에.

경찰은 교조활동을 감시했다. 이와쿠니 지부 부인부장은 경찰서장을 방문,

정당한 조합 운동을 압박하는 경찰의 감시활동에 항의한 적도 있었다. 또한 지구부인협의회는 나카하라 등이 협력을 도모하는 활동을 하자, '공산당 주장이 들어 있다'며, 기지 매매춘 문제에 대한 의안 상정을 거부했다. 여성교원 내에서도 기지 매매춘 문제의 실천행동에 거부감을 나타내며, '시내는 이미 무풍상태로 차분하게 보인다. 이제 와서 기지 매매춘 문제를 폭로하면 오히려 역효과를 초래한다', '교사가 팡팡의 실태를 조사하고 팡팡과 만나 대화하는 행위는 교사의 프라이드를 손상시켜 일반 부형의 비난을 부른다'며 꺼려하고 싫어하는 사람도 있었다. 곧 부인부의 대외활동을 위협시하는 반대론도 뿌리 깊었다. 나카하라 등은 반대론을 '여성의 무사안일주의 · 잘못된 평화관 · 잘못된 자존심'에 입각한 논의라고 보고 설득하는 데 힘을 쏟았다.[42] 하지만 반대론을 해소하기는 어려웠다. 오히려 반대론은 그 후 일본정부가 일교조를 강력하게 억압하자 한층 더 증폭되었다.

일본정부는 일교조가 행하는 재군비, 미군기지 반대, 그리고 평화운동의 전개를 강하게 경계했다. 특히 '강화' 이후 군국주의자의 공직추방이 풀려 '교육칙어'의 재평가, '애국심'의 강조마저 사회에서 제창되는 등 노골적인 교육의 역코스가 전개되었다. 지방교육위원회의 설치나 교육2법에 따라 교원에 대한 통제 · 일교조에 대한 억압이 강화되었다. 약 3개월 후인 1953년 6월, 제2회 전국부인교원연구협의회로부터 야마구치현 교직원조합이 편집한 소학생용 일기장의 난외(欄外) 기사가 '편향'스럽다며, 야마구치현과 이와쿠니시 교육위원회가 일기회수를 지시한 사건이 발생한다. '붉은 일기장 사건'이라 불리는 이 사건은 마침내 국회에도 상정되어, 전후 일본 교육사에 궤적을 남기게

---

42) 1부 2장의 주15와 동일.

된다.[43] 이 사건을 계기로 1954년 1월 일교조와 대립하는 제2조합이 만들어져 야마구치현 교직원조합의 조합 수는 격감했다. 안보체제 하의 교육재편으로 여성교원들의 '군사기지 하의 저항'은 한층 어려워졌다.

기지 존속을 전제한 순결운동

그럼 이와쿠니시의 부인회는 기지 매매춘 문제에 어떻게 대응했을까. 결론을 먼저 말하자면, 부인회 조직은 교조부인부와는 대조적으로 기지를 비판하거나 반대한 적이 없었다. 오히려 부인회는 기지존재를 부동의 전제로 하고, 관제순결운동을 조직하고 실천했다.

이와쿠니시 부인회는 이모토 도시(井本トシ)가 여성 시의회 의원으로 당선했을 무렵부터 이미 광역적인 차원에서 서로 연락하고 있었지만, 오늘날과 관련된 '이와쿠니시 연합부인회'가 정식으로 발족한 때는 1953년 4월이다. 가와시모 소학교 강당에서 발회식을 거행했다. 부인회 회원 300여 명이 모였으며, 이와쿠니시의 조역, 교육장, 교육위원장, 야마구치현 교육위원회가 축사를 행했다. 초대회장은 당시 시장부인, 구노 스미요(久能スミヨ)가 취임했다.[44]

1953~56년 순결운동을 개관해보자. 1953년 10월 시교육위원회는 노동성 부인소년국의 다카하시 세츠코(高橋節子)를 강사로 초빙해서 가와시모 소학교에 200여 명의 청중을 모아 순결운동을 장려하는 강연회를 개최한다. 강연

43) 이 사건은 外山英昭, 「『山口日記帳』事件に関する予備的考察」(『地域研究 山口』, 1979.11), 「一九五〇年代初頭における山口県の平和教育運動」(『山口大学教育学部研究論叢』, 1978.12), 「一九五〇年代平和教育の具体的展開」(앞의 글과 동일, 1979.12)을 참조했다. 또한 젠더 시점에서 이 사건을 취한 글로는 藤井郁子, 「岩国における地域再生とジェンダー—再生産領域から見た岩国基地」(山口県立大学修士論文, 2009)이 있다.

44) 1956년 3월까지 재임. 岩国市連合婦人会編集発行, 『岩国市連合婦人会30年史』, 1983, p.148

취지는 다음과 같다. 기지거리에 가창은 제멋대로 설치고 있고, 아이들에 대한 악영향이나 성병의 만연, 마약, 범죄, 가정혼란 등 여러 문제가 우려된다. 그러나 기지는 행정협정을 근거로 설치되었으므로 어쩔 도리가 없다. 따라서 기지거리의 사람들은 아이와 여성을 위해 가정을 순결하게 지켜야만 한다. 순결운동을 전개하고 여론을 형성해서, 악의 유혹에 맞서 저항해야만 한다. 이를 위해 여성의 각오가 필요하다는 내용이다. 『고후지호우』는 강연회 내용을 수용하여, 완전히 동일한 취지의 사설, '기지의 교육에 대처하기 위해 전체 여성차원에서 순결운동을 일으켜라'를 게재한다.[45]

이듬해 1954년 시 교육위원회는 발족 1주년 기념으로 순결운동을 전개한다. 학교나 집회에서 순결강연을 실시하고 '용모보다, 재주와 학식보다, 그리고 황금보다도 존귀한 것은 사람의 순결'이라고 적힌 단책(短册)을 청중에게 배포했다. 또한 '순결표어' 현상공모전을 시민에게 실시했다. 94건의 응모가 있었는데, 입선한 표어는 다음과 같다.

> 1등 (1,000엔) '순결은 한 사람 한 사람의 마음으로부터'
> 2등 (500엔) '지켜라 순결 밝은 사회'
> 3등 '순결은 청춘 항로의 나침반'
> 가작 '지키는 순결 몸을 보호한다', '순결한 몸은 최고로 장한 모습', '순결로 양성하는 밝은 문화 도시', '순결한 피는 밝은 마을의 첫걸음' 등

1955년 10월 10일 『고후지호우』는 다음과 같은 기사도 전했다. 기지확장으로 1955년 연말까지 미국병사는 2천 명 증가하여, 5천 명이 된다. 그러므로

---

45) 『岩国ニュース興風時報』 1953.10.13.

가창의 증가는 '필수'다. 그때까지 가와시모, 이마즈 지구로 한정된 하우스나 셋방은 아타고(愛宕)나 역전지구, 나아가 서이와쿠니까지 진출하는 경향이 있다. 시교육위원회의 최초 교화단체는 대책 마련에 부심하고 있다. 하우스, 셋방을 한 장소로 모아 '공창지역(赤線) 지구를 만들자'는 소리도 있다고 전했다.

실제로 가창은 기지 확장과 미국병사의 증원에 따라 격증했다. 1955년 6~7월 무렵, 시교육위원회, 소중학교, PTA,[46] 관계관청, 민생위원, 의사회, 부인회 등은 '가창의 악영향으로부터 아이를 지키기' 위해 제휴를 강화했다. 그리고 모두 '보건협력조합에 입회하지 않는 여성에게 방이나 집을 빌려주지 않는다'는 합의를 보았다.[47] 전술한 바와 같이 보건협력조합은 여성이 정기적으로 성병검진을 받도록 하기 위해서 행정차원에서 만들어진 조직이다. 학교나 부인회까지도 이처럼 매춘여성을 관리 · 등록하는 공창제도에 가담했다. 일찍이 매춘취체조례 제정에 즈음하여, 매춘여성이 없다면 '양가(良家) 자녀'의 몸은 위해(危害)받게 된다는 점을 가장 우려스러워 한 부인회의 체질은 여기서도 표출되었다. 기지는 물론 기지매춘마저 없애려는 생각은 하지 못했다. 기지매춘의 존재를 전제로, 가창을 '양가 자녀'의 생활에 해가 되지 않도록 관리하고 통제하려 했다.

이상과 같이 관제순결운동은 기지존재를 당연시 했다. 기지가 존재하기에 발생하는 문제, 곧 아이들에 대한 교육환경의 악화나 성병증가 등의 여러 문제를 '미군 문제'나 '미일안보 문제'가 아닌 '가창 문제', 곧 여성이 일으키는 문

46) Parent-Teacher Association. 보호자와 교직원으로 구성된 교육관계 단체로 각 학교마다 조직되었다. 일본 PTA는 미점령 하 연합국 군최고사령관 총사령부(GHQ/SCAP)가 제안하여 반강제적으로 도입되었다(역주).

47) 『岩国ニュース興風時報』 1955.6.30.

제로 보았다. 그래서 가창들이 제멋대로 설치지 못하도록 통제해, 청소년의 순결을 보존하게 하는 일을 매우 중요하게 여겼다. 부인회는 순결운동의 추진자라는 역할이 기대되었다. 각 지구 부인회나 이와쿠니시 연합부인회는 그런 역할을 넘어서, 미군의 매춘행위를 비판하거나 접객여성의 인권침해에 맞선 인권옹호 참여활동을 적어도 조직차원으로는 행하지 않았다.[48]

『이와쿠니시 연합부인회 30년사』가 회고한 대로, 전후 재건된 지역부인회의 뿌리는 전쟁 전 조직된 관제지구부인회였다. 관제지구부인회를 토대로 전시 하에 전쟁협력에 여성을 동원하는 관제단체를 조직했다. 전후에 전쟁협력을 진지하게 반성하지 않은 채로 지역부인회는 재건되었다. GHQ, 현, 시의 행정과 결합하여, 행정이 장려하는 범위 내에서 지역부인회는 사회교육이나 사회봉사에 종사했다. 여성의 자율적인 조직이라기보다는 지구(地區) 내 명가(名家)의 아내들이 회장을 맡아, 주군에게 봉사한다는, 전쟁 전부터 지녀온 체질을 전후까지도 계승했다. 부인회가 기지매춘의 통제를 용인한 점은 행정의 하부조직 성격 때문이기도 했을 것이다.

여성을 매춘취체지방조례로 통제하고, 성병검진을 받게 하고, 미국병사에게 매춘을 제공하게 하는 일은 사회제도화 되었다. 기지경제는 정착되었고, 매매춘은 시 재정에 크게 공헌했다. 하지만 부인회, 교육관계자, PTA는 소학교 주변에 가창의 출입금지를 결정하는 등, 교육환경의 악화를 매춘여성에게

---

48) 이와쿠니시 연합부인회는 1955년 4월 주변 7개 마을 부인단체가 연합하여, 회원이 9,000명에 달했다. 54년 4월 회보 발행을 시작으로, 시설 위문, 시민무용축제, 황궁청소 봉사단 참가, 문화제 개최, 자궁암 수첩부 발족, 헌혈회, 교통안전어머니회 등의 활동에 몰두했다. 연합부인회 결성 30주년을 기념하여 간행된 책자, 『岩国市連合婦人会30年史』에서는 이와쿠니에 기지가 있다는 사실 조차 눈치 채지 못할 정도로 기지 관련 기술이 적다. 가와시모 지구의 리더들이 투고한 글 중에 약간의 언급이 있지만, 가와시모 지구 부인회 활동으로 '일본의 아름다운 벚꽃을 외국 분에게도 소개해드리자'며 회원을 총출동시켜 벚꽃을 식수한 일이나, 경로회장에 '외국분이 하나둘씩' 보여 '흐뭇한 풍경'이라고 적혀있을 뿐 비판적인 뉘앙스는 특별히 없다.

책임전가하고 백안시했다. 전쟁 전 공창제도 하에서 창기가 납부하는 세금은 국가와 지방청의 재원이었지만, 창기는 '추업부(醜業婦)'라 불리며 모멸을 받았다. 전후 기지매춘에 대한 국가 · 자치체 · 사회의 태도 또한 그것과 큰 차이가 없었다고 본다.

이런 상황은 기지가 있는 가와시모 지구에 대한 편견이나 차별과도 연결되었다. 원래 가와시모 지구주민은 기지건설을 바라지 않았다. 나아가 강력히 중지를 호소했다. 그런 와중에 기지는 확장되어 갔다. 그 경과는 지금까지 서술한바 그대로다. 그럼에도 가와시모 지구가 '기지촌'으로 변해가자, 실질적으로 적선(赤線)지구처럼 취급하여, 범죄나 매춘이 만연하는 지역으로 위험시하거나, 특수지역으로 모멸하는 듯한 시선을 보냈다.

백안시된 기지촌

차츰 세상은 '기지촌'이 된 지역에 차가운 시선을 보냈다. 그런 경향의 한 단서는 『이와쿠니타임즈(岩国タイムス)』 기사(1954.7.20)에도 보인다. '소매를 잡아당기는 여자, 물건을 구걸하는 아이들, 백귀야행(百鬼夜行) 밤의 이와쿠니'라는 제목을 달고, 기지촌의 모습을 이렇게 묘사했다.

> 잠시 동안은 기지 교육문제로 요란스럽게 얘기되던 이와쿠니시 가와시모, 이마즈 지구도 지금은 모습이 변해 시민의 미간을 찌푸리게 한다. 지구의 거리는 홍등, 청등으로 물들어, 땅거미 지는 여름날의 초저녁은 사람들 물결로 거리가 빽빽하다. 가와시모 이마즈의 중심가는 이와쿠니의 분위기가 풍긴다. 8시쯤, 5, 6세의 유아, 소학교 1, 2학년 정도의 아이 5, 6명이 도로를 걷는 주둔군 병사에게 "플리즈 10엔"이라고 졸라댄다. 군대는 귀찮듯이 동전을 던져준다. 그렇게 해서 모인 돈을 모두 나눠 갖고 음식을 사먹으며 생활한다. 이런 짓을 부모가 자식에게 가르쳐서 하고

> 있다니 놀랍다.
>
> 어떠한 희망, 긍지도 상실한 패전국의 망국민 2세의 모습인가라고 생각하면 눈물이 흐른다. 한편 최근 미 주둔군도 공군에서 해군으로 전환하는 시기이다. 의지할 곳을 잃은 작은 섬처럼 팡팡은 지구에서 밤늦게 일본인의 소매를 잡아당기며 매춘하려고 한다. (중략) 살고자 그렇게 한다지만 가두로 진출한 마을의 풍기는 날마다 문란해지고 있다.

이 기사에서는 아이가 물건을 구걸하거나, 여성이 몸을 팔게 된 주요 원인인 주둔 미군이나 기지의 존재는 좀처럼 부동의 전제로 문제시 되지 않고 있다. 한편 기지가 강제된 기지 주변의 주민, 아이도 여성의 행동을 한탄스러운 짓으로 보며, '시민'은 미간을 찌푸린다.

'기지촌' 주민은 그곳에 거주하는 사실만으로도 자신이 편견을 안고 차별을 받을지 모른다는 염려를 하기 시작했다.

다카쿠라 도오루(高倉撤)는 1949년부터 50년 동안 이와쿠니 교회에서 목사로 종사했다. 그의 부인 다카쿠라 유키에(高倉雪江)는 그리스도 교도이자 데이진(帝人) 이와쿠니 공장의 여자기숙사 사감의 요청으로 부임해 이듬해(1950년)부터 월 1회 여자기숙사의 성서연구회에 다녔다. 데이진(帝人)에서 근무하는 여공원의 다수는 가와시모 지역사람이라고 했다. 그녀는 『아득한 먼 나날들』(신교출판, 1992)에 이렇게 적고 있다.

> 토지를 잃은 농가 사람들, 그래서 농민의 딸들은 데이진(帝人)의 여공원으로 일했다. 당시는 여공애사(女工哀史)의 분위기가 없었다. 명랑해서 편한 마음으로 한가로이 근무했지만, 미군기지 확대와 함께 가와시모의 풍기는 문란해졌고, '가와시모의 딸'이라는 사실만으로 차가운 시선의 대상이 되었다. 데이진(帝人)은 이러쿵저러쿵 비판대상이 된 가와시모 출신의 여자행원의 채용을 감소한다 했는데, 성서연구회에 출석한 딸들은 이를 개탄했다(p.141).

데이진(帝人)만이 아니다. 취직을 희망한 가와시모 중학교 생도를 가네보(鐘紡)가 '기지의 자식이므로 불채용 했다'해서 가와시모 중학교와 시교육위원회가 이를 문제 삼은 일도 있었다. 『고후지호우』(1856.3.10.)는 종방 측이 채용차별을 부인했으며, 이 사건은 사실무근이라고 단정기사를 게재한다. 어차피 실제 그런 일이 있었는가를 확인하기는 어렵다. 그렇지만 신문의 사설 '털을 불어 상처를 구하지 말라'는 글에는 고개를 갸웃거리지 않을 수 없다. 사설은 가와시모 중학교나 이와쿠니 시교육위원회가 그것을 문제 삼으려 한 일을 문제시한다. 따라서 종방을 시작으로 각 회사, 공장들이 이후에 '이와쿠니를 소란스러운 곳'으로 경원시하는 일이 생기면, 이는 가장 염려스러운 일이라는 식으로 연결된다.

> 이런 일이 문제되는 현재에 비추어 볼 때, 이와쿠니기지의 부형(父兄)은 더욱 더 성찰, 반성, 자숙이 필요하다. 동시에 당국은 이후에 이것과 유사한 문제가 발생할 때, 잘못된 이번 일을 더욱 복잡하게 만들어서 말썽 일으키지 말고, 털을 불어서 상처를 구하지 않도록 요망해둔다.

'털을 불어서 상처를 구하다'는 일부러 타인의 약점을 폭로해 도리어 자기 결점이 속속들이 드러나 버리는 경우를 말한다. 도대체 상처란 무엇일까. 취직차별은 사실무근이라 단언하면서 기업으로부터의 취직차별은 기지촌 출신의 아이에게만 해당되는 근거이므로, 차별받았다 해도 문제 삼아서는 안 되며 스스로 반성, 자숙하지 않으면 안 된다고 말하는 것과 동일하다.

기지 때문에 경지를 빼앗긴 농가에서 자신이나 자식, 친구가 기업에서 근무할 수 있는가 못하는가는 사활이 걸린 문제다. 그런 전업 · 고용보장은 본래 국가와 자치체의 책무였다. 그러나 그렇게 하기는커녕 사설은 기지촌의 아이들이 기업에 고용되지 못하더라도 어쩔 도리가 없으므로, 일을 더욱 복잡하게 만들어 기업을 화나게 하지 말라는 듯이 말하고 있는 것은 아닐까.

3장

끝나지 않은 전쟁 · 끝나지 않은 여성의 수난

일본 본토에 있던 미군기지의 상당수는 1950년대 말까지 일본에 반환되었다. 그렇지만 '본토'에 있는 미군기지가 전반적으로 정리 · 축소된 점과는 대조적으로 이와쿠니기지는 본토에 있으면서도, 미국의 전략 거점으로 계속 증강되어 현재에 이른다. 1962년 미 해병대 이와쿠니 항공대 기지가 정식으로 발족했고, 베트남전쟁 시대 이와쿠니기지는 미 해병대 중 해외에서 유일한 실천 항공기 부대 거점으로 풀가동되었다. 1975년 약 7,000명이던 이와쿠니의 미군 관계자(군인 · 군속 · 가족)는 베트남전쟁 종결 후 차츰 감소되어 1996년 4,450명으로까지 줄어들었다. 하지만 그 후 다시 증가되어 이라크전쟁이 시작된 2003년 6,000명을 넘었다.[1] 이와쿠니는 60여 년에 걸쳐 미군기지와의 '공존'을 강요받아 왔다. 이 장은 베트남전쟁 전후로 현재까지 이르는 반 세기를 여성사 시각에서 살펴보되, 이와쿠니기지 주변에서 발생한 범죄나 폭력의 문제에 초점을 맞추고자 한다.

여성교사들과 모친들

1955년 이와쿠니에서 '돈을 던지는 사건'이 발생했다. 미군 병사들이 교외로 공부하러 가는 소학생 행렬을 향해 '서커스단의 원숭이나 개에게 먹이

1) 앞의 책, 『基地と岩国』, p.20.

를 주는' 것처럼 트럭 위에서 10엔 동전이나 100엔 지폐를 던진 사건이다. 이때 학생들이 열을 흐트러트리며 돈을 줍거나 '기브 마네(ギブマネー, Give money)'라고 미군 병사에게 조르고 보채기도 했는데, 이를 비웃던 사건이다.

또한 그 사건을 전후하여 미 군인이 시민에게 엽총으로 공격해서 상처를 입히거나, 노인을 다리 위에서 강 속으로 던져 죽이는 죄를 범한 후에 기지 내로 도망쳐서 그대로 고국으로 돌아가거나, 불기소되는 사건도 연속해서 발생했다.

이와쿠니가 미국의 식민지처럼 된 현실을 직시한 여성교원은 '붉은 일기장 사건' 이후 강화된 교조활동의 감시와 교원통제에도 불구하고 활동을 단념하지 않았다. 1955년 '돈을 던지는 사건'이 터지자 교사는 분노에 타올라 미군 당국에 엄중하게 항의했다. 또한 당시는 남녀교원 간 차별이 엄연히 존재했던 터라 여성교원이 직장에서 차를 끓이거나 연회에서 술을 따르는 행위는 당연시 되었다. 또한 급료나 승진에도 여성차별이 존재했고, 47, 8세가 되면 여성에게 퇴직을 권고하는 시대였다. 벽지(僻地)로의 인사이동, 승급정지나 감봉처분 등, 온갖 혐오를 당하면서, 교조의 여성은 퇴직권장이나 부당처분에 저항하며, 교육의 민주화와 평화교육을 위한 실천 활동을 계속해 나갔다. 그런 활동은 인종이나 차별로부터 자기 자신을 해방시키는 투쟁이기도 했다.

1950년대 중반부터 60년대 초반까지 일본여성운동은 고양기를 맞이했다. 앞에서 언급한 전국부인교원연구협의회를 계기로 '어머니와 여성교사의 모임'이 각지에서 개최되었다. 1955년 도쿄에서 제1회 일본 모친대회가 개최되었는데, 야마구치현도 야마구치현교조부인부의 호소로 야마구치현 모친대회를 개최했다.[2] 1956년 도쿄 모친대회에는 야마구치현 교조 이와쿠니 지부 부인부 대

2) 労評, 炭婦協, 白菊会(전쟁미망인 조직), 山口大学自治会, 子どもを守る会, 婦人民主クラブ 등 다수의 여성단체가 공동으로 준비했다. 한편 야마구치현 연합부인회는 공산당의 관여를 이유로 모친대회 출석을 거부했다.

〈표 4〉 이와쿠니 주둔 미군 관계자 수의 추이(概數)

	군인	군속	가족	합계
1975	5970	60	970	7000
1976	4300	65	820	5200
1977	4500	80	1450	6000
1978	4650	80	1340	6100
1979	3850	75	1170	5100
1980	3920	80	1160	5160
1981	4080	90	1040	5210
1982	4430	100	1200	5730
1983	4450	100	1360	5910
1984	3800	110	1470	5380
1985	3720	140	1680	5540
1986	3710	130	1680	5520
1987	3700	150	1710	5560
1988	3900	150	1600	5650
1989	3440	160	1690	5290
1990	3200	160	1510	4870
1991	3000	150	1500	4650
1992	3000	170	1400	4570
1993	3000	170	1490	4660
1994	2900	180	1600	4680
1995	2800	210	1690	4700
1996	2650	210	1590	4450
1997	2790	220	1730	4740
1998	2690	230	1880	4800
1999	2420	230	1920	4570
2000	2680	220	2060	4960
2001	3000	200	2100	5300
2002	3100	240	2100	5440
2003	3000	350	2000	5350
2004	3490	290	2260	6040

『基地と岩国 平成21年版』(岩国市役所)을 참조하여 작성.

표로 즈에오카 시즈에(末岡静枝)와 무라오카 시에코(村岡シエ子)가 참여했다. 즈에오카는 전국에서 모인 모친의 활기에 감격했으며, 또한 탄갱이나 일용노동(ニコヨン: 니코욘)에 종사하는 여성의 보고를 듣고, '이렇게 훌륭한 여성의 투쟁도 있다'며 감동했다고 한다. '1엔, 2엔으로 조직 투쟁을 행해온 니코욘(ニコヨン) 아줌마가 열정적으로 발언하는 모습, 미사여구 없이 더듬거리며 행한 말 속에 존재하는 논리와 풍부한 내용'이 심금을 울렸다. 즈에오카는 무라오카와 함께 가와시모 지구에서 무수한 보고회를 갖고, 많은 모친에게 그 감동을 전했다. '궁핍함에서 빠져나오기 위해, 여자는 무엇을 해야만 하는가?' 무릎을 맞대고 서로 대화했다. 그런 활동으로 여성교사와 모친 간의 신뢰관계가 형성되자, 교장이 조합 활동에 적극적인 즈에오카를 인사이동 시키려고 했다. 그럴 때면 모친들이 교장에게 항의하러 가기도 했다고 한다.[3)]

나카하라 유키코(中原ゆき子)는 기지 매춘조사를 계속 진행했다. 1956년 매춘을 비합법화 하는 매춘방지법이 제정된 후, 그때까지 이와쿠니를 포함한 각지 자치체에 존재하던 매춘취체지방조례는 폐지되었다. 하지만 국법의 제정으로 접객여성은 더욱 더 약자의 처지에 놓였다. 『기지 이와쿠니-미일 안보 상황까지』(『中国新聞社』, 1996)의 연표에서 1958년 4월 동법 발효를 앞두고, '미 병사 상대의 호스테스 사이에 '온리상'으로 칭하는 특정 미 병사와의 셋방 동거자가 증가하고 있다(1월)'는 항목이 보인다. 실제로는 동거나 사실혼 관계가 아닌데도, 범죄자 취급을 받지 않기 위해, '매춘'이 아닌(비합법이 아니다) 위장이 필요했던 것이다.

매춘방지법은 전국의 매매춘을 지하로 내몰았다. 성산업은 '풍속 산업'으로

3) 「歴史の証言 1950年代の岩国で 植民地的退廃と貧困のなか－退職教師 末岡静枝氏に聞く」(『人民の星』 5265호 http://ww5.tiki.ne.jp/~people-hs/data/5265-4.html) 및 인터뷰(2009년 10월 17일, 청자는 藤井郁子, 高雄きくえ, 藤目ゆき, 이와쿠니시에서).

다양해졌다. 매매춘은 '자유연애'라는 명분으로, 매매춘 알선업은 공식상, 바(バー)나 스넥(スナック), 퍼브(パブ)로 위장영업하면서, 여성을 손님에게 소개했다. 성적 서비스는 업소가 아닌 호텔이나 아파트처럼 다른 장소에서 이루어지는 형태가 일반적인 형식으로 되었다. 이러한 비합법화로 매춘여성의 처지는 한층 더 취약해졌다. 그리고 매춘여성은 고객이나 매춘에 기생하는 업자나 폭력조직에 더욱 더 쉽게 지배당했다.

매춘방지법 발효 후 일 년 남짓 지난 1959년 7월, 나카하라는 친한 친구에게 편지를 보냈는데, 이렇게 적고 있다.

> …지금 기말로 일이 산적한데, 8 · 6 평화대회에 제출할 보고서로 시험채점을 게을리 하고 있는 중. 또한 내일은 오래 전부터 나의 기지 실태조사를 위한 좋은 조사자인 팡팡의 '대장언니'와 회견합니다. 매춘법 제정 후 기지 매춘의 실태를 조금 정리해보려고 합니다. 군인도 증가하고 가창도 증가하고, 따라서 매춘금지가 법률로 제정된 이때, 내부 현실은 어떤 형태로 잠재하고 있는지, 아직 아무도 손도 대지 못하고 있기 때문에…[4]

매춘을 금지하는 법률이 생기면, 문제가 해결되는 것처럼 일반적으로 말해지던 당시, 나카하라는 기지거리에 사는 접객업여성과의 연락을 끊지 않았다. 매춘금지 법률로 여성들이 모순의 담지자가 된 점을 그녀는 어떻게 확인하려 했을까. 이 조사결과는 유감스럽지만 발간되지 않았다. 어디엔가 그 자료가 남아 있어서, 빛을 본다면 여성사의 대단히 귀중한 사료가 될 것이다.

---

4) 林由紀子 · 中本喜恵子 · 広瀬冨子 · 大朝久子 編集, 『中原ゆき子遺稿 · 追悼集 花残月』(비매품), p.76.

학교 내 미군 병사와 일본인 여성 사이에서 태어난 아이들, 이른바 '혼혈아'의 존재는 기지문제를 직접 눈에 보이는 형태로 드러내준다. 여성교사는 '혼혈아'들이 처한 힘들고 어려운 상황에 가슴 아파했다. 기지 가까이 있는 학교에는 모자가정의 '혼혈아'가 적지 않았다. 미군 관계자는 모자만 남겨놓고 자신의 나라로 돌아가버렸다. 부친이 부재하는 가정의 생활은 힘들고, 여자 혼자 힘으로 아이를 기르는 여성은 육아에 전념하지 못한다. 학생이 도시락을 못 가져 오거나, 밤에 일하러 나간 모친의 귀가를 기다리며 거리를 배회하는 상황도 벌어진다. 아이들이 학교에서 '혼혈아', '팡팡의 자식'이라고 심한 차별, 집단 따돌림, 괴롭힘을 받는 일도 적지 않았다. 교육자 중에서도 차별하는 이가 존재했다.

'혼혈아' 가운데 자신을 친절히 보살펴주는 교원이 있어 한시름 놓는 아이가 있는가 하면, 부모의 보호도 학교의 지원도 받지 못하고 차별에 견디다 못해 거칠어진 아이도 있었다. 니노미야 가노(二宮香乃)는 바로 베트남전쟁 시기 가와시모 소학교의 선생이었다. 1962년 이와쿠니 소학교에서 가와시모 소학교로 인사이동 되었을 때, '무슨 안 좋은 일이라도 했어?'라고 부모들이 물었다고 한다. 기지거리의 소학교에 차별이 발생했던 것이다. 가와시모 소학교 내에서도 교원들 중 '혼혈아' 학생이 있는 반의 담임을 거부하는 교원도 적지 않았다. 니노미야는 어느 흑인 '혼혈아'를 잊지 못한다고 말한다. 거칠었던 그 소년은 소학교에서 잠시 침착성을 되찾았지만, 중학교 졸업 후 자살해버렸다고 한다.[5)]

무라오카 시에코(村岡シエ子)는 '혼혈아 문제'에 대해 다음과 같이 적었다. '참혹스러운 모자의 인생이 다수 발생하고 백인, 흑인, 황인종이 한데 섞여 있

5) 인터뷰, 2009년 2월 10일 이와쿠니시에서.

어서 복잡하다. 교사의 노력만으로는 어쩔 도리가 없었던 마음을 지금도 잊지 못하겠다. "그 집에는 바비가 있다, 이 방부터는 메리가"라고 담임 당시의 고생담을 말하기도 한다'고.[6]

미군범죄와 여성에 대한 폭력

방위시설청(당시) 자료에 따르면, 미일 안보조약이 발효한 1952년에서 1986년까지 주일미군이 일으킨 사건 · 사고는 시정권(施政權) 반환까지 오키나와를 제외하면 167,352건(2004년까지 201,481건)이다. 그 중 '공무 중' 사건 · 사고는 40,951건(2004년까지 47,218명)에 달한다. 공무 · 공무 외를 아우르면 사망자 수는 1986년까지 997명(2004년까지 1,076명)에 이른다. 많은 사건 · 사고가 공무 중에 발생했지만 주일미군의 특권을 규정한 미일지위협정으로 '공무 중' 사건 · 사고의 제1차 재판권은 미군 측에 있었다. 그래서 미군이 공무 중 사건을 실제로 재판에 붙인 예는 한 번도 없었던 것과 마찬가지다. 1978년 3월까지 0건(2004년까지 1건), 1981년에서 85년까지 5년간도 0건, 1985년에서 2004년까지 20년 동안 1건의 예가 있을 뿐이다. 재판 생략의 징계처분을 받은 수마저 1985년에서 2004년 20년 동안 318명에 불과하다.[7] 미군범죄가 제멋대로 방목되어 온 점은 부정하지 못할 사실이다.

이와쿠니시 관공서가 발행한 『기지와 이와쿠니 헤이세이(平成)21년판』은 1972년 이후 형법범(刑法犯) 통계를 게재하고 있다. 그것을 바탕으로 〈표 6〉을 작성했다.

---

6) 村岡シエコ, 「基地の街」(앞의 책, 『山の動く日』, pp. 272~277).

7) 『赤旗』 1987.3.23. 및 「しんぶん赤旗」 2005.7.2. http://www.jcp.or.jp/akahata/aik4/2005-07-02/2005070201_02_1.html

〈표 5〉 미군에 의한 일본 국내 사건・사고의 건수와 일본인 사망자 수(1952-2004년도)

연도	공무상		공무외		합계	
1952	1,518	77	4,467	37	5,985	114
53	2,099	85	4,911	18	7,010	103
54	2,639	72	8,333	18	11,022	90
55	3,044	48	8,028	19	11,072	67
56	3,216	31	9,772	32	12,988	63
57	2,846	27	7,555	28	10,401	55
58	2,139	34	6,136	18	8,275	52
59	1,864	11	5,546	28	7,410	39
60	2,640	6	4,416	24	7,056	30
61	1,784	16	5,212	22	6,996	38
62	1,444	6	4,945	29	6,389	35
63	1,452	4	5,277	23	6,729	27
64	893	13	3,966	26	4,859	39
65	847	6	3,475	23	4,322	29
66	878	5	3,777	18	4,655	23
67	581	6	3,276	19	3,857	25
68	606	1	2,920	14	3,526	15
69	853	3	2,501	14	3,354	17
70	651	8	1,515	8	2,166	16
71	532	3	1,539	11	2,071	14
72	821	6	3,067	25	3,888	31
73	732	7	2,609	7	3,341	14
74	583	7	2,238	4	2,821	11
75	523	0	1,847	2	2,370	2
76	455	0	1,676	2	2,131	2
77	591	4	2,032	3	2,623	7
78	688	3	1,703	2	2,391	5
79	638	2	1,667	2	2,305	4
80	627	3	1,666	1	2,293	4
81	557	2	1,878	4	2,435	6
82	514	0	1,959	5	2,473	5
83	443	0	1,911	6	2,354	6
84	474	2	1,785	3	2,259	5
85	443	0	1,885	2	2,328	2
86	448	3	1,892	3	2,340	6
87	499	0	1,752	5	2,251	5
88	476	2	1,677	1	2,153	3
89	895	2	1,534	3	1,929	5

90	363	1	1,595	5	1,958	6
91	883	0	1,473	10	1,856	10
92	367	1	1,490	0	1,857	1
93	376	1	1,521	5	1,897	6
94	339	1	1,570	3	1,909	4
95	355	0	1,421	9	1,776	9
96	243	0	1,123	2	1,366	2
97	335	2	1,253	0	1,588	2
98	274	1	1,216	2	1,490	3
99	255	0	1,345	3	1,600	3
2000	260	1	1,474	4	1,734	5
01	345	1	1,388	1	1,733	2
02	320	2	1,624	1	1,944	3
03	315	1	1,764	3	2,079	4
04	255	0	1,611	2	1,866	2
합계	47,218	517	154,263	559	201,481	1,076

주) 상기의 건수 · 사망자수는 방위시설청이 파악하고 있는 수. 미군의 사건 · 사고의 전부를 망라한 것은 아니다. 또한 시정권 반환(1972년) 전의 오키나와 부분은 포함되지 않았다.

이와쿠니는 어땠을까.

다만 여기에는 1971년 이전의 데이터를 싣지 않았다. 또한 미군인 관계자가 일으킨 사건 중 범행으로 인정된 사건만을 게재했다. 그렇기 때문에 혐의가 짙어도 미일지위협정으로 가로막혀 수사가 행해지지 않았던 방대한 사례는 여기에 포함되지 않았다. 원래 통계데이터는 '흉악범(살인 · 강간 · 방화 등)', '조폭범(폭행 · 상해 · 협박) 등', '절도', '지능범', '그 외'라고 분류되어, 건수와 인원수를 나타낼 뿐이다. 따라서 이것만으로 피해실태를 생각할 수는 없다.

〈표 6〉 이와쿠니시에서 미군 관계자의 형법 범죄 건수

연차	흉악범		조폭범		절도		형법범 합계	
	건수	인원	건수	인원	건수	인원	건수	인원
1972	5	6	1	0	17	17	23	23
1973	1	1	9	9	39	18	51	30
1974	5	7	7	7	43	44	67	68
1975	4	4	2	1	65	40	77	52
1976	5	6	5	5	21	22	36	42
1977	5	4	8	9	12	15	28	33
1978	4	5	3	4	37	20	47	31
1979	1	1	1	1	93	18	101	24
1980	0	0	6	9	7	8	13	17
1981	0	0	6	8	5	7	12	15
1982	0	0	3	3	29	17	32	20
1983	0	0	4	5	2	2	8	9
1984	1	1	1	1	10	4	13	7
1985	5	5	1	1	7	4	14	11
1986	0	0	1	1	6	7	9	9
15년간누계	36	40	58	64	393	243	531	391
1987	2	3	0	0	8	3	10	6
1988	0	0	2	2	6	1	8	3
1989	0	0	0	0	16	11	19	14
1990	1	1	12	3	27	3	42	9
1991	0	0	2	2	2	2	5	5
1992	1	1	1	2	29	7	331	10
1993	1	2	1	1	16	13	18	16
1994	0	0	0	0	20	8	22	8
1995	0	0	1	4	7	7	9	12
9년간누계	5	7	19	14	131	55	164	83
24년간누계	41	47	77	78	524	298	695	474
1996	0	0	2	2	3	4	6	6
1997	0	0	0	1	4	7	6	10
1998	0	0	0	0	9	9	13	10
1999	0	0	0	0	15	7	16	8
2000	0	0	1	1	3	3	6	7
2001	0	0	0	0	2	3	6	7
2002	0	0	4	4	3	5	8	11
2003	1	1	6	6	9	1	21	20
2004	0	0	3	4	11	7	15	13
2005	1	1	3	3	2	3	6	7
2006	0	0	0	0	1	2	3	4
2007	0	0	0	0	0	0	3	3
2008	0	0	0	0	0	0	1	1
13년간누계	2	2	19	21	62	61	110	107
37년간누계	43	49	96	99	586	359	805	581

『基地と岩国 平成21版』(이와쿠니시역소) p. 63-65를 참조하여 작성.

계다가 성폭력은 피해 당한 측에게 수치심을 갖게 만드는 뿌리 깊은 사회의식 때문에, 피해통계가 집계되는 일도 드물다. 더욱이 여성이 피해를 고소할 때조차 경찰과 사법이 서로 협력하지 않는 경우도 많다. 구레에서 강간문제와 관련하여, 국회에서 정부위원이 '팡팡'이 고소한 피해가 정말 피해인지 어떤지 의심스럽다고 발언한 사건을 앞 장에서 소개했지만, 이와쿠니에서도 마찬가지로 여성에 대한 폭력은 매춘여성과 미군 병사의 대단치 않은 소소한 '애정다툼'으로 취급되거나 행동이나 복장 등에 '허점'이 있는 여성 측의 '자업자득'으로 여겨져 경시되었다. 따라서 성폭력 관련 사건은 대부분 형법상의 '사건'으로 취급되지 않는다. 형법범의 통계표를 통해서는 여성들의 수난실태를 그 어떤 것도 제대로 알 수 없다.

현실에서는 살인, 강도, 방화, 강간, 폭행, 민가침입, 폭행도주, 마약 · 각성제, 총기유출 등, 이와쿠니 시민의 안전과 안심을 위협하고, 여성인권을 침해하는 무수한 사건이 발생했다. 내가 그것을 파악할 수 있었던 계기는 방대한 신문기사 파일을 보면서였다. 그 파일은 오랜 세월 기지문제에 참여하며, 실천 활동을 해온 다무라 쥰겐(田村順玄)이 작성했다. 파일의 일부는 아시아현대사연구회에서 책자 『이와쿠니기지와 미군범죄 1969~1998 신문자료집성』으로 정리, 발행했지만, 발행 부수가 적어서 많은 독자에게 전달될 수 없다. 본서는 그 일단이나마 소개하여 어떤 사건이 일어났는가를 조금이라도 구체화해서 나타낼 생각이다. 쥬고쿠신문사(中国新聞社) 편, 『기지 이와쿠니』에 나온 연표나 신문기사를 참조해 〈표 7〉을 작성했다.

〈표 7〉 이와쿠니기지 주변 미군범죄사 소연표

1954.9.8	밭일하던 富田正一(41), 미군 하사에게 엽총으로 총격당해 중상
1955.7.19	中村喜三郎(71), 寿橋에서 今津川로 던져빠뜨려서 사망
1955.8.5.	2명을 동반한 미병사가 여성(20)을 寿橋에서 강으로 던져빠뜨림
1955.9.15	미군 중사(24)가 캬바레 근무하는 4명의 '여급'에게 폭행, 도랑으로 밀어떨어뜨리다
1957.2.	여성이 今津町 자택 근처에서 미병사에게 목을 졸려 3천 엔을 빼앗기다
1957.4.	보육사가 미병사에게 가방을 빼앗기고 폭행 미수
1958.4.	강이 깨졌다고 미병사가 노점상의 오누이를 錦川로 던져빠뜨렸다
1958.7.21	접객여성(25) 허리끈으로 살해당함(미병사 범행으로 의심되지만 기지 내로 출입조사를 하지 못한채 미궁에 빠짐)
1961.7.	호스테스가 자택에서 교살당하다(58년 사건처럼 미궁에 빠짐)
1961.11.	미병사 2명이 여성을 寿橋에서 今津川로 던져빠뜨리다
1962.2.	손님을 끌어 유인하는 여성이 미병사 5명에 맞고, 가위로 목 등을 찔려, 중태
1963.2.	미군 병사가 민가에서 여성에게 폭력을 휘둘러 귀금속 강탈
1963.8.21.	미병사 2명이 여성을 차로 城山 산중으로 납치, 강간, 10미터 절벽에서 던져떨어뜨리다
1963.11.26.	호스테스 J.M(32), 코드로 목을 졸리고 과일칼로 왼쪽 가슴을 찔려 살해당함. 성기에는 드라이버, 해머가 삽입되었다. 자택 침상에서 시체 발견.(범인은 남베트남에서 자살했지만 미군은 사고사로 발표)
1964.8.16.	기지종업원 松本正男(47) 술취한 미병사가 척살. 지방재판은 징역 7년 판결
1968.3.11.	미병사가 내연녀에게 폭력을 휘둘러 뇌출혈로 사망.
1971.7.	여장한 남성이 미병사를 접객했는데 아파트 자택에서 살해(미궁에 빠짐).
1972.9.	외국인빠 호스테스(47) 자택 아파트에서 교살, 시체로 발견(용의자 미병사는 베트남에 출격 이동, 미궁에 빠짐)
1974.8.	입욕 중인 주부, 미병사의 난폭한 폭력에 당할 것 같자 저항, 얼굴을 수십 차례 맞는다
1974.9.13	미병사 2인조, 아이 안고 통행 중인 호스테스 가방 소매치기, 모자에게 부상 입힘. 도주 중 노인을 치고 도망.
1975.5.	미병사가 통행 중인 중년여성을 목재를 두는 장소로 질질 끌고 들어가 폭행하고 도주
1975.12.20.	미병사(19)가 상점가에서 빠 운영하는 여성업자에게 약 50만 엔의 수입과 핸드백을 빼앗다.
1976.5.22	전직 호스테스 C · T(50), 이와쿠니기지 근처 자기 방에서 미병사에게 살해당한다 (77년 3월 야마구치 지역재판소 이와쿠니 지부, 징역 8년 판결)
1976.11.11	미병사(21), 빠 호스테스(36)을 자택까지 미행, 집에 침입후 폭행, 부상입히다
1977.8.	미성년 미병사가 호스테스 집을 침입, 목걸이 등을 훔치고 잠자던 호스테스에게 폭력을 휘두름
1977.8.14.	미해병대 상등병이 가택을 침입하고 귀가해 있던 여성을 강간
1977.12.1.	'ハナちゃん'(46) 참살 사건 (1982년 지역재판소에서 징역 7년 판결)
1978.10.11	야마구치지역재판소 이와쿠니지부에서 77년 8월 여성(23)집에 침입하고 강간, 동년 10월 다른 여성(43)을 폭행해서 부상입힌 미해병대 상등병(19)에

	대한 공판 시작(판결은 징역 3년)
1979.2.	미병사 스넥상점 계단에서 재일조선인 남성(60)을 밀어 떨어뜨려 살해
1979.4.	호스테스 K(37) 살해 사건. 용의자 미병사, 불기소
1981.12.2	빠를 운영하는 한국인 여성업자, 딸에 대한 폭력 사용을 무서워해서 미병사를 척살
1984.3.31	홀로 거주하는 전직 호스테스 S · O(61), 목과 등을 찔려 출혈과다로 사망, 미병사에게 징역 9년
1985.9.7	도너츠 상점의 점주, 술취한 미병사에게 살해당하다
1994.5.	기지 내에서 미병사 3명이 동료 미병사의 가슴을 찔러 살해. 배수로에 유기
1998.8.1	중학교와 고등학교 여학생이 불꽃대회에서 미병사에게 폭행당하다
2003.8.1	미병사 M, 이와쿠니 시내에서 통행 중인 여성(53)에게 폭행(2004년 3월 이와쿠니지방재판소, 강간치상죄로 징역 3년, 집행유예 4년 판결)
2007.10.14	이와쿠니기지 미병사 4명, 히로시마 시내에서 19세의 여성을 집단 강간(07.11 히로시마지검 불기소 처분, 8.02 미군군법회의예비심문, 08.05-06 고등군법회의, 강간죄 인정하지 않는 판결)

덧붙여 이 연표는 표면화된 범죄 중 극히 일부에 지나지 않는다. 가령 1955년 10월 2일 가와시모 지구 나카츠(中津)에서 술에 취한 미군인(22세)이 여성(43세)이 사는 민가에 침입, 가구 등을 파괴하고 이를 제지한 청년에게 부상을 입혔다. 다음날 3일, 이마즈(今津)에서 미군인(18세)이 하숙하는 접객여성(20세)에게 서비스가 불만족스럽다며 여성의 손을 비틀고 상처를 입혔다. 그런 사건을 하나하나 셈하려면 끝이 없고, 전부 싣는 일은 도저히 할 수 없으므로 연표에는 기입하지 않았다.

또한 연표는 협소하게 정의된 직접적 폭력, 형법범죄만을 기재했다. 하지만 앞 장에서도 논한 대로, 매춘 장소로 흘러드는 여성의 배후에는 전쟁, 빈곤, 차별이라는 구조적 폭력이 존재한다. 곤경에 처한 여성의 약점을 이용하여, 정부가 그녀를 점령군에게 제공하면서 매춘의 전후사는 시작된다. 한국전쟁 시대도 베트남전쟁 시대도 다양한 고난을 짊어진 여성은 기지거리로 들어왔고, 실질적인 행정감독 하에서 그녀들은 매춘에 종사했으며, 시의 재정에 공헌했다. 이런 전후의 매매춘제도는 그 자체로 여성에 대한 성폭력제도였다고 해야만 한다. 연표에 기재한 다수의 사건도 또한 그런 폭력구조를 배경으로 발생했다.

매춘과 강간

폭력이 일상화된 기지거리에서 대부분의 피해자는 억울하지만 할 수 없이 참아야만 하는 상황에 놓였었다. 그러던 중 1955년 미군인이 캬바레에서 일하는 여성 3명을 폭행한 사건이 발생했다. 이 사건으로 드물게도 미군인은 상해폭행 혐의로 기소되었다. '이와쿠니기지의 첫 미군 병사 재판'으로 주목받았다. 군인은 난폭하게 굴어서 3명을 도랑에 밀어 떨어뜨리고 상처를 입혔다. 그런데 어처구니 없게도 야마구치 지방법원 이와쿠니 지부의 판결은 징역 3개월 구형에 벌금만, 게다가 재판장은 판결 즈음하여, 'OOOO(원문은 피해자명-인용자주)가 약속을 지키지 않아 남자가 분개한 것은 당연'하므로, '주둔군을 상대한 여성 등에게 경고를 주었다.'[8] 여러 여성을 부상 입힌 미군 병사는 벌금으로 끝나고, 피해자인 여성들은 '경고'가 내려졌다. 이는 미 군인에 대한 재판소의 관용적인 태도, 동시에 '남자마음에 안 드는 태도를 보인 여자를 때리는 일은 당연'하다는 노골적인 남존여비를 표현했다. 판결과 동시에 『고후지호우』는 전날 이와쿠니 경찰서가 가와시모 지구에서 '밤의 여자'를 단속했으며, '접대부' 5명을 매춘법 위반 혐의로 체포했다고 보도했다. 폭행상해 사건을 반복하는 미 군인보다 피해자인 여성 쪽을 트러블 메이커로 본 것이다.

'밤의 여자', '접대부', '가창' 등 통칭은 여러 가지지만 '미군 병사를 손님으로

---

8) 『岩国ニュース興風時報』 1955.10.10, 1955.11.30.

맞는 여성'은 분명 차별받고 있었다. 그것은 특별히 매춘을 하지 않는 여성까지도 억압했다. 여성을 덮친 미군 병사가 일방적으로 금전을 강요하고 혹은 '지불했다' 주장하고, '그러므로 강간이 아니라 매춘'이라고 강변한 사례가 많았다.

예를 들면, 1977년 어느 해병대 상등병(19세)이 가택을 침입한 후 귀가해 있던 여성에게 부엌칼을 들이밀며 강간한 사건이 있었다. 그는 체포 · 기소되었지만 '지불'하려 했다는 점을 이유로 '강간은 아니다'라고 주장했다. 재판 과정에서도 상등병은 '5,000엔을 건네주려고 했다'라고 주장했다. 또한 여성은 스탠드바에 근무하며, 미군 병사와도 교제했고, '처녀는 아니'라는 등을 호소하면서 자신의 행위는 '매춘'이었다고 주장하며, 무죄를 우겨댔다.[9] 상등병의 경우는 또 다른 여성을 폭행하여 고소된 사정도 있어서, 유죄판결이 나왔지만, 이러한 발뺌으로 죄를 피하는 미군 병사는 적지 않았다. '이 사건은 우연히 표면화 되었을 뿐'으로 '기지거리에서 강도, 강간, 강간미수는 매일 밤처럼 일어났다. 그러나 억울하지만 대부분 거의 참았으며, 유죄판결은 아주 드문 사례'였다.

여기서 약간 길지만 가와시모 지구에서 자란 미키 에미코(三木惠美子)가 쓴 하나의 글을 소개하고 싶다.

강간하는 측의 논리 · 강간당하는 측의 논리

미키 에미코(변호사)

이 수개월, 미 군인이 오키나와 소녀를 강간 치상 및 체포 감금 죄를 범한 사건을 두고 많은 사람이 분노로 타올랐다. 나는 일련의 보도를 보는 중, 미 군인이 범했던 성범죄 기억이 환기되었다. 기억이 환기되었다고 말하면, 사람들은 어떻게 중

9) 『長周新聞』 1978.10.17 · 11.21 · 12.19.

대한 일을 잊어버리는 일이 가능할까라고 의심스럽게 생각할지도 모른다. 그러나 사람이란 너무나도 충격적인 일을 경험하면, 그 괴로운 체험을 기억에서 지우거나 그것이 자신의 체험이 아니었다는 식으로 애매하게 처리하는 방식으로 정신의 밸런스를 취하는 일이 있다.

1971년 8월 13일, 당시 나는 야마구치현 이와쿠니시 가와시모정 2정목에 살았다. 미군 이와쿠니기지에서 도보 10분 이내의 거리였다. 당일 오전 2시 쯤, 누군가가 내가 잠자던 1층 방의 창을 떼고 진입했다. 침입자는 창가 바로 앞에 있는 침대 위를 구두 채로 올라와 숙면하던 내 입을 손으로 덮었다. 손은 입을 막고, 코를 막고, 눈의 일부도 막았다. 그 순간 나는 잠에서 깨서, 내가 살해당할지도 모른다고 생각했다. 그러나 동시에 이대로 살해당하는 것이라면, 어떻게라도 해서 살해당하는 것과 똑같다고 생각했다. 그곳에서 전신의 힘을 집중하고, 있는 힘을 다해 큰 소리로 절규하며 외쳤다. 비명이기보다는 짖는 듯한 이상한 큰 소리가 주위에 영향을 준 것 같다. 어지럽게 사람이 모여들었다. 그 기색을 눈치 채고 침입자는 침입해 들어 온 창으로부터 멀리 도망쳤다.

지금 생각하면 사건은 굉장히 행운의 조건이 중첩된 사례라고 생각한다. 우선 침입자는 흉기를 지니지 않았던 것 같다. 다음으로 침입자의 기호는 부상당하게 하거나 죽이는 일이 중심이 아니었다. 어디까지나 살아 있는 인간을 강간하는 일이 목적이었다.

그리고 가장 중요한 점으로 당일은 15일 페이데이(ペイデイ: 월급날) 전이었다. 압도적으로 많은 군인이 돈이 없고, 따라서 마을은 평소보다 꽤 조용했다. 그러므로 크게 외치는 소리가 많은 사람에게 닿았고, 손님이 없어서 시간을 주체 못하고 있던 그들은 달려올 수 있었다.

성폭력의 피해자에게 기수(既遂)와 미수(未遂)의 차이는 종이 한 장의 근소한 차이다. 그리고 침입자가 내 집 근처에 살던 내 동급생을 선택하지 않고 나를 선택한 점도 완전한 우연에 불과하다. 나는 이번에 피해를 당한 오키나와 소녀와 내 사이에 거리감을 느끼지 못한다.

왜 이 침입자나 오키나와의 강간 치상 및 체포 감금죄 피고인들은 나나 오키나와의 소녀의 의지를 무시하고 성교를 강요하려 했을까.

피고인들을 심문하면, 그 당시에는 자신의 요구를 제시할 수 없었다는 대답이 되돌아올 것이다. 또 다시 왜 피해자가 거절할 것이라고 생각 못했는가라고 물으면 그 당시는 거기까지 깊게 생각하지 못했다는 회답이 되돌아올 것이다.

그리고 현재 반성하고 있다는 말을 첨가해 적당히 얼버무리려고 한다.

이것은 이 외의 성폭력에서도 완전히 공통된다.

성희롱(성폭력) 가해자에게 사실 확인회를 거행하면, 완전히 동일한 회답을 행한다. 단지 나는 그녀를 좋아했기 때문이라는 입발림 발언이 더해질 정도다.

이 입발림 발언을 두고 그녀는 당신을 좋아했다고 생각했는가, 승낙한다고 생각했는가를 거듭 물으면 그 때는 거기까지 깊게 생각하지 못했다고 회답하는 일이 보통이다.

이는 매매춘의 매춘자였다, 승낙했기에 괜찮지 않은가라고 정색하며 나오는 것으로부터 시작한다. 그러나 그 승낙이라는 것은 돈을 지불하기 때문에 노무를 제공한다는 승낙에 지나지 않고 매춘자와 성교 자체를 기꺼이 하려했다는 의미는 아니다. 이 점에 대해 거듭 질문하면, 거기까지 생각할 필요는 없다. 그리고 정색하고 나올까를 생각하지 않았다는 회답으로 되돌아온다.

매춘과 강간 사이에 도랑은 없다.[10)]

연속된 살인 사건

연표(〈표 7〉)에도 나타난 대로 이와쿠니에서는 1955~74년 20년간 미군 병사가 일으킨 살인 사건, 혹은 미군 병사가 일으켰다는 혐의가 짙지만, 미궁에 빠진 살인 사건이 6건 발생되었다. 그 중 4건은 미군 병사를 상대하는 접객업 여성이 피해자다. 다른 1건은 여장하고 접객하던 남성이 피해자였다. 기지 내외에서 성인남성이나 소년들이 미군 병사에게 성적 서비스를 강요당하는 경우도 드물지 않았다. 또 다른 1건은 기지종업원 마츠모토 마사오(松本正男)

10) 三木惠美子는 1976년 이와쿠니 고교를 졸업, 도쿄대학 법학부에 진학. 89년 변호사 등록, 요코하마법률사무소 소속. 외국인 여성을 위한 긴급 피난시설을 운영하고 전화 상담하는 NPO법인 · 여성의집サーラー대표로도 있다.

(당시 47세)가 기지 내 자전거를 두는 장소에서 술 취한 미군 병사에게 예리한 칼날로 찔려 즉사한 사건이다.

1958년과 61년 여성 교살 사건은 모두 미 군인의 범행으로 강하게 의심되었다. 하지만 행정협정으로 수사가 가로막혀, 기지 내로 들어가 수사하지 못한 채, 사건은 미궁에 빠졌다. 미군은 용의자를 기지 내에 숨겨두고 곧바로 국외로 탈출시키는 경우가 통례였다. 일본조사기관 · 사법기관의 추궁이 그곳까지 미치지 않았다. 1963년 미 육군 특과병 중사(32세)는 32세의 호스테스를 그녀의 자택에서 목을 조르고, 왼쪽 가슴을 과일나이프로 찔러 살해했다. 하복부에는 드라이버, 해머도 찔려있는 등 범행은 잔인성이 극에 달했다. 중사는 후에 남베트남에서 자살했지만, 미군은 사고사라고 발표했다고 한다.[11] 1972년 47세의 호스테스가 살해당했다. 하지만 용의자인 미 병사는 역시 일본 측의 수사를 피해 도주했다.

베트남전쟁이 종결된 후에도 미군 병사의 범죄는 멈추지 않았다. 특히 1976~79년 4년 동안 4건의 살인 사건이 연달아 일어났다. 미군 병사 상대의 음식점이나 빠는 전후에도 번화해서 떠들썩했고, 1979년 시점도 기지 주변의 외국인 빠 거리에는 약 120개 업소들이 처마를 맞대고 나란히 즐비해 있었다.[12]

1976년 5월에는 이와쿠니기지 제1 항공사단 제17 사령부 지원 중대 소속, 미군 병사(21세)가 기지 근처 외국인 빠 거리에서 만난 C.T(50세)를 구루마쵸(車町)에 있는 그녀의 아파트에서 교살했다. 금전상의 문제로 범행을 저질

---

11) 森脇政安, 「米軍基地の撤去を」 1995.9.28.(앞의 책, 『岩国基地と米軍犯罪』, p.134 수록), 앞의 책, 『基地イワクニ』, p.242.

12) 『中国新聞』 1979.4.10.

렀다고 한다. 이와쿠니 출신의 작가, 우노 지요(宇野千代)는 단편 『체리가 죽었다』를 저술했다. 기지거리를 유랑하는 여성에 대한 작가의 동정심이 담긴 소설이다. 작가는 C.T의 생과 죽음을 모티프로 했다고 한다. 이 작품은 『문학계』 1976년 9월호에 실려 『우노 지요(宇野千代) 전집』 제8권(중앙공론사, 1977년)에 수록되어 있다.

1977년 12월 제12 사령부 중대 하사(23세)가 지역 사람인 '하나짱'이라 불리던 여성(46세)을 자택으로 데리고 갔는데, 그녀는 도망쳤다. 하지만 하사는 그런 그녀를 뒤쫓아 가서 살해했다. 나이프로 머리 부분과 복부를 찌르고 살해한 후 나이프로 시체의 왼쪽 유방을 도려내고, 장을 노출시켰다. 그리고 성기를 절제한 후 연꽃 밭 논두렁길에 시체를 유기한 잔인한 범행이었다.

하나짱은 뇌 매독 병을 앓아서, 지적장애가 있었다. 매일 이와쿠니역 주변에서 머리카락을 길게 늘어뜨려 얼굴을 가리며, 찢어진 바지를 입고, 언제나 우산을 쓴 채, 싱글벙글 웃으면서 걷는 모습으로, 지역사람은 그녀에게 친밀감을 느끼고 있었다. 미군 병사에게 오랄 서비스나 핸드 쇼트로 서비스하면서 얼마간 돈을 받았다고 한다. 이와쿠니로 오기 전, 서일본 각지의 기지거리를 유랑했으며, 한 번은 미국인과 정식으로 결혼도 했다. 하지만 어떤 이별이었는지 당시는 혼자 생활했다. '저런 사람을 왜 죽이는가?', '뇌 매독도 미군 탓이다. 미군 병사가 옮겼다'고 분개하는 시민의 소리가 현지 신문에 전해졌다. 범인인 미군 병사는 기소되었지만, 범행 당시 '심신쇠약' 상태라며 정신감정을 청구했기 때문에 재판은 오래 갔다. 야마구치 지방법원 이와쿠니 지부가 1982년 4월 7일 내린 판결은 구형 징역 10년에 징역 7년이었다.[13)]

---

13) 『長周新聞』 1977.12.7, 1978.5.30 · 12.5, 1982.4.13, 『朝日新聞山口県版』 1977.12.2 · 12.13, 『中国新聞』 1982.4.8.

1979년 2월 가와시모 지구의 스넥에서 60세의 오창석(吳昌錫)이 살해되었다. 미군 병사가 계단에서 그를 밀어 떨어뜨려 죽였다. 노상을 이십 수 미터나 질질 끌고가서 사체를 유기했다. 이 남성은 조선인으로 친척이 없고 폐품 수거를 하면서, 가와시모 지구 나카츠(中津)에서 혼자 생활했다. 동포의 수난을 안 이와쿠니 거류민단과 조총련은 피해자의 시체를 장시간 방치한 경관의 조치를 조선인에 대한 모욕이며 부당한 민족차별로 보고 이와쿠니 경찰서에 항의했다.[14)]

민족차별 문제와 관련, 연표는 한 건의 미군 병사 살해 사건을 보여준다. 1981년 12월 49세의 한국인 여성이 미군 병사를 찔러 살해한 사건이다. 그녀는 스스로 경찰에 통보하고, 재판에서 징역 7년의 유죄판결을 받았다. 그녀가 가와시모 지구에 이주한 시기는 베트남전쟁이 본격화하던 1964년이다. 그녀는 외국인 빠에서 호스테스로 근무한 후, 1971년부터 빠 '신기원(エポック)'을 경영했다. 기사를 보면 미군 병사 두 명이 당시 24세인 그녀의 딸을 폭행하려 하자 이를 막으려고 부엌칼을 들고 뒤치락대며 몸싸움하는 사이 찔렀다는 사건이다. 보통이라면 정당방위로 인정해도 좋은 사건 아닐까. 부당하게 엄격한 판결이 내려졌다는 인상을 지울 수 없다.[15)]

얘기를 다시 미군 병사가 저지른 살인 사건으로 되돌리자.

오창석이 살해당한 2개월 후 마리후쵸(麻里布町)의 빠에서 호스테스를 하던 K가 살해당했다. 그녀의 사체는 가와시모 지구 구루마쵸(車町) 자택에서 하반신 알몸으로 손이 뒤로 묶인 상태로 발견되었다. 혐의가 짙은 어느 미군 병사에게 구속영장이 나왔지만 기지 내로 숨었기 때문에, 경찰은 체포할 수

---

14)『長周新聞』1979.2.13・2.16.

15)『中国新聞』1981.12.3,『長周新聞』1981.12.5.

없었다. 그렇게 1개월 가까이 경과했다. 경찰은 계속 밤에 잠복해 간신히 기지에서 나오는 용의자를 체포했다. 하지만 야마구치 지검 이와쿠니 지부는 증거불충분으로 불기소했다.[16)]

1980년대도 살인 사건은 계속 되었다. 1984년 3월 S.O(61세)는 해병대 제1사단 제1 본부 중대 소속, 병장(21세)에게 목과 등을 찔려 출혈 다량으로 사망했다. 다음 해 1985년에는 도너츠 상점 점주인 남성이 취한 미군 병사에게 살해당했다.[17)]

베트남전쟁 후 연달아 발생한 살인 사건에 영향을 준 배경으로 실전을 방불케 한 군사훈련의 실행이 지적되기도 한다. 북한과 전쟁재개를 상정하는 한미합동군사훈련 '팀 · 스피리트'는 1976년 이래 매년 2~4월에 행해졌는데, 이와쿠니기지에서도 매년 미군 병사가 참가했다. 1984년 S.O가 살해되었을 때, 빠 경영자들은 애초 미군 병사를 범인으로 의심했다. 팀 · 스피리트의 '격렬한 훈련으로 기분이 난폭해진 것이 아닌가?'라고 말하는 사람도 있었다.[18)] 고노 이사오(河野勳) 역시 S.O 살인 사건, 1976 · 79년의 살인 사건, 3건 모두 4~5월에 발생한 점을 들어 '훈련이라고 해도 초연이 자욱한 전장이다. 전장에서 야수로 변한 미군 병사가 이와쿠니로 돌아와서, 욕망을 채우지 못할 때 "살인"은 발생한다'라고 말해 팀 · 스피리트와 살인 사건이 무관하지 않다고 지적했다.[19)]

---

16) 『中国新聞』 1979.4.9 · 4.10, 『長周新聞』 1979.5.25, 『読売新聞山口県版』 1979.5.21 · 6.20, 『朝日新聞山口県版』 1979.6.10 · 6.20.

17) 『中国新聞』 1984.4.2 · 4.12, 1985.9.15, 『毎日新聞山口県版』 1982.4.2 · 4.12, 『長周新聞』 1984.4.12 · 9.15.

18) 『中国新聞』 1984.4.2.

19) 「河野勲の岩国ノート[26]また殺人事件1984/4/15」, http://www5f.biglobe.ne.jp/~cosmos/kouno/note/note26.html

더욱이 한국은 팀 · 스피리트가 행해질 때면 매춘숙의 주인이 기지촌 여성을 훈련장 근처 임시로 마련된 가건물로 데리고 가서, 하루에 20~30명이 넘는 미 군인을 상대하게 했다. 1990년대 와서 팀 · 스피리트는 중단되었지만, 다른 한미군사훈련이 매년 몇 차례씩 부산, 포항, 진해 등에서 계속되고 있으며, 훈련이 있을 때마다 수많은 기지촌 여성은 훈련장 부근에 집합되었다고 한다.[20] 이처럼 이와쿠니기지는 한미합동군사훈련에 미 군인을 보내는 기지이다.

살해당한 여성들

피해여성이 61세, 50세, 46세, 58세의 나이라서 마음이 아프다.

한국전쟁 때는 모두 20대 젊은 여성들이었다. S.O가 이와쿠니에 온 시점은 사망하기 30년 전, 거리는 한국전쟁 경기로 들끓고, 기지는 확장되어, 미군 병사가 증가하는 추세였다. 각지에서 여성이 이와쿠니로 유입되어, 매매춘 붐이 일어날 무렵이었다. 그녀는 스넥에서 호스테스를 하며, 미군 병사와 교제하고 기지거리에서 살았다. S.O가 살해당할 당시 복지 사무소의 직원은 '나이 드신 호스테스 중에 저축해서 업소 경영자가 되거나, 미군 병사와 결혼한 사람도 있지만, 다른 한편 건강이 안 좋아져 입원해 생활보호를 받는 사람도 최근 몇 년 증가했다'고 정황을 말했다.[21]

살해당한 여성의 자세한 신상은 모른다. C.T를 모델로 했다는 소설의 주인공 '체리'와 동일시 할 수는 없다. 하지만 연인인 점령군 병사로부터 버림받고

---

20) 駐韓米軍犯罪根絶のための運動本部 編, 徐勝 · 広瀬貴子 訳, 『駐韓米軍犯罪白書』, 青木書店, 1999, pp.165~199.

21) 『中国新聞』 1984.4.5.

가와시모 지구 기지 정문 도로, 외국인 바 거리의 업소 (2008년 11월 30일 저자 촬영)

사세보 · 오키나와 · 구레 · 지토세 · 미사와(佐世保 · 沖縄 · 吳 · 千歳 · 三沢) 기지거리를 방랑하고, 한국전쟁 때는 이와쿠니기지에 표류해 정착했다는 '체리'의 인생은 C.T를 포함해 기지거리에서 사는 많은 여성의 인생과 오버랩 된다. 하나도 역시 미군 병사와 정식으로 결혼한 과거가 있다. 아이도 태어났지만 이별한 후 정신이상 증세를 보였다는 풍문도 있다.

호스테스는 젊음이 필수다. 나이든 여성 중에는 자택에서 미군 병사를 접대하는 일 외에는 수입이 없는 사람도 있었다. 하지만 매춘은 비합법이며 접객업여성은 약자 처지다. 게다가 고령이 되는 만큼 평가절하로 값을 매긴다. 미군 병사에게 폭력을 당한 피해자의 상당수는 그처럼 약자 처지인 여성들이었다. 성적 서비스는 다양하며, 하나가 그랬던 것처럼 섹스 교제는 거부하는 사람도 있다. 빠나 스넥에서 접객하는 여성을 업소 외에서 접객하는 여성으로 볼 수는 없다. 그런데 지불청구에 폭력으로 대응하는 미군 병사가 있는가 하면, 여성 의사에 반하는 서비스를 강요하는 미군 병사도 있다. 금전교섭의

'트러블'이란 미군 병사가 지불을 꺼리는 일이다. 약속된 금액을 지불하지 않아서 고소하면, 여성이 매춘했다며 비난당한다. 또한 미군 병사에게 구타나 강간피해를 당하고, 그 피해를 고소해도, 지금까지 사례에서 봤듯이 피해자로 인정받지 못하는 경우가 많다.

살해당한 여성의 사회적 약자 처지는 사망 후 처우에서도 표출되었다. 성폭력으로 고발당한 미군 병사가 '여성은 매춘부였다'고 강변, '변명'하는 사례가 다수 있다는 점을 앞서 말했다. 그런데 하나의 엄마가 보상을 청구했는데도 '매춘부였다'는 이유로 보상액을 최저로 책정했다. 장의료(葬儀料) 실비와 여비 정도의 '위문금'밖에 지급되지 않았다고 한다.[22] 미군 병사 상대의 접객 여성은 일상적인 폭력피해를 돌아보지 않았던 점에서 차별받았음은 물론이며 무참하게 살해당한데서 조차 차별받았다.

일본의 중앙 · 지방 정부가 미군의 요구에 따라 미군 병사를 상대하는 여성을 단속한 사례는 무수히 많지만, 미군 병사에게 학대받은 여성의 인권을 옹호하며 미군과 교섭했다는 예는 발견되지 않는다. 경찰은 미군 병사보다 여성을 트러블 메이커로 간주하여, 보호대상이 아닌 단속대상으로 취급했다. 1979년의 K 살해 사건에서도 이와쿠니 경찰서는 용의자인 미군 병사를 마지못해 체포한 후, 매춘여성과 미군 병사 간 금전상의 트러블로 범죄가 유발되었다고 보

---

22) 『長周新聞』 1978.12.5. 또한 미군 병사가 일으킨 사건으로 발생한 피해자 손해배상은 공무상 사고의 경우 미일지위협정에 따라 미군이 75%를 부담하고 나머지 25%는 일본 정부가 「오모이야리(思いやり)예산 (역주: 재일미군주류경비부담을 통칭해서 오모이야리 예산[=배려예산]이라 한다. 한국의 '방위분담금'과 동일하다. 오모이야리 예산의 근거가 되는 법률은 미일지위협정, 그리고 주일미군주류경비부담특별협정)」 등에서 보충하기로 되어 있다. 하지만 공무외 사건의 배상에 관한 규정은 미일지위협정에 없다. 정치적 배려에서 미군이 피해자에게 위로금을 주는 일은 있어도, 1996년 12월 '오키나와에 관한 특별 행동위원회(SACO)'의 최종 보고가 나올 때까지는, 확정 판결보다 대폭으로 밑도는 매우 적은 정도의 보상(1/3 정도)'(야마다 유타카상 변호사)밖에 지불되지 않았다. 그런 사례는 매우 많았다고 한다.(『赤旗』 1998.8.20.) 그처럼 보상으로 적절치 않은 듯한 '위로금' 금액에서마저 하나짱 사건은 가장 낮게 책정된 것이다.

고, 외국인 빠 거리에서 매춘방지법 위반에 대한 일제 단속만을 실시했다. 그때 체포된 사람은 매춘을 알선하거나 손님을 기다렸다고 여긴 66세 여성을 포함한 3명의 여성이었다. 그리고 일단 구속된 용의자, 미군 병사는 구치기한이 지났다 해서 곧 석방되었고, 그대로 증거불충분으로 불기소 되었다.[23)]

그런데 이런 사건에 대한 사회적 반응은 어땠을까. 현지 사람들은 대개 여성에게 동정심을 보였다고 한다. 하지만 이때 특히 주목해야만 할 점은 사회에 사실을 알려 여론형성을 위해 중대한 역할을 다 해야 할 전국 미디어가 이 사건을 보도하지 않았던 사실이다. 현지 신문이나 전국지의 지방판이 이 사건을 보도했을 뿐이다.

전국지인 '『아사히신문(朝日新聞)』'이나 '『마이니치신문(每日新聞)』'은 각지에서 발생한 살인 사건을 보통 보도한다. 실제 이들 축쇄판을 보면, 이와쿠니에서 여성이 살해된 여러 사건의 전후에도, 고베(神戸)에서 폭주족이 일으킨 살인, 시즈오카(静岡)현에서 여성이 저지른 자식 살해, 사이타마(埼玉)현에서 간호사가 살해당한 사건 등, 지방에서 발생한 다양한 살인 사건을 보도했다. 또한 식칼강도가 출현했다든지 모친이 유아를 방치했다든지 하는 기사도 보인다. 그럼에도 이와쿠니 여성이 미군 병사에게 살해당한 사건은 커트되어 버렸다. 미디어에서 보이는 미일 안보체제에 대한 정치적인 배려와 접객업 종사 여성의 인권에 대한 무관심은 이런 보도 자체의 방식과 연결되지는 않을까.

또한 좁은 식견이나마 조사해본 바에 따르면, 전국 규모의 여성단체나 평화단체 등이 기관지 등의 매체를 통해 이런 사건을 당대에 크게 취급한 모습은 보이지 않았다. 현지에서의 발신이 약했던 탓일까, 그렇지 않으면 수신하는 측에서 중요하지 않게 여겨 다루지 않은 탓일까.

---

23) 『朝日新聞山口県版』 1979.6.1, 그 외는 주16과 동일.

가와시모 지구의 변천

1985년 사건을 마지막으로 이와쿠니에서 미군 병사가 일으킨 살인 사건은 기지 밖에서는 발생하지 않았다. 살인 사건은 일어나지 않았지만, 1985년 이후도 강간이나 강도와 같은 흉악 사건을 포함하여, 다수의 범죄가 계속 발생했다. 다른 한편 동년 85년 플라자 합의 이후, 엔고 달러 하락이 진행되자, 가와시모 지구도 영향을 받았다. 미군으로 시끌벅적하게 번창하던 빠 거리는 차츰 쇠퇴했고, 사교장 조합 가입점은 1995년까지 50개 업소를 밑돌았다.[24] 가와시모 지구는 지금도 여러 업소가 영업하고 있지만 한창 때의 활기는 사라지고 있다.

가와시모 지구의 빠 거리가 쇠퇴한 반면 미군 병사가 히로시마시의 유흥가로 놀러 몰려드는 일은 일상화 되었다. 그 때문에 새롭게 많은 문제가 발생했다.[25] 미군 병사의 범죄가 광역화되어, 히로시마시의 유흥가에서 미군 병사가 폭력을 휘두르는 사건, 사고가 증가했다. 히로시마시 나카구(中區) 야겐보리(藥研堀)의 라이브 바 '수마트라 타이거'를 경영하는 다카하시 게스케(高橋啓介)는 2005~6년경, '미군 병사 사절'이라 쓴 영문간판을 설치했다. 이와쿠니기지 소속의 미군 병사들이 업소 내 비품을 훔치거나, 유리를 깨는 트러블을 잇따라 일으켰기 때문이었다고 한다. 다카하시는 신문취재에 응하며, '경찰에 통보해도, 미일지위협정의 장벽으로 경미한 범죄는 제대로 수사 받을 수 없다. 입점거부가 유일한 자위수단'이라고 말했다(『아사히신문(朝日新聞)』 2007. 10.20).

---

24) 「イワクニ50年③」, 『中国新聞』 1995.1.5.

25) 稲生慧(「住民投票の成果を活かす岩国市民の会」 공동대표)의 강연, 2007년 9월 29일, 이와쿠니시에서.

빠 거리에서 눈에 띄는 또 하나의 변화는 외국인 여성의 유입이다. 1980년대 후반 이후 필리핀 등 외국에서 객지로 돈벌이 하러 오는 여성이 늘었는데, 일본 풍속 산업에서 그녀들이 일하는 모습이 전국적으로 눈에 띄게 되었다. 히로시마시 유흥가에는 못 미치지만, 현재 이와쿠니시 가와시모 지구나 마리후(麻里布) 지구도 엔터네이너 외국인 여성이 적지 않다. 필리핀 퍼브가 있는가 하면 '러시아인, 중국인, 루마니아인, 호화 쇼, 연일 개막 중!'이라는 간판을 내건 업소도 있다.

기지 주변의 환락가에서 외국인 여성이 증가하는 현상은 오늘날 한국 · 일본 공통의 현상이다. 일찍이 일본의 여성이 빈곤이나 차별에 쫓겨 기지거리로 유입했듯이, 현재는 실업자가 많은 빈곤한 나라의 여성이 일본으로 일하러 오며, 성산업 저변을 지탱하고 있다.

그런 구조는 '신부 부족'으로 고민하는 과소지(過疎地)에서 행정이나 민간 업자가 아시아 여성과 결혼을 알선해온 행위와도 연결된다. 이와쿠니에서 살해된 하나는 도쿠시마(徳島)현 미요시(三好)군 히가시이야야마(東祖谷山) 출신이지만, 그 마을은 1987년 전국에서 가장 선구적으로 필리핀에서 집단으로 신부를 데려와 화제가 된 마을이다.[26] 비경이라 불릴 만큼 산속 깊은 곳에 위치한 이 지역은 일자리 획득이 어렵다. 젊은이 대부분은 외지로 일하러 떠났으며, 고향에는 계속 돌아오지 못했다. 하나도 역시 젊어서 고향을 떠나 혼자였다. 하나가 살해당하고 수년이 지난 후 이야(祖谷)로 필리핀 '신부' 6명이 시집왔지만, 다양한 곤란과 조우해 이혼한 커플도 많았다고 한다. 지구화의 진전 가운데 여성차별, 민족차별, 지역차별, 매춘여성차별이라는 다양한 차별은

26) 高橋玉美,「フィリピンからの『花嫁』」問題とその後の課題」, http://www.jichiro.gr.jp/jichiken/report/rep_tokushima29/jichiken/4/4_2_06.htm. 佐竹眞明/メアリー・アンジェリン・ダアノイ,『フイリピン-日本國際結婚-移住と多文化共生』, めこん, 2006 등.

서로 결합해서 복합적인 중층의 차별구조를 축조했다. 1980년대 후반 이후 가와시모 지구의 빠 거리는 확실히 차츰 쇠퇴해갔으며, 오늘날 이와쿠니기지 주변의 매춘이나 성폭력은 이전처럼 눈에 띄지는 않는다. 하지만 모순이 한층 더 약자 처지의 사람에게 전가되거나 광역화해서 폭력성은 보이기 어려워졌다. 복합차별이 심화하고 있는 것은 아닐까.

가와시모 지구의 경제가 미군 빠 거리의 쇠퇴로 활기를 잃었다고 보고, 현재 지역경제의 재활성화가 모색되고 있다. 최근 이와쿠니시 '도시개발부 도시계획과 마을만들기 추진실'은 도시재생기구의 후원을 얻어 '미군 이와쿠니기지와 협력하는 거리부흥'을 실행했다. '전국 도시재생모델 조사활동 시트'에 따르면, '대다수의 기지 종사자가 히로시마시에 도시형 서비스를 요구하는데, 해당 가와시모 지구는 기지 파급효과를 수용할 수 없고, 지리적 조건을 보면 세 방면이 강으로 둘러싸인 삼각주의 시가지라서 노후 밀집화가 진행되고 있다.' 그곳에서 마을을 재생하기 위해서 '미군기지에 협력하도록 손을 쓰고, 현지 마을만들기 조직과 공동의 조사 추진체제를 정돈해', '기지 존재를 마이너스 요인으로 파악하지 않고, 기지 존재를 적극 수용, 마을을 기반에서부터 재생하려는 것'이라고 한다. 그것이 '전국 미군기지의 몬젠쵸(門前町)의 참고가 된다'[27]라고도 한다.

'미군기지와 협력하는 거리부흥'이라는 명명에서 정체(협력 · 제휴)라는 말이 주는 어감이야말로 귀에는 듣기 좋다. 그러나 '협력'이나 '제휴' 성립의 전제는 대등한 관계성일 것이다. 하지만 현실에서 미군기지와 가와시모 지구의 관계는 대등한 정도와 거리가 멀다. 이와쿠니 사람이 몇 백 년 동안 간척하고,

---

27) 「全国都市再生モデル調査活動シート」, http://nrb-www.mlit.go.jp/toshisaisei/sc/actsht.php?a_code=a04132&pg=1

농지나 주택지로 개척한 가와시모 델타의 3분의 2는 미군기지가 점유하고 있다. 선조에게 계승한 토지를 떠나 퇴거당한 사람은 델타 상류부로 이동해 살던지, 델타를 떠날 수밖에 없었다. 그 결과 델타의 3분의 1 정도의 공간에 집을 이루고 모여 살았다. 그곳은 북적거리는 밀집지역이 되었고, 도로 · 하수도 등의 인프라 정비는 지체되었다. 더욱이 현재 도로 폭이 협소해 소방차나 구급차는커녕 자전거 타는 일도 어려운 장소도 잔존한다. 기지존재가 야기한 열악한 생활환경은 오랜 세월 문제시 되어 왔다. 그럼에도 현재까지 주민이 안심하고 조용히 사는 마을만들기 실현은 이루어지지 않았다. 이유는 기지와의 공존을 주민에 강제하고 그 기지와의 공존을 전제로 해서 도시계획을 구상했기 때문 아닐까.

1960년대에서 1970년대에 걸쳐 이와쿠니 시가 계획하고 현이 인가한 가와시모 지구 토지구획정리 사업계획이 있었다. 하지만 가와시모 사람은 전전 · 전후 기지확장으로 집이나 농지를 강압적으로 매수당했다. 혹은 수차례 이전을 강요당했다. 그래서 가와시모 사람은 사업에 따른 구획정리로 땅이 편입되어, 토지를 잃어버릴 위험성에 대해 강하게 저항했다. 그 결과 1977년 사업은 정지되어버린다.[28] 1980년대는 가와카미 다케오(河上武雄) 시장 하에서 가와시모 지구 전역을 동화(同和)대책사업의 대상으로 위치 짓고 동화대책예산을 사용해 '가와시모 지구 개발사업 계획안'[29]을 책정한 적도 있었다. 이 계획은 현으로부터 인가도 얻지 못했지만, 원래 현지 주민도 양해하

---

28)『基地イワクニ』, pp.153~156.

29) 村崎勝利,『部落解放の道』(部落問題研究所, 1988, pp.68~69)에 따르면, 도로, 공원, 상하수도, 인보관(隣保館: 역주-영세민 구제를 위한 사회사업 시설), 시영주택 1,734호의 지구 외 이전(移轉)의 대체지 조성, 신공영 주택 건설, 조사 실무비 등으로 총액 약 851억 엔에 달하는 거액의 비용을 투자할 계획이었다. 반대를 수용, 河上武雄 시장은 한 차례 현에 제출한 대상 지역 지정의 신청과 사업 계획을 백지화했다고 한다.

지 않았다. 가와시모 지구에는 번정(藩政)시대 신분차별을 받은 사람의 자손이 살고 있는 귀퉁이 땅도 존재한다. 또한 기지 내에는 노무나 미군 상대로 장사를 하기 위해 타 지역, 타 부현 피차별부락에서 유입한 사람도 적지 않다. 그 의미에서 가와시모 지구 전체를 주민이 서로 섞여있는 '혼주(混住)' 상태의 동화지구로 설정하는 일도 가능하지 않았을까. 가와시모 지구는 '기지촌'으로, 히로시마의 즈치오카 기오이치(土岡喜代一)가 '제2의 부락'이라 말한 것처럼 지역차별이 은폐되고 있음이 확실하다. 하지만 가와카미 시정(市政)은 이 사업계획을 두고 현지주민과 대화한 적이 거의 없다. 부락문제 해결을 국가와 자치체의 책무라고 본 동화대책심의회의 답신을 받고 동화대책사업은 개시되고, 막대한 예산이 계상되었다. 하지만 부락차별을 해소하지 않은데다가, 기지존재로 새로운 지역차별을 받고 있는 가와시모 지구에 대해, 가와무라 시정의 '가와시모 지구 개발사업 계획안'은 복합차별의 원흉에 대해 따져보지도 않고, 주민과의 대화도 없이, 예산획득만을 추구한 나머지 파탄나버리고 말았다.

가와시모 지구는 지금

미군재편 계획의 부상으로 가와시모 지구는 지금 종래보다 한층 더 큰 부담을 지고 있다. 지역에는 2008년 시작된 이와쿠니 폭음소송의 원고가 된 사람도 많다. 2장 2절에서 소개한 아사히쵸(旭町)의 이시자키 에이치(石崎榮一)도 그 한 사람이다. 또한 가와시모 지구 가운데 기지에 인접한 아사히(旭) 제1 자치회(190세대, 회장 미키 겐지[三木健])는 '매일 폭음으로 고민이다. 아침부터 대형 자동차로 도로가 정체되고, 일상생활은 물론 아이들의 통학, 놀이, 면학에 끼칠 영향도 염려되는' 상황이다. 'NLP, 오키나와 후텐마(普天間) 기지, 아츠기(厚木)기지로부터 가와시모 지구로의 기능이전은 절대반대'라고 표명되고 있다.[30] 동일한 기지에 인접한 구루마(車) 제3 자치회(136세대, 회장 다카바야시 다카유키[高林孝行])처럼 소음의 격화나 미군 병사의 범죄증가 그리고 미군재편 후에 예상되는 토지의 황폐화를 참아내기 어렵다며 시에 주민 집단이전을 요구하는 자치회도 있다.

구루마쵸(車町) 제3 자치회 회장을 역임하고 있는 다카바야시로부터 얘기를 들었다. 다카바야시가 생활하는 구루마쵸 3정목 지구는 원래 일본군의 토지 접수로 농가 18호가 이주하면서 형성된 곳이다. 다카바야시는 선조가 가와시모의 토지를 간척해 이주한 후, 10대가 넘는 세월동안 오래 살아오고 있다고 한다. 원래 토지는 아버지 세대 때 헌병대가 견장을 한 제복차림으로 총을 지닌 채 위압적인 모습으로 집 앞에 찾아와서, 좋든 싫든 상관없이 그냥 억지로 땅을 처분했다. 그런데도 일가가 기지근처로 이사했는데, 전쟁이 끝나면 토지가 반환된다고 생각했기 때문이었다. 기지의 '앞바다 이전' 때도 토지의 반환을 기대하며 찬성했다. 하지만 희망도 완전히 사라져버렸다. 자자손손이 기지소음 가운데서 계속 살 수 없다며 이전 요구에 결단을 내렸다고 한다.[31]

가와시모 델타 일각의 피차별부락에서도 얘기를 들었다. 1943년생인 어떤 사람은 형제가 7명으로 이 부락에서 태어나 자랐다. 일 때문에 이와쿠니시를 떠난 지 오래지만 집은 아직 남아 있다. 2009년 3월 우연히 귀성 중 집을 방문했다. 전후로 부친은 기지청소나 자갈채굴 일을 했다. 전답을 미군기지로 빼기고 농업을 못하면서 부친은 한탄하며 '그 토지가 있다면, 이런 일은 안했

30) 川下地区連合自治会, http://www.i-area.net/kawashimo/doc/kawasimo.pdf

31) 2008년 5월 7일 高林 회장 일행 5명이 시청을 방문하고 福田 시장을 면회, 요망서와 함재기 이전으로 상정된 소음 피해, 미군 병사의 범죄 증가 등 12항목의 문제점이 담긴 문서를 전했다. 高林孝行의 인터뷰, 2009년 11월 2일.

을 텐데', '헐값으로 매각되어버렸다. 가난하게 되어버렸다'고 푸념했다고 한다. 아버지 사후 2, 30년 전, 시로부터 '토지를 비싸게 매각했기에 퇴거하지 않았나?'라는 얘기를 들었을 때, 집을 지키던 남동생은 '부모의 토지 · 집안 대대의 토지였기에 팔 이유가 없었다'라고 단호하게 말했다. 시는 부분 부분의 토지를 매입했고, 지구를 빠져 나오는 사람도 많았다. 지구에서 겨우 큰 대로나 공원정비만 가능했지, 다른 정비는 진행되지 않았다. 지구는 완전한 고령화로 사람이 적은 장소가 되어버렸다. '지구에 사는 사람이 사망하고 사라진 후에나 지구를 정비할 생각일까?'라고 쓸쓸하게 말하는 이도 있다. 1980년대 말, 이 마을이 '고스트 타운(유령도시)'화 하고 있다고 지적된 적도 있다.[32)]

다른 한편 '여기에서 나가고 싶어도 나가지 못한다'고 고충을 호소하는 사람도 있다. 기지 바로 근처에는 미군 빠 거리의 호경기 시절부터 살아온 고령자가 있다. 대부분이 생활보호를 받는 독거노인이다. 서로 모이면 리사, 혹은 조니 등 젊었을 때 부르던 겐지명(源氏名)[33)]으로 서로 호명한다. 기지 근처 셋집이나 아파트에서 미군 병사 사이에서 태어난 아이를 혼자 키우며 살아가는 모친도 있다. 굉음이 울리는 기지 근처에 사는 이유는 오로지 집세가 싸기 때문이다. 소음은 고통이지만 비싼 집세를 지불하지 못하기 때문에 지금까지 살고 있는데, 함재기가 오면 정말로 살지 못하게 된다. '어디에 가면 좋을까, 어떻게 하면 좋을까?' 그 여성은 가와시모 지구에서 지역 활동을 하는 시게모토 요우코(重元洋子)에게 눈물을 머금고 호소했다고 한다. 시게모토는 빠 거리에서 일하는 여성은 돌아갈 곳도, 갈 곳도 없는 비참한 환경에 처한 사람이

32) 1988년 10월 11일 행해진 부락해방동맹 야마구치현 연합회의 이와쿠니시에 대한 교섭 기록(기록자는 吉田向学).

33) 호스테스, 게이샤 등의 접객여성이 직업상 사용하는 예명(역주).

많은데, 그런 사람의 거주지를 보장하지 않고, 함재기를 받아들인다면, 약자 처지에 있는 사람은 더욱 더 피해를 입는다고 말했다.[34)]

이런 사람들의 얘기를 듣다보면, '미군기지와 협력하는 마을부흥'이라는 명명은 너무 괴이한 영향을 끼쳐 왔다고 본다. 선조가 고생해서 매립, 구축한 토지를 집안 대대 계승하려고 온 사람이 다른 곳으로 이전하는 결단을 해야만 하거나 '지구에 사는 사람이 사망하고 사라진 후에나 지구를 정비할 생각일까?'라고 의심되는 상황이 가와시모 지구에서 펼쳐지고 있다. 부락차별 · 지역차별이 해소되지 않고, 인구유출과 고령화로 오래전 피차별부락 혹은 그렇지 않은 취락도 모두 포함해서 델타 마을커뮤니티는 사라지고 있다. 굉음이 사라져서가 아니라 굉음을 참기 힘든 사람이 잇달아 사라져서이다.

긴타이쿄 불꽃대회 사건

여기서 다시 여성에 가하는 폭력이라는 문제로 돌아와, 1998년과 2003년 이와쿠니 시내에서 일어난 두 개의 사건을 생각하고 싶다.

1998년 긴타이쿄 불꽃대회 날, 여자중학생과 여자고교생이 연속해서 '외국인'에게 습격당한 사건이 발생했다. 여고생이 비명을 지르자 이를 눈치 챈 근처 남성이 분노의 소리를 지르며 범인에게 달려들었다. 범인은 자전거로 도주했다. 피해자 여성은 얼굴 등을 부상당하고 다음날 그녀 가족이 경찰에 신고했다.

그 날 여고생이 피해당하기 직전, 또 다른 미군 병사가 여자 중학생에게 몸을 악착같이 밀착해서 소동을 일으킨 사건이 발생했다. 여학생이 놀라서 큰 소리를 치자 주위가 시끄러워졌고, 이에 미군 병사가 바로 그 자리를 떠나버

---

34) 重元洋子 인터뷰, 2008년 10월 13일, 이와쿠니시에서, 청자는 三宅義子, 藤井郁子, 藤目ゆき.

린 사실도 밝혀졌다.

사건발생을 듣고 이와쿠니시 직원조합 평화연구소(대표 · 다무라 쥰겐[田村順玄])는 시 · 교육관계자에게 연락하는 한편 현장 주변의 탐문조사 등을 근거로 시민생활 보호관점에서 자치노(自治勞) 이와쿠니시 직원조합(집행위원장 · 나카무라 즈네모토[中村恒友])과 함께 1998년 8월 18일부로 기후네 에츠미츠(貴船悅光) 시장과 니타케 고이치(二武功市) 교육장에게 '기지촌에서 외국인의 범죄방지와 교육의 철저에 대해'라는 신청을 제의했다. 제의 신청문은 다음과 같다.

지난 8월 1일 심야에 이와쿠니시 미나미이와쿠니정 1정목 부근에서 외국인으로 보이는 남성이 소녀를 폭행하는 사건이 발생했다는 정보가 있었다.

부근은 근년 급속히 시가지화가 진행된 JR 미나미이와쿠니역에 가까워서 심야까지 통행인도 끊이지 않았다.

당일은 긴타이쿄 불꽃대회가 있는 날로 한층 더 귀가 시간이 늦은 사람이 많았다.

그런 사람 사이에서 현지에 숨어, 때를 기다린 남성이 범한 거칠고 난폭한 행위라고 생각한다.

여성의 도움 요청 소리를 듣고 근처에 있던 사람이 달려들자 범인은 도주했다. 도주한 범인이 미군 병사 같다고 증언하는 사람도 있고, 경찰도 탐문수사에서 '외국인 같다'고 설명했다. 따라서 범인이 미군 병사일 가능성이 높다.

현재 이와쿠니 시내는 아동대상 범죄를 방지하기 위해 '아동 110번 집'이라는 제도가 시작되었다. 6백 개소가 넘는 협력자도 정해져서 그 성과가 기대되었다.

그럼에도 이번에 이런 사건이 발생했다는 점은 우려해야만 할 현실이 우리 주변에 만연하고 있다는 사실을 증명한다.

이와쿠니 미군기지 가와시모 주변은 요즘 미군 병사와 밀접한 관련이 있는 성풍속의 혼란을 걱정하는 소리도 많고 게다가 자판기에 장난질을 하는 행위 등 민폐행위도 끊이지 않는다고 한다.

> 이번 소녀폭행 사건도 이런 배경에서 발생한 일례로, 기지촌에 사는 시민으로 간과할 수 없다고 본다. 더욱이 시민이 안심하고 생활할 수 있는 조건을 유지하기 위해, 행정이나 교육을 관장하는 당국의 책임은 중대하다.
> 귀직에서는 이번 사건의 해명과 재발의 방지를 위해서 관계 당국과 함께 적절하게 신속한 대응을 하기를 요망한다.

이와쿠니시 측은 제의를 비공개로 했으며 조역, 교육장 등이 이 문제에 대응했다. 하지만 교육장은 '각 학교는 성범죄 미수 사건의 발생 및 야간통행금지 등을 문서로 통달하여, 주의를 촉구한다'(18일 학교장에게 문서 통지)는 방식으로 대처했다. 한편 사실관계의 추구는 '교육적 배려로 조사하고 있지 않다'라고 말했다. 여학생이 당한 폭력 사건임에도 시차원의 대응은 '야간통행금지'처럼 학생에게 경고만 할뿐이고 사실관계를 추궁하지 않는 이유를 '교육적 배려'라고 설명했다. 이는 학생에게 위해를 가하는 범죄자를 방목한 채 학생의 야간 외출이 문제의 원인이듯 취급하는 방식이다. 나아가 성범죄 관련 사건의 사실관계는 '애매하게 하는 것이 교육적'이라는 말로조차 들린다.

제의했던 측은 '목격자 증언 등을 볼 때, 미군 병사의 범행이 거의 틀림없다고 생각한다. 시는 대응해야한다'(시 직원조합), '시의회는 3년 전, 미 군인의 범죄방지를 위해 의견서를 결의했다. 시 당국은 이 결의를 존중하고 대응해야한다'(시 직원조합 평화연구소)고 주장했지만, 결국 시 측이 사건에 더 이상 대응한 적은 없었다.

사건을 목격한 시민은 경찰에 신고했지만 경찰은 '사실을 확인할 수 없다. 대단한 일이 아니다. 여성이 유혹했을 것이다'라고 했다. 경찰은 시민과 함께 해결하려 하지 않고, 오히려 범인을 필사적으로 밝혀내려한 시민에게 '계속 그러면 네 직업을 그만둬야 할 거야'라며 위협했다고 한다. 이처럼 사건수사는 진행되지 않았으며, 그대로 애매하게 되어버렸다.

하지만 이 사건은 이와쿠니 시민의 새로운 활동의 계기가 되었다. 미군범죄와 시, 경찰의 태도에 참지 못한 사람은 사건의 진상구명을 위해 모임을 만들어, 그것을 모체로 '미군 병사의 범죄를 허용하지 않는 이와쿠니시민회'를 결성했다.[35)]

M 사건

2003년 8월 1일 오전 3시 쯤, 이와쿠니시 구루마쵸에서 53세 여성이 통행 중 미군 이와쿠니기지 소속 해병대원 M(23세)에게 습격을 당했다. 기소장에 따르면, M은 여성의 목을 양손으로 꽉 졸라 밀어 넘어뜨려 말 타 듯이 앉아 안면을 때리는 등의 폭행을 가했지만, 여성의 격렬한 저항을 받아 도망쳤다. 여성은 치료만 24일이나 걸리는 부상을 당했지만, 택시를 타고 도망치려 한 M을 뒤쫓아 가서 기지 정문에서 피해를 고소했다. 2004년 3월 야마구치 지방법원 이와쿠니 지부는 M에게 유죄판결을 내렸지만, 피해자가 관용의 판결을 원한다는 '탄원서'를 제출한 점, 강간 미수였던 점, 범인이 젊었던 점 등을 이유로 형집행을 유예했다.

나는 사건발생 5개월 후인 12월이 되어서, '군사기지와 여성' 네트워크 메일링 리스트로 사건을 접했다. 오키나와의 우라사키 시게코(浦崎成子)가 '오키나와타임즈'(12.19 석간)에서 이와쿠니기지 소속의 미군 병사가 강간치상죄로 기소된 기사를 찾아내서 재판의 방청 보고를 의뢰했던 것이다. '군사기

35) 加賀谷いそみ, 「〈岩国〉強制わいせつ致傷事件」 1998.8.26, http://www.jca.apc.org/keystone/K-ML9808/0556.html, 金良美, 「基地の街,岩国を訪ねて」, 『韓国の声48』 2006.11, http://www6.ocn.ne.jp/~unikorea/041050/48c.htm, 大川清(「米兵の犯罪を許さない岩国市民の会」 대표, 일본 그리스도교단 이와쿠니교회 목사) 인터뷰, 2007년 9월 14일, 이와쿠니시에서.

지와 여성' 네트워크는 2001년 발족한 이래 이와쿠니기지 문제에도 강한 관심을 갖고 있었다. 그럼에도 실정은 나처럼 네트워크에 참여한 야마구치현 혹은 히로시마현의 동료도 오키나와에서 온 연락으로 처음 이 사건과 재판을 알았다.

재판은 다음 해 1월에서 3월에 걸쳐 행해졌다. M은 처음부터 대략 강간치상을 인정하고, 늦어도 제2회 공판까지 사죄문과 합의금 20만 엔을 여성에게 건네줬다. 또한 피해자 여성이 '사죄는 이해했다. 20만 엔을 받았고 분노도 어느 정도 안정되었다. 따라서 관대한 판결을 바란다'는 내용의 '탄원서'를 제출했다는 보도도 있었다. 2월 26일 제3회 공판은 최종의견 진술이 있었다. 검찰측은 '범행 현장은 밝고 택시도 많은 유흥가며, 그곳을 걷고 있던 피해자의 실수는 없다. 피고는 기지 내에서 잦은 전과가 있고, 알코올 의존증으로 재범의 위험성이 농후하다. 20만 엔은 가정 내 별거까지 한 피해자의 피해에 비하면 매우 불충분'하다. 따라서 징역 3년을 구형했다. 피고의 변호사는 강간의사의 발생시점을 제외한 모든 사실을 인정했다. 하지만 '범행 도중 양심상 중지했다. 그 후 폭행은 도주 목적. 사죄는 상사에게만 하는 것으로 그쳤다. 일본 내 전과가 없는 탓에 재범은 없다. 별거원인은 피해자가 3시까지 술을 마셨기 때문이며, 피고 탓은 아니다'라며 호소하고 정상참작을 요구했다.

재판과정 중 '군사기지와 여성' 네트워크 동료들이 가졌던 강한 의문점은 피해자가 '탄원서'를 제출한 경위, 그리고 피해자가 법정증언을 할 때 비디오링크방식 등 피해자의 심리부담을 경감하고 프라이버시를 보호하는 방법이 있는데도 재판에서 피해자증언이 행해지지 않은 점이었다. 재판을 방청하러 간 야마구치시의 동료는 피해여성의 고립을 헤아려, 지원의사를 전하고 싶어 했다. 그래서 제3회 공판 후 검찰관에게 피해여성 앞으로 편지전달을 부탁했다. 하지만 끝내 그녀와 직접 접촉을 취하지 못했다. 또한 재판소의 서기관실로 가서 비디오링크방식을 채용하지 않는 이유를 질문했다. '사실관계가 가려지지 않고, 피해자가 출정할 필요성이 없기 때문'이라는 대답이었다고 한다.

판결에 앞서, 재판을 방청하러 간 사람들은 엄정한 판결을 요구하며 움직였다. 야마구치현 하의 평화단체 8단체 · 개인연맹이 재판장에게 요청서를 보낸 것이다. 또한 '군사기지와 여성' 네트워크도 146명의 연명으로 제의신청서를 재판소에 보냈다.

판결공판은 3월 18일 열렸다. 판결내용은 피고인의 범행동기가 '자기중심적이어서 사정을 참작해야 할 점이 조금도 발견되지 않는다. 범행양태는 비열하고 거칠고 난폭한 행동'이라고 했다. 피해자에게 준 영향도 '결코 가벼운 정도로 볼 수 없는 상해를 입혔을 뿐만 아니라 피해자는 심야 노상에서 돌연 본 건의 피해를 당해 공포감, 굴욕감이 컸다고 생각한다.' 피고는 '음주에 관한 지도, 처분에도 불구하고 개선의 여지가 없고 재범의 가능성도 부정할 수 없다.' '본 건의 범행이 미군기지 주변 주민에게 준 영향을 고려하면 피고인의 형사책임은 무겁다'고 판단했다. 하지만 다른 한편으로 4년의 집행유예에 붙여, 결과적으로 피고는 당일 석방, 미군기지로의 귀환이 허용되어버렸다.

집행유예를 붙인 이유는 '죄악감에 휩싸여 '간음'을 단념했다', '사죄문을 송부했고, 피해 변상금으로 '예금잔고의 거의 전액인' 20만 엔을 지불했으며, 피해자가 관대한 판결을 바라는 취지의 탄원서를 제출했다', '피해자에게 미안한 취지로 진술하고 본 건의 범행에 반성하는 태도를 보였다', '향후 전문가의 도움을 빌어 음주를 삼가하고 싶다는 취지의 진술을 행했다', '우리국가(일본)에서 전과 · 전력이 없다', '(기소 이래) 4개월 가까이 장기간 신병구속', '23세

의 젊은이' 등이었다.[36)]

검찰 측은 공소하지 않고 형을 이대로 확정했다. 그 후 피해자 여성은 세상의 눈을 신경 썼는지, 사건의 기억을 피하기 위해서였는지, 다른 곳으로 이사갔다고 들었다. 폭력을 향해 피해를 고발한 여성은 법정에서 자신의 생각을 말하지도 못한 채, 정든 땅을 떠나버렸다. 피해자를 고립시키고 싶지 않았던, 그리고 엄정한 판결을 요구했던 단체와 개인들에게는 너무나 무거운 고뇌가 남는 결말이었다.

두 사건으로 표출된 사실

이 두 사건을 둘러싼 경찰, 사법, 교육위원회, 자치체 당국 등의 대응이야말로 반 세기 전부터 현재까지 어떠한 진보도 가져오지 못한 미군 병사의 여성에 대한 폭력 상황을 만든 배경이라 생각한다.

첫째, 미군범죄를 비타협 자세로 수사해서, 가해 미군 병사를 엄격하게 재판하고, 죄에 대한 책임을 지게 하는 태도를 보여주지 않았다.

1998년 사건은 목격자도 존재하고, 시민들은 진상구명을 강하게 호소했다. 그럼에도 경찰 측은 '대단한 사건이 아니다'라는 발언까지 하며, 시민의 제의를 무시했다. 사건을 중요시 여기고, 독자적으로 조사하려 한 어느 시민은 경관에게 실직 암시의 위협을 받고, 조사에 방해를 받기도 했다.

2003년 사건은 이미 서술한 '이유'로 집행유예가 내려졌다. 하지만 '강간미수'란 무엇인가. 미군 병사는 여성에게 폭력을 행사, 성적 자결권을 침해했고, 전치 24일의 큰 부상을 입혔다. 미군 병사가 만족할 때까지 계속 폭행하지 않

---

36) 麻田和恵, 「岩国基地と女性の性被害－米兵犯罪の裁判傍聴の取り組みを通して考えること」(앞의 책, 『岩国基地と米軍犯罪』 수록) 및 히로시마시에 사는 土井桂子에 의한 판결공판 방청보고, 2004년 3월 19일.

은 이유는 여성의 격렬한 저항으로 방해를 받았기 때문일 뿐이다. 그런데도 '도중에 단념'했다는 이유로 죄상을 가볍게 본 점은 남성만족도와 성기접촉 정도로 죄의 경중을 판단하는 남성중심주의며, 성폭력에 대한 용인이다. 또한 연령도 이와쿠니에서 살인 사건을 일으킨 미군 병사 대부분이 20대 초반의 젊은이였던 점을 상기해야 한다.

둘째, 성폭력으로 입은 피해 및 손상회복을 위한 지원은 물론이고, 고발과정에서 피해자가 2차 피해를 받지 않도록 지원하는 자세가 부재했다.

이런 지원은 사회정의 실현을 위한 기본요건이지만, 1998년 사건에 즈음하여, 시의 교육위원장은 '밤늦게 돌아다니지 않도록 학교를 통해 지도한다'고 말했다. 또한 조사하지 않는 것이 교육적인 배려라는 말은 조사를 하면, 학생 자신이 창피 당하게 된다는 말처럼 조차 들린다. 1950년대 순결운동처럼 미군의 만행은 불문에 붙인 채, 문제를 여성과 소녀의 행동으로 몰래 뒤바꾸고 있다. 이런 교육자의 태도는 피해여성을 은근히 비난하며, 소녀에게 '밤에 돌아다니는 일은 나쁜 행동으로, 성적 피해를 당하는 일은 자업자득이다'라는 숨겨진 메시지를 보내는 것이다.

2003년 사건은 피해자가 '탄원서'를 제출한 점이 집행유예의 이유 중 하나였다. 하지만 피해자는 인권단체나 여성단체의 지원도 없이, 부부관계가 악화되어버린 한편, 미군 측으로부터 화해교섭을 받았다. 남성중심주의 가치관으로 둘러싸여 있다면, 여성이 성폭력을 당했다는 사실보다 '강간미수'를 강조하는 일은 그리 놀랄 일이 아니다. 그리고 미군비판을 터부시 하는 사회에서, 트러블 메이커로 취급당하느니, 시급히 화해해서 바늘방석을 피해 도망가고 싶어지는 일도 이상할 일은 아니다.

여기서 꼭 소개하고 싶은 사건은 1997년 아오모리(青森)현 하치노헤(八戸)

시에서 발생한, 유사한 미군 병사의 성폭력 사건과 그 재판이다. 1997년 3월 20일 미군 미사와(三沢)기지 해군병 상사 K는 귀가 중 만난 A(33세)를 밀어 넘어뜨려 얼굴과 가슴에 부상을 입혔다. A의 고소를 접한 하치노헤시 시민은 4월 25일 '미사와 미군 병사 폭행치상 사건 · 재발을 허용하지 않는 시민의 모임'(대표 · 소토죠 이토코[外城いと子])을 결성했다. 모임은 A를 지지하며 판결 때까지, 1,163명의 서명자 명의로 '엄정한 판결을 요구한다'는 성명서를 재판소에 제출했다. 7월 31일 아오모리 지방법원 하치노헤 지부는 K에 징역 3년의 실형 판결을 내렸다. 형사 사건으로 판결을 확정하고, K는 요코스카(横須賀) 형무소에서 복역했다. 그러나 A는 '외국 군인에게 여성인권을 유린당하는 사건이 두 번 다시 일어나서는 안 된다'며 미군 병사를 상대로 천만 엔의 손해배상을 청구하고 민사소송을 걸었다. 그리고 1998년 3월 아오모리 지방법원 하치노헤 지부는 5백만 엔을 지불하라는 판결을 내려 확정했다. 미군 병사의 공무외 범죄로 미군이 피해자 측에게 배상금 전액을 지불하는 행위는 최초의 사건이었다. 시민의 모임은 그 사이 A를 계속 지원했다. 피고 측 변호단(주임 변호인 · 야마다 히로요시[山田裕祥])는 기자회견에서 '지역 모두의 큰 운동의 성과 · 미군의 100% 부담은 획기적 사건으로 향후 기선을 잡게 된다'고 강조했다.[37]

하치노헤에서 K가 일으킨 사건과 이와쿠니에서 M이 일으킨 사건은 공통점이 많다. 양쪽 모두 피해여성은 용감하게 저항했다. 그리고 고발, 재판을 행한 점도 동일하다. 하지만 A가 시민단체에게 정신적 · 사회적으로 지지를 받아 승리하여 전액 미국 부담의 500만 엔이라는 배상을 차지했던 점에 비하면, 이

37) 『河北新報』 1998.3.8, 『赤旗』 1998.8.20, 『デーリー東北』 1998.8.20. 그리고 「三沢米兵暴行致傷事件 · 再発を許さない市民の会」 소장자료(2002년 5월, 八戸市에서 시민회 代表 外城いと子, 八戸市 시의원 岩織政美로부터 복사물을 제공받았다).

와쿠니 피해자의 고립과 그녀가 받은 20만 엔이라는 약소한 금액에는 말문이 막힐 지경이다. 그녀는 과연 누구로부터 어떤 법적 지식 그리고 정신적 지원과 지지를 제공받고 있었을까. 하치노헤에서 거의 동일한 피해를 경험한 여성이 형사 · 민사 양 재판 모두에서 이겨 법적으로 정의가 집행되었던 사실을 도대체 그녀는 알고 있었을까?

이와쿠니에서 발생한 1998년과 2003년 두 개의 성폭력 사건 후의 전개를 지금 회고하면, 2007년 히로시마 집단강간 사건이 일련의 흐름 속에서 발생했음을 알 수 있다. 그리고 히로시마 사건에 대한 사회의 대응은 1998년 · 2003년 두 개의 사건에서 이미 그 모습을 드러내고 있음도 알 수 있다.

1부를 마치며

1부를 통해 보았듯이, 구일본군 기지로 출발한 이와쿠니기지는 일본패전 · 한국전쟁을 계기로 미군기지가 되었다. 한미일 군사협력체제 하에서 이와쿠니시는 평화도시로 재생할 길이 막혀버렸다. 그 때문에 오늘날까지 사고, 소음피해, 자연환경 파괴, 수많은 미군 병사의 범죄, 성폭력과 성적 착취 등 시민의 안전 · 여성의 인권이 계속 위협 당해왔다. 기지의 역사를 되돌아보면, 이와쿠니 사람이 원해서 기지가 건설된 것이 아님은 분명하다. 일본군으로 공출되었고, 점령 하에서 접수 당했으며, 한국전쟁 정전 후에는 매수되었다. 그 어떤 시기도 국가의 강요로 지권자 토지를 처분해야 하는 상황을 피한 적이 없었다. 시민은 기지와의 공존을 강요 당해왔다. 이런 이와쿠니에게 일본정부는 미군재편 계획을 근거로 또 다시 기지의 확대강화를 요구하고 있다.

이와쿠니기지는 항상 조선의 유사시 출격거점으로 상정되었다. 하지만 동아시아에 평화체제를 구축한다면, 유사시를 대비할 필요도 없다. 어떻게 평화체제를 구축하는가라는 문제야말로 정치적인 노력이 기울여져야만 하는 사안이다. 하지만 오늘날 미국이 추진하는 대 '테러' 전쟁을 위한 미군재편은 그와는 반대로 이와쿠니기지를 조선 유사시뿐만 아니라 세계 각지에서 미국이 수행하는 전쟁의 출격거점으로 강화하려는 행위다.

일본정부는 지금까지 기지확장 국책을 수용하고, 승인해 온 이와쿠니 시민이 이번에도 역시 미군재편 계획을 침묵하며 수용하리라고 기대할는지 모른다. 그러나 시민은 2006년 3월 주민투표에서 의사를 분명히 표명했다.

이 주민투표 실현을 위해 활동해 온 '시민의 모임' 구니야스 요코(国安洋子)

는 활동 참여의 계기가 부인회였다고 언급했다.[38] 1950년대 이와쿠니시 연합부인회는 3장에서 언급했지만, 그 후로도 오랫동안 기지나 국책을 공공연하게 비판하지 않았다. 하지만 미군재편 계획을 공개하자, 시 연합부인회를 중심으로 23개 단체, 약 6천 명으로 구성한 이와쿠니시 여성단체연락협의회는 2005년 7월 '시민은 오랜 세월동안 항공기 소음이나 추락 위험성 등 기지 때문에 발생하는 여러 장해로 계속 골치를 썩고 있다. 더 이상 기지기능의 확대 · 강화는 도저히 받아들일 수 없다'는 반대 결의를 행했다. 그 후 이와쿠니시 여성단체연락협의회는 이하라 가츠스케(井原勝介) 시장에게 국가에 반대 의사를 강하게 요청하라고 호소했다. 또한 다른 시민그룹 · 주민자치회와 연대 · 제휴하고 서명운동을 전개했다. 그런 부인회 동향에서도 일단이 드러나듯이, '더 이상 기지기능의 확대 · 강화는 도저히 받아들일 수 없다'는 시민의 생각은 강고하다.

미군재편을 거부한다는 이와쿠니의 선택은 다른 시, 정, 촌, 다른 부, 현, 게다가 해외에서도 광범위한 층위에서 공감과 지지를 모았다. 한국이나 필리핀 등의 민중조직의 대표도 자주 이와쿠니를 방문하고 성원을 보내고 있다. 한국전쟁에 진정한 종지부를 찍고, 아시아에서 평화와 인권이 존중되는 질서가 쌓아올려지길 바라는 사람에게 이와쿠니는 큰 희망을 주었다.

2008년 2월 시장선거에서 이하라 가츠스케는 근소한 차이로 낙선했다. 국가가 행한 압력이 이와쿠니 시민에게 얼마나 불안감을 갖게 만들었는지를 잘 보여준다. 하지만 그 후에도 많은 시민이 '그래도 이와쿠니는 지지 않는다'며 집회를 개최하거나 재판소송을 하면서 미군재편을 거부한 채 계속 싸우고 있다. 그런 시민의 수레바퀴 안에는 이제 90세를 넘으신 무라오카 시에코(村岡

38) 国安洋子의 강연, 2007년 9월 29일, 이와쿠니시에서.

シエ子)나 즈에오카 시즈에(末岡靜枝)의 모습도 보인다. 남녀차별이 엄격하고 여성교사에게 조기퇴직을 권유하는 일이 보통이던 시대에 과감하게 여성해방의 길을 개척하고, 교육자로서 민주주의나 평화의 신념을 굽히지 않았던 여성교원들은 미군재편으로 흔들리는 이와쿠니에서 아이의 미래를 위해 지금도 이해 가능한 소통의 말로 자주 연설하고, 학생에게 강연을 하면서, 폭음 소송의 원고로 활약하고 있다.

2부

히로시마 사건(이와쿠니기지 해병대원 집단강간 사건)

2007년 10월 14일 이른 새벽, 히로시마시에서 19세 여성이 이와쿠니기지 소속 해병대원 4명으로부터 집단으로 강간당한 사건이 발생했다. 해병대원 4명은 여성을 인기척 없는 주차장으로 납치하여, 차 안에서 집단강간한 후 여성에게서 현금을 빼앗았다. 그 후 유흥가로 가서 다른 여성을 구타한 사건도 일으켰다.

이 흉악 사건 발생 후 히로시마현과 히로시마현 경찰이 보인 대응은 괴이했다. 현 지사는 '유흥가에서 어슬렁어슬렁 다니는 미성년도 아무래도 탐탁지 않다'며 여성에게 2차 피해를 주는 발언을 했다. 현 경찰은 특정용의자가 있었는데도 '용의자가 강간을 부인하고 있다', '여성의 기억에 애매한 부분이 있다'는 점을 '이유'로 구속영장을 청구하지 않았으며, 사정(事情)청취는 임의로 하고, 단지 11월 6일 서류를 검찰로 보냈다.

미군 병사가 일본에서 저지른 흉악범죄에 대해서는 미일정부 간 합의내용이 존재한다. 곧 일본 측의 청구와 미국 측의 '호의적 배려'로 기소 이전에 용의자의 신병인도를 할 수 있다는 내용이다. 하지만 일본정부는 이 사건에서 미군 측에 신병인도를 청구하지 않았다. 또한 검찰이 히로시마현 경찰에 대한 수사지휘권을 지녔음에도, 신병구속을 요구할 기미도 없었다. 1부에서 다룬 1998년과 2003년 사건처럼, 이 사건에서 시민의 안전과 인권을 옹호해야 할 경찰 · 자치체 · 일본정부 측은 미군범죄를 엄정하게 수사하려는 자세, 가해 미군 병사에게 죄 값을 지게하려는 자세, 피해여성을 보호하고 지원하려는 자세를 확실히 결여하고 있었다.

한편 이와쿠니 시민은 사건이 발생하자, 긴급 항의집회를 열었다. 다른 야마구치현 · 히로시마현의 평화 · 인권단체나 '군사기지와 여성' 네트워크 등 여성단체 역시 즉각 용의자의 신병을 인도하여, 엄정한 재판에 회부하라고 강하게 호소했다.

하지만 히로시마 지검은 11월 15일 이 사건을 불기소로 처리했다. 그 후 미군 당국은 4명을 군법회의에 소추하고 2008년 2월 예비심문을 거쳐 5월에서 6월 동안 고등군법회의를 개정했다. 그 결과 4명 전원은 강간죄를 면하고 가벼운 죄상으로 처리되었다. 군법회의의 판결로 주범에 해당하는 미군 병사가 선고받은 징역기간은 일 년뿐이었다.

이 사건은 여성으로부터 용서받기 힘든 흉악범죄였다. 게다가 해병대원의 범죄발생 이후 1년 동안 여성은 미일 당국 쌍방의 수사 · 검찰 · 재판의 전 과정을 통해 격심한 2차 피해 · 3차 피해에 노출되었다. 한편 가해자는 엄정한 처벌을 면했다. 또한 이 사건을 계기로 미군 병사의 성폭력 사건을 일본의 사법권 하에서 수사 · 재판하지 않고, 미군의 군법회의로 위임하는 일이 옳다는 담론이 형성되었다. 이 사건이 던진 문제는 대단히 심각하다. 히로시마에서 범행이 발생한 때는 2007년 10월 14일인데, 그 사건을 발단으로 전개된 범죄조사기관 · 사법기관 · 자치체, 그리고 일본정부 더욱이 이를 수용한 일본사회의 반응은 총체적으로 다시 질문되어져야만 한다.

2부의 내용은 '여성사에서 본 이와쿠니기지' 1부의 마지막 장과도 맞닿아 있다. 이 사건은 이와쿠니기지소속 미 군인이 일으킨 범행이며, 게다가 가와시모 지구로부터 그 외 의 시가지, 이와쿠니 시내로부터 히로시마시 등, 타 도시로 확장하는 미군범죄의 광역화를 여실히 보여준 사건이기 때문이다. 하지만 이 책은 히로시마 사건이 그 자체로 너무 큰 문제임을 고려하여, 2부로 독립시켜 구성하기로 했다.

1장
집단강간과 불기소처분

사건의 발생과 보도

집단강간 사건의 범인 4명은 미 해병 제36 전투병참 중대대원이었다. 이 4명은 2007년 10월 13일 밤, 히로시마시 나카구(中区) 나가레카와(流川) · 야겐보리(薬研堀地) 지구에 위치한 이벤트 홀에서 한 여성을 만난다. 그들은 여성을 차로 유인하고, 여성 의사에 반해 약 2킬로미터 떨어진 주차장으로 납치했다. 그곳에서 집단강간하고, 여성에게서 현금 1만 엔 남짓을 훔쳤다. 그 후 여성은 맨발에 옷도 제대로 못 입고, 속옷도 걸치지 못한 상태로 차 밖으로 방치되었다.

히로시마현 경찰은 오전 3시 반 무렵 자신이 버려진 장소가 어딘지도 모른 채 헤매고 있던 패닉상태의 여성을 노상에서 발견하고 보호했다. 경찰은 곧바로 이와쿠니기지에 연락했다. 범인 4명은 범행 수 시간 후인 범행 당일 오전에 기지로 귀환하던 중 구속되었다. 당초 용의자가 특정되어 거의 현행범 상태로 포착된 것이다.

사건이 처음으로 텔레비전이나 신문에 보도된 날짜는 10월 19일이다. 애초 매스컴 보도는 이와쿠니기지에서 4명을 '현 경찰수사와 관련해 구속'했고, 미군 당국은 '현 경찰수사에 전면협력'했으며, '현 경찰은 혐의가 굳어지는 대로

미일지위협정을 근거로 미군 측에 4명의 인도를 요청한다'고 보도했다.[1)]

사건은 일반 강간 사건 이상의 흉악범으로 간주되는 집단강간이며 용의자도 이미 특정된 이상 미군에 용의자 신병인도를 요구하는 일은 당연했다. 미일지위협정은 미군 병사의 범죄로부터 용의자의 기소 전까지는 일본 측에서 신병을 인도하지 않는다고 규정하고 있다. 하지만 1995년 오키나와현의 소녀 폭행 사건을 계기로, 미일합동위원회는 살인이나 강간 등 흉악범죄의 경우, 미국 측은 기소 전에 인도하도록 '호의적 배려를 해준다'고 합의했다. 그래서 이미 몇 개의 사건은 이러한 기소 전 신병인도가 실현되었다.[2)]

---

1) 사건과 그 후의 보도, 지사 발언, 수사, 군법회의 등에 관해서는 특별하게 주가 없는 한, 여러 신문 기사를 근거로 인용한다. 사건을 보도했던 기사는 방대하지만, 東琢磨編, 『広島で性暴力を考える』(히로시마여성학연구소 pp.51~68)에 수록된 자료 「米海兵隊岩国基地米海兵隊4人による19歳の女性への性暴力事件発生から1年間に起きた関連出来事」의 연표와 신문자료가 참고가 된다.

2) 오키나와에서 일어났던 세 차례 사건은 모두 여성에 대한 성폭력 사건이다.
'자탄 사건(北谷事件)'은 가데나기지 · 미공군 소속의 중사(24세)가 2001년 6월 29일 이른 새벽녘, 北谷町 미병사의 '아메리카 · 빌리지' 주차장에서 20대 여성을 폭행한 사건. 7월 2일 현(県) 경찰이 강간을 의심, 중사에 대한 체포영장을 취득, 정부가 미국 측에게 기소 전 신병인도를 요청. 5일, 오키나와현 의회가 신병인도와 미일지위협정의 개정을 요구하는 결의를 올렸다. 다음날 6일, 미일합동위원회에서 미국 측이 신병인도에 동의. 중사는 체포되고 19일, 기소되었다. 2002년 3월 28일, 那覇 지방재판소에서 3년 구형에 2년 8개월의 실형 판결이 내려졌다.
'브라운 사건(ブラウン 사건)'은 제3해병원정군사령부의 브라운 소령(41세)이 캠프 · 코트니의 임관 클럽에서 경리 겸 웨이트레스로 근무하는 40대 필리핀 여성을 폭행한 사건이다. 여성의 고소 1개월 후에 강간기도 · 기물(휴대전화)손상 혐의로 브라운에 대한 체포영장이 발행되었지만, 외무성으로부터 신병인도 요청, 오키나와현 의회의 항의결의에도 불구하고 미국 측은 12월 19일 那覇 지검이 브라운을 기소할 때까지 신병인도를 행하지 않았다. 재판의 과정에서 여성이 고소를 철회한 일로부터 우여곡절이 있었지만, 2004년 7월 那覇 지방재판소는 강제 외설 미수죄 및 기물 파손죄로 징역 1년, 집행유예 3년, 벌금 14만 엔의 판결을 내렸다. 브라운은 그 후 본국 버지니아주 콴티코 해군기지로 이동했지만, 2005년에 버지니아주에서 19세 여성을 유괴한 혐의로 체포되고, 다음해 2006년에 제대. 2009년 8월 버지니아주 패잔소에서 유괴미수죄 및 절도죄로 보호감찰 3년(中 2년은 자택감금) 판결을 받았다.
'긴쵸 사건(金武町 사건)'은 캠프 · 한센 소속 해병대원(상병, 21세)이 2003년 5월 25일 이른 새벽녘, 19세 여성을 폭행한 사건이다. 6월 16일에 강간 · 상해 혐의로 체포영장이 나왔고, 일본 정부가 미국 측에게 신병인도를 요청했으며, 이틀 후 18일 신병 인도되었다. 해병대원은 당초 '합의된 섹스'라고 강변했으며, '(여성은)돈으로 산 매춘부였다'고 주장했지만, 7월 8일 기소된 후 강간과 구타죄를 인정했다. 9월 12일 那覇 지방재판소는 금고 3년 6개월을 선고했다.

〈표 8〉 일본 정부가 기소 전 구금 이전 (신병 인도)을 미국에 요청한 사건

사건발생일	사건발생지	죄상	결과	
1996.7.16	長崎県佐世保市	강도살인미수	인도	佐世保 사건
2001.6.29	沖縄県北谷町	부녀폭행	인도	北谷 사건
2002.11.2	沖縄県具志川市	부녀폭행미수, 기물손괴	인도거부	ブラウン 사건
2003.5.25	沖縄県金武町	부녀폭행치상	인도	金武町 사건
2006.1.3	神奈川県横須賀市	강도살인	인도	横須賀 사건

출전: 外務省ホームページ http://www.mofa.go.jp/mofaj/area/usa/sfa/qa09.html

따라서 사건발생일에서 5일이나 경과한 19일 시점에 신병이 인도되지 않은 점은 이상한 일이었다.

보도를 통해 사건을 접한 미군 병사의 범죄를 허용하지 않는 이와쿠니 시민의 모임, 헌법을 살리는 시민의 모임 · 야마구치, 야마구치현 노련, 히로시마현 원수협 · 현 피(被)단체협, 공산당 히로시마현 위원회, 야마구치현 평화위원회, 사민당 히로시마현련 등, 현지 시민단체 · 정당 다수는 즉석에서 각 성명서나 항의문을 송부하고, 데모행진 등을 진행했다. 미군범죄에 분노하며, 범인의 신병을 즉시 인도하고 엄격한 처벌을 요구하는 등, 많은 시민이 곧바로 목소리를 냈다.

히로시마현 지사의 폭언

다른 한편 히로시마현 지사가 피해자에게 폭언을 한 시기 역시 최초 보도 직후였다. 사건이 매스미디어로부터 흘러나온 다음 날인 20일 제24회 일본여성회의 폐회식에서 인사말을 하러 나온 후지타 유우잔(藤田雄山) 지사(당시)는 '아침 3시경까지 유흥가에서 어슬렁어슬렁 다니는 미성년도 아무래도 탐

탁지 않다'며 단언했다.

일반론으로 보아도, 마치 피해자가 죄가 있는 것처럼 말한 지사의 발언은 피해자에게 범죄책임을 전가시키는 행위였다. 따라서 중대한 인권침해라 하지 않을 수 없다. 그런데 지사는 시민으로부터 항의를 받아도 여전히 발언의 잘못을 인정하지 않고 피해자에게 사과하지 않았다. 뿐만 아니라 '진의는 범죄와 대면하지 않기 위하여, 위험관리 차원에서 일반론으로 언급하려 했던 것이다'라며 더 심한 발언을 했다.

이것이 현민의 인권과 안전을 지켜야 할 자치체 수장, 지사가 행한 공적 발언이었다. 유사한 사건마다 오키나와현이나 시읍면의 장들은 주민 보호입장에서 의연하게 미군 당국에 항의하고, 또 일본정부에 강하게 대응했는데, 그런 사례와는 천양지차가 난다고 하지 않을 수 없다.

게다가 지사의 발언내용은 사실을 왜곡했다. '아침 3시경'은 여성이 '유흥가를 어슬렁어슬렁' 다니던 시간이 아니다. 나중에 고등군법회의에서 본인이 증언한 바에 따르면, 이벤트 홀에 도착한 시간은 일을 마친 후 엄마가 차로 유흥가 근처까지 바래다준 13일 오후 11시경이었다.[3] '아침 3시경'은 그녀가 이벤트 홀 주차장에서 다른 주차장으로 차로 납치된 이후 시점으로, 여성이 집단강간피해를 당하던 시간대였다. 그 후 여성은 차 밖으로 내던져진 채, 노상을 헤맨 상황으로 자신이 어디에 있는지도 모른 상태였다.

---

3) 본서는 특별한 주가 없는 한 피해자 증언은 실제로 예비심문 · 군법회의를 크게 보도한 여러 기자가 행한 인터뷰 및 그들이 작성한 취재메모 · 취재노트 · 관련 자료를 기자들로부터 제공받아 그것을 근거로 서술한다. 기자들에게서 제공받은 다양한 자료 중 '예비심문취재노트'는 스캔해서 전자화 한 형태로 모두 35개의 파일 형식으로 제공받았다. 또한 '군법회의취재기'는 어느 다른 기자가 군법회의 완료 직후 방청메모와 미군당국이 공표한 문서를 함께 23항 · 23,335문자에 달하는 분량으로 작성한 취재기록문서다. 이들 자료는 보호되어야만 하는 피해여성의 개인정보를 마스킹으로 덮은 후에 필자에게 제공되었다. 필자는 본서의 원고를 자료 작성자들에게 보여드리고 이 자료를 사용하여 본서를 출판해도 괜찮다는 허락을 받았다. 그 분의 이름에 관해서는 본인들의 희망에 따라 익명으로 했다.

'아침 3시경'의 발언은 해당 자치체장인 현 지사의 발언이라는 영향도 작용해서 이후 매스미디어에 반복 보도되었다. 후지타 지사의 발언방식은 피해자에 대한 비난이 포함된 발언이라, 그 발언에 의문이나 분노를 표한 사람이 있었다. 그런데 '아침 3시경까지 유흥가에서 어슬렁어슬렁 다니는 미성년'이란 발언 내용 자체는 객관적인 사실이라고 착각될 수도 있었다. 지사가 피해자의 이미지를 왜곡한 행위는 피해자에 대한 세상의 편견이나 반감을 선동하는 결과를 낳았다. 인터넷 사이트상에 피해여성에 대한 무수한 비방과 중상이 유포되었다. 그 중 적지 않은 기사가 현 지사 발언에 동감을 표명하는 형태로 쓰였다.

나중에 피해자는 텔레비전이 사실과 완전히 다르게 사건을 보도했고, 자신은 말로 표현하기 힘들만큼 상처를 받았다고 말했다.

사실관계를 누구보다 잘 알고 있던 사람은 여성을 보호했던 히로시마현 경찰이었다. 하지만 현 경찰은 잘못된 보도내용을 정정하려는 모습이나 흔적을 전혀 보이지 않았다. 현 경찰은 수사정보는 은닉하지 않으면 안 된다는 대의명분에 입각해 있었다. 그래서 미디어에 애매한 형태로밖에 정보를 제공하지 않았다. 게다가 보도내용이 피해자를 부당하게 상처입히는 내용인데도, 그들은 바로잡으려 하지 않았다. 이러한 현 경찰의 자세 역시 엄격하게 비판받아야 마땅하다.

도도부현(都道府県) 경찰은 도도부현 지사가 관할하는 공안위원회 관리 하에 있다. 지휘권은 경찰청에 있지만, 지사는 경찰조직 구조의 최상위에 위치한다. 현 경찰은 왜 지사발언을 바로잡지 않았을까 피해자가 폄하당해도 정보가 수사에 도움이 안 되면, 그것을 공적으로 취급하지 않는다는 경찰의 모토 때문일까 그렇지 않으면 이른바 상사의 발언을 바로잡는 행위가 송구스러워서였을까. 어쨌든 결국 피해여성을 이처럼 폄하한 히로시마현 지사의 태도가 이후 현 경찰의 수사태도에 어떠한 영향도 주지 않았다고는 생각하기 힘들다.

불체포 · 불기소

히로시마현 경찰이 10월 25일에 미 병사의 구속영장 청구를 보류시키고 임의사정(事情) 청취로 한다며 급거 방향을 전환한 점, 그 이유가 '용의자 4명이 강간을 부인하고, 여성의 기억에서 애매한 점이 있어서'라고 보도된 시점은 사건발생으로부터 10일 이상이 경과한 10월 26일이었다.

이에 대해 많은 시민단체 · 개인은 강하게 항의 표시를 했다. 하지만 11월 6일 결국 신병인도 없이 서류 송검이 이루어지고, 히로시마 지검은 11월 15일 불기소를 결정했다.

그 사이 매스미디어는 현 경찰과 지검이 '피해자 진술은 애매'하며, '사안의 성격상 자세한 사항은 말할 수 없다'고 말한 내용, 또한 미 병사 측이 '합의 후'라며 주장한 내용을 보도할 뿐이었다. 불기소를 보도한 신문지상에 실린 히로시마 지검 야마카와 게이이치(山川景逸) 차석검사의 담화는 '증거에 비추어 처분 결정했다. 본 사안의 성격을 선례에 따라 비추어 보았으며, 불기소의 구체적인 이유에 대해서는 코멘트를 삼간다'는 내용이었다.

불기소처분 결정에 다수 시민은 심각한 의문과 염려를 표명하고, 불기소를 취소하고, 시민에게 설명의 책임을 다하라고 요구했다. '군사기지와 여성' 네트워크, 아시아 여성자료센터 등의 단체도 여성의 인권옹호 입장에서 성명을 냈다. 하지만 히로시마 지검 · 히로시마현 경찰은 강제수사를 하지 않은 이유도, 불기소처분을 한 이유도 끝내 분명하게 말하지 않았다.

'피해자 진술의 애매함'이란 무엇인가. 집단강간피해를 당한 여성이 심리상 깊은 상처를 받아 세부적인 기억을 상실하거나 도중에 기억이 끊기는 일은 자연스러운 현상 아닌가. 피해자가 진술하는 내용만으로는 사실관계에 애매성이 있다면, 조사기관은 더욱 더 책임감을 갖고 용의자를 엄정하게 조사해서 전모를 해명하고, 소추의 증거를 확실히 해야 한다. 그러기 위한 필수조건은 일본 측의 신병인도다. 원래 해병대원 4명이 기지로 귀가했을 때, 타고 온 차는 범행에 이용한 차다. 차안에는 여성의 속옷 등 범행 흔적이 그대로 남아 있었다. 범행 후 몇 시간밖에 경과하지 않은 시점이라서, 범인은 현행범에 가까웠다. 현 경찰이 바로 그 자리에서 범인을 체포해도 괜찮은 상황이었지만, 현 경찰은 신병을 확보하려 하지 않았다. 그 후도 현 경찰 · 지검의 실상은 미군 당국에 신병인도를 청구하지 않았고, 스스로 증거를 확보해 굳히려는 노력도 방기했다. 그런데 기소하지 않는 이유를 '증거불충분'이라면 무슨 말인가.

체포 · 기소를 실행하지 않은 어떤 합리적인 이유가 있을까? 통상의 범죄수사라면, 용의자의 범행부인이 구속영장을 발부하지 않는 정당한 이유가 될 리 없다. '합의 후'라는 말은 강간범의 상투어며, 실제로 그렇게 주장해도 수사과정에서 범행이 인정되어 유죄판결을 받은 사건은 선례에 비추어 봐도 다수 존재한다.

하물며 히로시마 사건의 경우 '합의 후'라면, 여성이 4명의 미군 병사와 집단섹스를 바랬다는 말이 된다. 이는 여성의 인격을 중상 · 모욕하는 명예훼손과 직결되므로, 단순한 범행부인의 범위를 넘어선다. 하지만 조사기관은 '합의 후'라는 미군 병사 측의 주장을 매스미디어가 보도하도록 방치했다. 현 경찰은 지사의 '아침 3시경' 발언이 사실과 다르다는 점을 누구보다도 잘 인식하고 있으면서도, 세간의 오해를 정정하려 하지는 않았다. 하지만 현 경찰은 '미군 병사측은 합의라고 주장하고 있다'거나 '피해자 진술의 애매함'으로 '증거가 불충분'하다는 수사정보 내용에 대해서는 취재진에게 제공했다.

이처럼 진상이 은폐된 채 피해자 호소에 의문점이 있는 것 같다는 심증이 세간에 넓게 퍼져 나갔다. 사건의 불기소는 피해자의 공정한 재판을 요구하는 길을 막아버렸다.

'사안의 성격'이란 무엇인가

앞서 언급한대로 히로시마 지검의 야마카와 게이이치 차석검사는 불기소에 즈음해 '본 사안의 성격을 선례에 따라 비추어 보았으며, 불기소의 구체적인 이유에 대해서는 코멘트를 삼간다'고 말했다.

하지만 이것으로는 추상적인 이유에 대한 설명마저도 안 된다. '불기소의 구체적인 이유'를 '사안의 성격'상 설명하기 어렵다면, '사안의 성격'이란 도대체 무엇을 의미할까.

통상 생각하면, '사안'이란 미일군사동맹에 대한 국민의 의구심, 반감을 환기시키는 '미군범죄', '성폭력 사건'이므로, 피해자 자신이 2차 피해를 두려워한 나머지 소송사태를 바라지 않는다는 정도일 것이다.

실제 피해자의 사생활 보호나 피해자의 의사를 이유로 미군 병사의 성폭력이 불기소 된 사례가 분명 2000년에도 존재했다. 오키나와에서 해병대원이 민가에 불법침입, 14세 소녀를 폭행한 사건이다. 범인은 오키나와현 경찰에 현행범으로 체포되어 다음날 지검에 송치되었지만, 지검은 기소하지 않았다. 제149 의회에서 데루야 간토쿠(照屋寬德) 의원은 이를 질문했다. 일본정부는 내각 총리대신 · 모리 요시로(森喜朗) 이름으로 다음과 같이 답했다.

> '제1차 재판권을 행사할지 안할지는 구체적인 사안에 입각해서 판단할 일이다. 하

지만 본 사건은 준 강제외설죄의 친고죄다. 그리고 수사처리는 피해자 사생활을 충분히 배려할 필요가 있을 시, 나하(那覇) 지방검찰청이 본 사건의 내용 및 성격을 고려한다. 한편 피해자 측 의사를 최대한 존중한 결과, 국가가 재판을 실시하는 일이 적당하지 않다고 판단, 제1차 재판권을 행사하지 않는다는 취지를 미군 당국에 통고했다고 알고 있다.'[4]

오키나와 사건의 자세한 실상을 모르는 사람은 사안의 구체성으로부터 불기소의 타당성을 판단할 수 없다. 하지만 '피해자의 사생활'이나 '피해자 측의 의사'를 최대한 존중해야만 한다는 추상적 일반론은 누구도 부정할 수 없다. 적어도 그 말이 배려조치라 한다면, 사건을 구체적으로 알지 못하는 사람이 이론(異論)을 제기하기는 어렵다.

그렇다면 그러한 일반론은 히로시마 사건에도 적합할까. 히로시마 사건은 2000년 오키나와 사건과는 다르다. 친고죄가 적용되지 않는 집단강간이며 피해자가 피해 신고서를 제출했다.

그렇지만 조금밖에 흘러나오지 않는 정보 내에서 피해자가 불기소를 바라는 것처럼 억측하거나 착각할 수 있는 지점도 있었다. 특히 피해자 '진술의 애매'가 어떤 의미인지 온전한 설명이 없었다. 어떠한 해석도 가능했다. 곧 이해하려 해도 이해할 방법이 없었다.

그처럼 어떠한 것도 전해지지 않는 가운데 시민은 매스미디어나 풍문으로밖에 사건을 알 방법이 없었다. 시민 중에는 경찰과 검찰이 분명하게 설명하지 않는 점마저, 피해자의 사생활 보호를 위해 사실을 숨기는 것이라고 상상하는 사람도 있었을 것이다. 피해자 본인이나 가족이 여성에 대한 흉악범죄

4) 参議院 홈페이지, http://www.sangiin.go.jp/japanese/joho1/kousei/syuisyo/149/touh/t149004.htm

의 불기소처리에 분노를 느끼면서도, 호기심 어린 세상 이목으로부터 노출을 두려워한 나머지, 피해 신고서 제출을 후회하면서 없던 일로 하고, 재판이나 증언을 회피하고 싶어 했을 수도 있다는 생각을 가진 사람도 적지 않았기 때문 아닐까.

'사안의 성격'에 대한 의미는 완전히 은폐된 채로 존재했다. 미군 병사 측의 '합의 후'라는 주장은 신문지면에 크게 보도된 반면, 여성 본인의 심경과 상황은 그 만큼 더 표면에 드러나지 않는 실정이었다.

2장

미군에게 인도된 재판권

1. 군법회의로 소추

예비심문의 개최

하지만 사태는 일반시민이 알지 못하는 수면 아래로 나아갔다. 지검의 불기소처분과 피해여성의 침묵으로 막이 내려진 듯이 보인 히로시마 사건은 그대로 끝나지 않고, 미일정부의 밀실협의 하에서 미군 측에게 재판권을 인도하는 데로 전개되어 갔다.

『星条旗新聞 太平洋版』 Stars and Stripes, Pacific edition

날짜	기자명	기사명
21-Oct-07	Travis J. Tritten and Chiyomi Sumida	Four Marines held at Iwakuni in alleged rape of Japanese woman
16-Feb-08	Travis J. Tritten	Accuser testifies against four Iwakuni Marines accused of rape
17-Feb-08	Travis J. Tritten	Marines' attorneys allege woman fabricated gang-rape story
06-Mar-08	Travis J. Tritten	Iwakuni Marines accused of rape face trials; Military courts-martial coming after Japan drops charges
14-Mar-08		Separate courts-martial to begin in April for four at Iwakuni charged with rape
08-May-08	Travis J. Tritten	Marine pleads not guilty in alleged gang rape
10-May-08	Travis J. Tritten	Marine found not guilty of rape; Lance corporal convicted of sexual misconduct for sex without consent
22-May-08	Travis J. Tritten	Gunnery sergeant is second defendant convicted of lesser charges; two trials remain
09-May-08	Travis J. Tritten	Woman testifies she initially lied about gang rape

2008년 2월 11일자 미 해병대 이와쿠니 항공기지가 발표한 문서[1]에 따르면, 미군 당국은 4명의 해병대원을 2007년 12월 7일 '통일군사재판법'(Uniform Code of Military Justice, '통일군사사법법전'으로 번역된다. 이하 통일군법으로 약칭) 위반죄로 고발했다. 이에 따라 이듬 해 2008년 2월 14일 미 해병대 이와쿠니 항공기지에서 4명의 해병대원에 대한 통일군법 제32조에 근거한 예비심문이 실시되었다. 예비심문은 사안이 군법회의에 회부되어야 하는가를 조사하기 위해 열렸다.

미군 내에서 이처럼 고발과 예비심문이 행해졌다는 단편사실을 신문보도를 통해, 일반시민이 파악한 시점은 예비심문 종료 후인 2월 15일이었다. 일반시민이 눈치 채기 전, 미일정부 간의 재판권은 미군 측에 인도되었다. 미군 측은 재판권 행사 준비를 진행했다.

제1 해병 항공단 소속 해병대 법무관 다렌 · S · 점프 중령이 수사지휘관이었다. 그는 예비심문을 담당했으며, 심문실시 후, 부대 사령관 제3 해병 병참군 제35 해병 전투병참 연대 사령관 브렌트 · 고츠다트 대령에게 보고서 및 의견서를 제출했다. 대령은 재판소집권을 지녔다. 3월 3일 고츠다트 대령은 보고서 및 의견서에 기초하여, 사건을 군법회의에 송치하기로 결정했다. 다음날 4일, 이와쿠니기지 보도관은 해병대가 10월에 제기(提起)하여 표면화된 사건으로, 기지 내에서 구속된 4명이 집단강간, 공모, 유괴 등 복수혐의로 군법회의에 회부되었으며, 죄상에 대한 인정여부는 5일과 7일 이루어진다고 발표했다.[2] 미리 말하면,

---

1) MARINE CORPS AIR STATION IWAKUNI, Japan (Feb. 11, 2008), OFFICIAL NEWS RELEASE, Article 32 investigation hearing to be held for four Marines at MCAS Iwakuni, www.iwakuni.usmc.mil/press-releases/.../004-08-article32.html

2) (『星条旗』) 6 March 2008 이하 특별히 주가 없는 한 군법회의에 관한 미군의 동향은 『星条旗』 기사에 따른다. 기사일람은 다음 표와 같다.

이 군법회의는 실제 3월이 아닌, 5월에서 6월에 걸쳐 개정(開廷)된다.

4명의 해병대원의 판결 당시 연령, 계급, 2007년 12월에 소추된 죄상, 군력, 군법회의의 판결 등 데이터는 다음의 〈표 9〉·〈표 10〉이다.

〈표 9〉

4명의 해병대원	년	입대	군역(약)	통일군법 위반사항							판결 (2008년)	형량
				81	92	107	120	121	125	134		
A일등군조	40	1987.1.22	20년 10개월	O	O	×	O	×	×	O	6월 10일	1년 3개월
B일등군조	34	1991.7.8	16년 3개월	O	O	×	O	O	×	O	5월 20일	1년 6개월
C삼등군조	25	2002.6.24	5년 4개월	O	O	O	O	O	O	O	6월 25일	1년
D병장	20	2006.7.10	3년 3개월	O	O	×	O	×	×	O	5월 09일	1년

〈표 10〉

통일군법	처벌명	4인 기소내용
제81조	공모	(1) 유괴 (2) 강간 (3) 규칙에 위반하는 외출 (4) 외설행위 (5) 미성년음주, 차내 음주 (6) 절도
제92조	명령 및 군측의 불복종	(1) 계급을 넘어선 친교 (2) 미성년병사와의 음주, 차내 음주 (3) 심야외출 (4) 외출기록 불기재 (5) 미성년음주, 차내 음주
제107조	허위공술	(1) 상관에게 허위신고 (2) 군조사원에게 허위공술
제120조	성폭행 및 성적불법행위	(1) 강간 (2) 타군인 앞에서 외설행위 (3) 공공장소에서 외설행위
제121조	절도	
제125조	남색(반자연적 성행위)	
제134조	그 외 일반 불법행위	(1) 유괴 (2) 도난품수취 (3) 피해여성과의 간통 (4) 내연녀와의 간통

군법회의란

일본은 헌법에 군대의 보존, 유지를 명시하지 않고 있다. 따라서 '군법회의'(Court Martial) 따위는 일반시민의 일상생활과 전혀 관련이 없다. 도대체 군법회의는 무엇일까?

군법이란 시민사회의 법률과는 체계가 다른 군대의 법률이다. 군법회의란 군법에 근거하고 군대의 규율을 유지하는 군인 · 군속을 재판하기 위하여, 군대가 설치한 군대 내 기관이다. 곧 시민사회에 존재하는 보통 재판소와는 이질적인 특별재판소다. 일본에서 군법회의는 1946년에 폐지되었다. 자위관(自衛官)이 죄를 범하면, 복무상의 죄라도 일반 보통 재판소에서 재판이 이루어진다. 미군의 군사사법은 합중국 법전 제10편 제47장 통일군법으로 정해져 있다. 이를 근거로 군법회의를 소집한다. 통일군법의 77~134조는 '벌칙조항'을 규정하여, 군인이 이를 위반해서 소추되면, 군법회의에서 처벌받는다. 히로시마 사건으로 소추된 미군 병사의 죄상은 〈표 9, 10〉에서 보는 바처럼, 통일군법 중 7개 조항에 대한 위반이었다.

미국의 군법회의는 죄상이나 소추된 군인의 계급에 따라 간이 · 특별 · 고등, 이렇게 세 개로 분류된다. 간이군법회의(Summary Court Martial)에서 처벌은 감금으로, 최장 30일, 감봉은 1개월 이내다. 특별군법회의(Special Court Martial)에서 감금은 최장 1년, 감봉은 일 년 이내 정도다. 그 이상의 무거운 처벌이 상정되는 죄상은 고등군법회의(General Court Martial)에 회부된다.

군법회의의 재판관 · 검사 · 변호인은 군인인 법무관 중에서 선택된다. 피고인의 권리를 최대한 보호하며, 피고가 희망하면 사비로 민간변호인을 고용하기도 한다. 히로시마 사건의 경우도 미군 병사 측 변호인으로 법무관 외에 민간인이 고용되었다.

군법회의의 피고는 배심원이 있는 재판, 혹은 판사만 있는 재판, 둘 중의 하나를 선택할 수 있다. 배심제의 경우 배심원은 군인 5명 이상으로 구성되고, 사실인정 및 소인(訴因)에 대한 유죄 · 무죄 판단을 실시하여, 무기명 투표로 평결을 낸다. 피고의 희망으로 배심제를 채택하지 않는 경우는 판사 혼자서 판결을 내린다. 히로시마 사건도 4명의 해병대원이 양 재판 중 어느 하나를 선택하는 일이 가능했다. 그들 모두는 판사 혼자서 판결을 선고하는 재판형식을 선택했다.

군대 내의 재판으로 군법회의는 시민사회 내 통상의 재판과 다르다. 군대의 조직 방위나 자기 식구 감싸기 식의 애정이 일어나기 쉽다. 이런 문제점은 사회에서 자주 지적되었다. 베트남전쟁 중 손미(ソンミ) 학살 사건(미라이 사건)[3]의 처리가 보여주듯이, 전시 중 살인죄의 판결은 대단히 관대하다. 여성에 대한 폭력을 엄정하게 재판하는 경우는 드물다. 또한 엄정한 심리를 위하여, 충분한 시간을 할애하기보다는, 군사적인 이해를 우선하므로, 사법거래로 처리되는 경우가 시민사회의 재판 이상으로 일반적이라고 한다.

예비심문에서 피해자의 증언

화제를 예비심문 개정으로 돌려보자.

2008년 2월 15일 『도쿄신문(東京新聞)』은 해병대원 4명이 통일군법의 성

---

3) 1968년 3월 16일 남베트남 손미촌 미라이 마을에서 미군이 무고한 주민 500명을 학살한 사건. 이날 아침 미군은 헬리콥터를 타고 남베트남 해방전선 게릴라들을 색출할 목적으로 손미촌에 착륙했다. 마을에는 어린이와 노인, 부녀자들만이 있었다. 그러나 미군은 주민들을 마을 광장에 모이게 한 후, 총격을 가해 주민 500명을 학살했다. 이 사건은 당초 군비밀로 베일에 가려졌지만, 1969년 3월 귀환병이 한 의원에게 편지를 보내 조사를 요청하면서부터 세상에 알려졌다. 책임 비난이 거세지자, 미국은 재판을 여는데, 현장 지휘관 윌리엄 켈리 소위 단 한 명만을 재판하여, 종신형을 선고했다. 하지만 3년 후 가택연금으로 변경되고, 다시 3년 후 면제된다. 한편 조사를 요청했던 귀환병, 톰슨 준위 등은 1998년, 30년이 지나고 나서야 군인 훈장을 수여받는다(역주).

폭행, 절도, 명령불복종 등의 죄로 소추되었는데, 4명을 군법회의에 회부할지 여부를 판단하는 예비심문이 14일 이와쿠니기지에서 열렸고, 피해여성이 증인심문에서 때로 눈물을 흘리며 떨리는 목소리로, '네 명에게 폭행당했다'며 호소했다고 전했다. 여성은 한 명과의 성행위는 동의했지만, '도중에 다른 세 명이 차에 들어와서, 네 명에게 폭행당했다'고 설명했다. 당초 한 명의 미군 병사에게 유인된 자세한 정황을 경찰서에서 말하지 않은 이유는 경찰관이 '경솔한 행위'라고 생각할까봐 그것이 무서워서였다. 일반시민은 여기서 처음으로 피해여성이 사건을 없던 일로 하기는커녕 미군기지 내에서 울며 피해를 호소한 사실을 알았다.

용의자 신병인도를 미군에게 요구하지 않은 이유 · 불기소처분의 이유로 간주된 '피해자 진술의 애매함'이란, 단지 순전히 집단강간당할 때까지의 경위에 관한 부분적인 애매함에 지나지 않았다. 미군 병사 측은 '합의 후'라고 계속 강변했다. 하지만 여성은 미군 병사 한 명하고만 교제해도 괜찮다는 의사표현을 했다. 미군 병사는 그러한 여성의 의사를 이용하여, 집단강간을 일으켰다. 그것은 명백히 다른 내용이며, 그 의미 차는 절대적으로 다르다. 이러한 사실관계를 알면서도, 일본의 조사기관 · 사법기관은 4명의 신병인도를 청구하지도 않았다. 그리고 '증거에 비추어 불기소'로 사건을 매장하려 했으며, 그것이 표면화 되었다.

'군사기지와 여성' 네트워크는 이 사태를 중요하게 보았다. 그래서 3월 8일 국제 여성의 날에 재차 항의성명을 제출했다. 피해자 증언을 근거로, 일본의 조사기관이 수사를 재개하고, 불기소처분을 취소한 후, 사건을 일본재판에 회부하라고 강하게 요구했다. 또한 히로시마현 경찰과 히로시마 지검 앞으로 공개 질문장을 송부했다 .

마침 히로시마 사건의 예비심문일 사이인 2월 10일과 18일, 미군은 오키나와에서 연속 2건의 강간 사건을 일으켰다. 10일에는 여자 중학생이, 18일에는 일본에 온지 불과 3일밖에 되지 않은 필리핀 여성이 피해를 당했다. 중학생 피해 사건 후 '주일미군은 기강숙정 · 재발방지를 도모한다'고 했지만 그럼에도 17일 오키나와 시내에서 해병대원이 음주운전 혐의로 체포되었다. 17일 심야 나고시 헤노코(名護市 辺野)에서는 미군 병사가 민가에 불법으로 침입한 사건이 발생했다. 병사는 다음날 새벽에 현행범으로 체포되었다. 이처럼 히로시마 사건에 관한 예비심문 개최를 전후로 미군범죄 사건은 비정상적일 만큼 연속하여 발생했다.

언제까지 이러한 미군 병사의 범죄가 반복될까. 왜 이러한 미군 병사의 범죄는 엄격하게 단죄되지 않을까. 잇따르는 사건에 많은 사람이 분노했다. '군사기지와 여성' 네트워크의 항의성명 · 공개 질문장에도 전국뿐만 아니라 해외로부터 2,000명이 넘는 사람들이 서명을 보냈다.

2. 미일지위협정 제17조

지위협정 제17조

여기서 히로시마 사건을 둘러싼 사법 · 행정의 체계를 생각해보자.

통상 일본의 사법제도 하에서는 일단 지검이 불기소해도, 공정한 재판의 길이 막히지는 않고 여전히 존재한다. 검찰관 자의의 부당한 판단으로, 피의자를 면죄하고, 범죄 피해자를 낙담, 체념하게 만드는 일이 있어서는 안 된다. 범죄를 공정하게 재판하는 행위는 기본적인 인권보장이다. 따라서 부당한 불기소처분을 통제하기 위하여, 지방재판소 혹은 지부소재지에 검찰심사회를 설치한다.

검찰심사회는 선거권이 있는 국민 중에서 제비뽑기로 선택한 11명의 심사원으로 구성된다. 심사원은 검찰의 불기소처분의 부당성을 심사한다. 사건의 피해자나 그 외의 시민이 불기소에 불복할 때, 검찰심사회에 불복을 제기할 수 있다. 한 번 지검이 불기소한 사건도 다시 기소하여, 재판을 여는 길이 남아 있다. 실제 검찰심사회가 불기소에 대한 부당을 결의하고, 재차 기소하여 재판에서 유죄판결이 나온 경우가 적지 않다. 검찰심사회법은 2009년 5월 개정되었다. 개정된 점은 '기소상당'이 2회 결정된 경우, 검찰관 대신 변호사가 기소할 수 있다는 내용이었다.

이처럼 일본 내 사법제도는 불기소 불복 제기권을 보장한다. 최근 한층 더 그 권리를 옹호하는 방향으로 이동하고 있다. 하지만 미군범죄 사건에서는 이런 기본 인권이기도 한 공정한 재판을 요구하는 시민권이 중층적으로 침해당해 왔다. 미일지위협정 제17조와 이를 둘러싼 미일 간의 밀약이 시민권을 유린해온 것이다.

미일지위협정 제17조의 문제점으로 늘 지적받는 내용은 미군 병사가 공무 중 범죄를 행하면, 피해자는 일본인이라도 제1차 재판권이 미국에 있는 점(3항[a]), 혹은 용의자 신병인도가 기소 후로 정해져 있는 점(제5항[c])이다. 이런 점 때문에, 구속영장 청구나 기소에 필요한 충분한 수사가 저해된다는 내용이다.

히로시마 사건은 공무 외 범죄로, 제1차 재판권은 명백하게 일본 측에 있었다. 따라서 3항은 문제되지 않았다. 하지만 5항의 규정으로 일본 측은 끝내 해병대원 4명의 신병을 인도받지 못했다. 강간이나 살인과 같은 흉악범죄의 경우 기소 전, 신병인도에 대한 미일 합의내용은 어디까지나 경찰청-외무성-일본정부가 요청하고, 미군 측이 '호의적 배려'를 해줘야 비로소 실현될 뿐이다. 2002년 오키나와에서 발생한 브라운 사건의 사례[4]처럼, 일본 측이 요청했음에도, 미군 측이 끝내 '호의적 배려'를 해주지 않아서, 기소 전 신병인도를 거부한 경우도 얼마든지 존재할 수 있었다. 그러므로 미군 측에 신병인도 '요청'을 행하는 일은 결정적으로 중요하다. 히로시마 사건의 경우 시민의 강력한 요망에도 불구하고, 일본의 조사기관 · 관계 각 성(省) · 일본정부는 끝내 용의자에게 구속영장을 발부하지 않았다. 또한 미군 측에 신병인도를 요청하지 않았다. 그 책임은 중대하다.

게다가 히로시마 사건은 보통 일반적으로 의식되지 않고 있는 제17조 8항의 문제점을 가지고 있었다.

> 피고인이 이 조의 규정에 따라 일본 당국 또는 합중국 군 당국, 둘 중 어느 한 편에서 재판을 받아 무죄판결을 받을 때, 또는 유죄판결을 받아 복역할 때, 복역했을 때, 혹은 사면되었을 때, 다른 한 편의 국가 당국은 일본 영역 내에서 동일한 범죄로 거듭 그 자를 재판해서는 안 된다.

곧 일단 미군이 사건을 군법회의에서 재판해버리면, 판결내용이 어떻든 일본 측은 이미 이 사건을 재판할 권리를 상실해버린다. 히로시마 사건도 예비심문 후, 고등군법회의를 개정(開廷)하면, 이는 일본에서 두 번 다시 이 사건의 재판을 행하지 못함을 의미한다. 예비심문은 어디까지나 군법회의 개정에 대한 적합, 부적합을 심사하는 일에 지나지 않지만, 군법회의는 정식재판으로

---

4) ブラウン 사건은 2부 1장의 주2와 같다.

위치 지워지기 때문이다.

앞서 말한 대로 일본의 사법제도는 지검이 불기소처분을 해도, 여전히 시민은 불기소의 부당성에 대해 호소할 수 있는 권리를 보장받고 있다. 그래서 기소 · 재판의 가능성은 보존된다. 불기소의 부당성 호소에 기한은 없다. 또한 기소 후에도 만약 지방법원 판결에 불복하면, 고등법원, 더욱이 최고재판소로 상고하는 길도 있다. 그런데 제17조의 제 규정은 공정한 재판을 요구하는 시민권을 유린하며, 국가주권의 근간인 재판권을 미국 측에 인도해버린다.

게다가 미일합동위원회가 결정한 미일지위협정의 형사사법 재판권과 관련한 합의사항은 일본의 제1차 재판권 행사 가능성의 조건을 심하게 제한했다. 경찰이 미군에게 '범죄통지'를 행한 후, 경미한 범죄라면 통보 다음 날로 10일 이내(유보통고면 5일간을 더해), 그 외 범죄라면 20일 이내(유보통고면 10일간을 더해) 일본정부는 재판권을 행사할지 말지를 미국 측에 통고해야 하는데, 그렇지 않으면, 일본은 제1차 재판권을 상실해버린다. 최장 30일이라는 매우 짧은 기간 내 일본정부가 미국에게 재판권 행사를 통고하지 않는 한, 일본은 제1차 재판권을 행사하지 못하여, 재판권은 미군 측에 양도되어버린다.[5]

밀실협의

이런 관점에서 사건발생 후 불기소에 이르는 과정을 생각하면, 수사 관계자 · 관계 각 성(省) 각 기관 · 일본정부 내부 그리고 미일 당국 간 교섭에서 모종의 밀실협의와 결정이 행해진 것은 아닌지 재차 묻지 않을 수 없다.

미일지위협정 제17조 6항은 미일 양 당국이 '범죄에 대한 모든 필요한 수사

---

5) 我部政明, 「普天間問題の淵源－日米が繰り返す『危機』対応の失敗」, 『世界』 2010.2, 「地位協定を巡る日米の共犯関係」의 항(pp.144~145).

실시 및 증거수집 및 제출(범죄관련 물건의 압수 및 상당 경우 그 인도를 포함한다)에 관하여 상호 원조해야만 한다'(제6항[a])는 내용을 규정하고 있다.

이처럼 '상호 원조'한다는 규정에 근거하여, 히로시마 사건 수사를 위한 상호 연락은 분명히 사건발생 직후부터 시작되었다. 노상에서 피해자를 발견하고 사정을 알게 된 히로시마현 경찰은 해병대원 4명이 여성을 방치한 후, 히로시마 시내 다른 장소로 가서, 그곳에서 폭력사태를 일으킨 사실도 곧바로 이와쿠니기지 당국에게 연락했다. 그래서 미군 당국은 수 시간 후 아침에 귀가 중이던 4명을 이와쿠니기지 정문에서 '구속'했다. 그때 마침 우연히 이를 목격한 사람이 있었다. 그는 그 시각을 오전 11시 5분~10분 사이 정도였다고 기록했다. 또한 범행현장 근처 상점에서 근무하던 사람들은 같은 시각 오전 11시 경, 출근하자마자, 긴박한 모습을 보인 여러 경관을 일제히 둘러싸고, 사정을 물었으며, 무슨 일이 일어났는가를 경찰로부터 듣고서 놀랐다고 한다.[6)]

그러나 미군 측에서 4명을 '구속'했다고 한 이상, 수사상 '상호 원조'의 구체적인 내용은 공표되지 않았다. 히로시마현 경찰이 4명에 의한 범행직후 피해자를 발견하고 곧바로 기지에 연락해서 4명을 찾지는 않았을까. 수 시간 후 범인을 발견했을 때 그들은 범행에 이용한 차를 타고 있었다. 차 안에는 여성의 속옷 등 귀중품이 있었다. 거의 현행범에 가까운 상태로 구속된 상황이며 경찰은 처음부터 용의자를 명확히 특정했다. 그럼에도 일본 측이 즉각 체포하지 않은 것은 왜일까. 사건발생 후 미디어가 일제히 사건을 보도한 19일까지 도대체 미일 간 '필요한 수사실시 및 증거수집 및 제출'을 어떻게 해나갔을까. 19일 히로시마현 경찰은 구속영장을 청구할 방침이라 전했다. 왜 25일까

6) 2010년 3월에 東琢磨 · 히로시마여성학연구소의 협력을 얻어 히로시마 시내 범행 현장 근처 및 이와쿠니시에서 실시한 청취 조사에 따른 내용이다.

지 임의사정(事情) 청취방침으로 바뀌었는가.

집단강간이라는 흉악범죄 혐의 사건에 즈음하여, 히로시마현 경찰이 상급 기관의 암시나 귀띔 혹은 개입 없이 독자적인 판단을 내려 단독으로 미군 측과 교섭했다고는 생각할 수 없다. 현 경찰에 대한 수사지휘권을 갖고 감독책임을 지는 경찰청, 검찰청, 나아가 법무성, 외무성, 일본정부는 사건 후 곧바로 사건발생 사실을 알았을 것이다. 미군 당국과 일본정부 · 관계 각 부처가 사건발생 순간부터 수사와 재판에 관해 즉시 어떤 협의를 시작하고, 제휴와 조정을 했으리라는 점에는 의문의 여지가 없다. 최대 협의사항은 미군 병사 4명의 신병인도 여하, 그리고 미일 어느 측에서 재판권을 행사하는가였을 것이다.

왜냐하면 미일지위협정 제17조는 '일본 당국 및 합중국의 군 당국은 재판권을 행사하는 권리가 경합될 모든 사건처리에 대하여 상호통고 해야 한다'(제6항[b])는 내용이다. 따라서 '제1차 권리를 갖는 국가가 재판권을 행사하지 않는다고 결정할 경우, 가능한 신속하게 상대측 국가 당국에 그 취지를 통고해야만 한다. 특히 상대측 국가의 재판권 행사권리의 방기를 중요하게 여길 경우, 그래서 상대측 국가 당국이 제1차 권리를 갖는 국가 당국에게 재판권 행사권리의 방기를 요청할 경우, 그 요청에 호의적인 배려를 해줘야만 한다'(제3항[c]).

곧 만약 일본 측이 히로시마 사건의 재판권을 행사하고자 한다면, 그 취지를 신속히 미국 당국에 통고해야만 한다. 앞서 말한 바처럼 그 기한은 극단적으로 짧게 설정되어 있다. 강간과 같은 흉악범죄조차 경찰이 미군에게 '범죄통지'를 행한 후, 최장 30일 이내로 결정하지 않으면 기한이 맞지 않아 늦어진다. 만약 그 때까지 일본정부가 재판권 행사통고를 하지 않으면, 재판권을 상실해버린다. 또한 만약 미국 측이 일본 측에게 재판권의 방기요청을 할 경우 일본 측은 '호의적 배려'를 해야만 한다. 이런 틀 안에서 과연 일본정부 · 관계 각 성 · 각 기관은 수사현장에 어떻게 개입해 어떤 방향성을 부여했을까.

지위협정이 존재하기 때문에, 일반 민간인이 일으킨 범죄에서는 있을 수 없는 듯한 수사상의 지장이 필연적으로 발생된다. 하지만 그 가운데서도 엄정하게 수사를 행할 재판에 소송하려면, 최초수사에 해당되는 현 경찰에 대해 지휘권을 지닌 검찰 혹은 상급기관인 경찰청, 관계 각 성 · 일본정부가 해야만 하는 역할이 있다. 가령, 최근 오키나와현 요미탄손(読谷村)의 뺑소니 사건처럼, 일부러 미군에게 '범죄통보'를 늦추고, 그에 따라 증거 다지기를 위한 시간을 벌고, 기소 전에 검찰과 경찰이 수사를 철저히 하여, 사건 후 2개월 뒤에 구속영장을 발부하고, 불과 3일 후만에 기소한 용의자의 신병을 인도하는 형식으로 사건이 재판으로 넘어간 사례도 있다.[7] 자탄쵸(北谷町) 사건에서는 미일합동위원회 개최 전, 외무대신이 조속한 신병인도를 요구하여, 주일 미국대사와 장시간 전화로 회담했다는 사례도 있다.[8]

하지만 히로시마 사건은 구속영장 발부 · 범인의 신병인도 청구라는 순서가 전혀 취해지지 않았다. 대체 일본정부는 언제, 어떻게, 미군 당국에게 재판권의 행사 · 비행사를 '통고'했을까. 아니면 '통고'하지 않고, 재판권을 방기했나. 의도했건 물론 의도하지 않았건, 범인의 신병을 미군에게 넘겼으므로, 현 경찰 · 지검뿐만 아니라 관계 각 성 · 관계 각 기관은 수사 · 불기소처분 · 재판권 인도에 중대한 책임을 져야만 한다.

---

7) 『沖縄タイムス』 2009.12.5, 2010.1.28.

8) 156회 국회 오키나와 및 북방 문제에 관한 특별위원회 제6호(2003.6.24), 会議録, http://www.shugiin.go.jp/itdb_kaigiroku.nsf/html/kaigiroku/002515620030624006.htm

'범죄통보'가 10월 14일이었다면, 지검의 불기소결정은 통고기한 30일이 지난 그 후가 된다. 만약 일본정부가 재판권 행사를 비통고했거나, 혹은 재판권 비행사를 통고했다면, 그 시점의 재판권은 미국 측에 인도된다. 따라서 지검은 기소하는 근거 자체가 사라지게 된다. 코멘트 할 수 없는 '사안의 성질'이란 그런 의미였을까.

다른 한편, 일본정부가 재판권 행사를 통고했다면, 형식상 제1차 재판권을 가지는데도, 지검이 이를 불기소 하여 실질적으로 미군에게 재판권을 인도한 셈이 된다.

3. 미군범죄를 둘러싼 미일밀약

미일밀약

히로시마 사건에서 불기소의 핵심 배경으로 미군범죄를 둘러싼 미일밀약이 존재한다.

1953년 10월 28일, 미일합동위원회 재판권분과위원회에서, 일본정부는 '일본에서 현저히 중요하다고 생각하는 사건 이외로, 제1차 재판권을 행사할 생각은 없다'에 서명한다. 법무성은 형사국장명으로 통달을 제출하는데, 검사장과 전국의 검사는 꼭 '실질적으로 중요하다고 인정하는 사건만 제1차 재판권을 행사한다'는 내용이었다. '밀약' 시행을 철저히 수행했던 셈이다.

그 밀약은 현재 여전히 준수되고 있다. 다름 아닌 미군사령부 법무담당자가 그 사실을 공언했다. 주일미군 법무담당, 소넨바그와 주한미군 법무관 특별고문, 도널드 · A · 팀이 공동 집필하여 2001년 발간한 논문에서, 그들은

'특별한 중요성이 없는 한, 일본은 재판권을 방기한다는 내용에 비공식으로 합의했다. 일본은 이 합의를 충실히 실행할 것이다'라고 명기했다. 밀약이 반세기 이상 계승되고 있음을 증명한다. 이 논문은 주일미군의 지위에 대한 미국의 재판권을 최대한으로 하고, 외국 측의 공판 전 구류를 최소한으로 하기 위해, 몇 가지 방법을 제시했다. 그것은 불기소, 미국 측에 의한 용의자의 범죄수사, 기소의사를 통지하는 시간의 소멸, 그리고 이미 기소된 사안의 재판권 방기다.[9]

이러한 미일밀약의 존재를 일본정부는 일관되게 부정해왔다. 하지만 밀약이 아직까지도 현재 존재하고 있다는 사실은 법무성의 전국검찰청통계(2001~08년)『합중국 군대구성원 등 범죄 사건조』를 통해서 증명 가능하다. 이것은 일본평화위원회가 정보공개청구로 입수한 자료다. 일본 측에게 제1차 재판권이 있었던 공무 외 미군범죄 처분의 전모를 세상에 알리기 시작한 귀중한 자료다.

통계는 검찰청이 주일미군 관계자의 형법범죄 대부분을 불기소로 처리한 사실을 보여준다. 2001~08년, 8년 사이 형법범죄로 처리한 미군 관계자 3,827명 중 83%가 넘는 3,182명이 불기소로 처분되었다. 동일한 8년 동안 전국의 형법범(일본 피해자가 대부분을 차지한다)의 불기소율은 대략 50% 정도다. 따라서 미군범죄에 대한 불기소율의 그렇게 높은 수치는 비정상적이다. 미군범죄 중 8년 동안 주거침입 84.8%, 절도 92.9%가 불기소 되었으며, 재판된 경우는 드물다. 살인에서조차 불기소율은 25%에 달한다. 강간 · 강간치사상은 흉악범죄임에도 불기소율이 약 74.2%로 높은 수치를 보여준다. 대부분의 사

9)『琉球新報』2008.10.22. 및 edited by Dieter Fleck, "The Handbook of The Law of Visiting Forces(駐留軍の法律に関するハンドブック)", Oxford University Press, 2001, p. 388.

건을 기소하지 않았던 셈이다.[10]

『합중국 군대구성원 등 범죄 사건조』에서 본 성폭력 범죄

『합중국 군대구성원 등 범죄 사건조』를 기초로, 성폭력에 초점을 맞춰, 〈표 11〉을 작성했다.

『합중국 군대구성원 등 범죄 사건조』에서 성범죄는 강제외설 · 강제외설치사상 · 강간 · 강간치사상, 이렇게 네 종류로 분류된다. 집단강간죄는 2004년에 제정되었지만, 이 통계에서 집단강간죄는 식별되지 않았으며, 강간죄에 포함되었다고 본다. 2001~08년, 8년 동안 이런 성범죄로 수리(受理)된 성범죄는 53건이다. 그 중 40건은 불기소며, 불기소율은 75.5%에 달한다.

검찰청 통계에서 미군인 범죄에 대한 불기소 이유는 '기소유예', '혐의불충분', '재판권 없음', '재판권 비행사', '그 외' 라는 5항목으로 분류되어 있다. 강간 · 강간치상 사건의 경우, 불기소 23건 중 기소유예 1, 혐의불충분 10, 재판권 없음 1, 재판권 비행사 0, 그 외가 11이었다. 성범죄의 경우는 다른 범죄에 비해 이유가 특정되지 않고 '그 외'라 분류된 점이 특징적이다. 강간죄는 친고죄라서, 피해자가 경찰에 피해를 신고했어도 기소를 원치 않았던 경우 등이 여기에 포함되지 않을까 추측해본다. 만약 그렇다면 그렇다고 명기해야 한다고 생각하지만, 통계에서는 그것이 은폐되고 있다.

---

10) 吉田敏浩, 「国家が情報隠蔽をするとき」(7) · (8) (アジアプレス報道ウェブジャーナル アジア・ネットワーク)7.28, 7.30.
http://www.asiapress.org/apn/archives/2009/07/28091349.php
http://www.asiapress.org/apn/archives/2009/07/30080000.php 및 吉田敏浩, 『密約 日米安保と米兵犯罪』(毎日新聞社, 2010).

〈표 11〉『합중국군대구성원등범죄사건인원조』에서 작성한 성범죄통계

연도	수리	처분			강제외설	강제외설치사상	강간	강간치사상	비고
		기소	기소	불기소					
2001	3	1	1	1	수리2 →불기소1(기소유예1) · 미제 1	0	수리1 →공판청구 1	0 0	北谷사건
2002	6	1	0	5	수리3 →불기소3(협의불충분 1 · 기타2)	0	수리2 →공판청구1 · 불기소1(기타1)	수리1 불기소 1 (협의불충분1)	ブラウン사건
2003	10	3	1	6	수리4 →공판청구1 · 불기소3(기타3)	수리1 →가정재판소송치	수리2→불기소2(협의불충분2)	수리3 공판청구2 · 불기소1(기소유예1)	金武町사건 M 사건
2004	8	3	0	5	수리2 →불기소2(불행사1 · 기타1)	0	수리5 →공판청구2 · 불기소2(협의불충분2) · 미제 1	수리1 →공판청구1 · 불기소1(협의불충분1) [미제로−1]	
2005	4	1	0	3	수리1 →공판청구 1	0	수리3 →불기소3(기타3)	0	
2006	6	0	1	5	수리5→불기소4(협의불충분2 · 기타2) · 미제1	0	수리1 →불기소1(기타1)	0	
2007	4	1	0	3	O	0	수리1 →불기소1(기타1)	수리3 공판청구1 · 불기소2(협의불충분2)	P 사건 広島사건
2008	12	0	0	12	수리4 →불기소4(기타4)	0	수리6 →불기소6(협의불충분2 · 기타4	수리2 불기소2(재판권없음1 · 기타1)	
총수	53	10	3	40	수리 2 1 기소 2 미제2 불기소17	수리 1 기소0 가정재판소송치1 불기소0	수리21 기소4 미제 1 불기소16	수리10 기소4 불기소 7	
불기소이유	기소유예				1	0	0	1	計2
	협의불충분				3	0	6	4	計13
	재판권없음				0	0	0	1	計1
	불행사				1	0	0	0	計1
	기타				12	0	10	1	計23

깊어지는 의혹

『합중국 군대구성원 등 범죄 사건조』를 보면, 히로시마 사건의 불기소 이유에 대한 의혹은 한층 더 깊어진다. 2007년 통계에서, 동년 수리된 강간 사건은 1건, 강간치사상 사건은 2건이다. 그 중 강간 사건은 불기소며, 그 이유는 '그 외'로 분류되었다. 다른 한편, 수리된 강간치사상 사건 3건 중 1건은 기소(공판 청구)가 행해졌다. 나머지 2건은 모두 '혐의불충분'을 이유로 불기소되었다.

여기서 기묘한 점을 깨닫는다. 히로시마 사건은 '집단강간죄로 서류 송검되었지만, 혐의불충분으로 불기소되었다'고 보도되었다. 보도된 대로라면, 통계에 '강간 사건'으로 분류되어, '혐의불충분'이라 기록되었을 것이다. 그런데 그처럼 분류된 사건을 발견하지 못했다.

'강간'으로 불기소된 사건의 이유가 '혐의불충분'이 아닌 '그 외'로 분류되었다. 만약 이것이 확실히 히로시마 사건을 가리킨다면, 지검은 기소될 만한 혐의가 있는데도 기소하지 않았다는 얘기가 된다. 그럴 경우, 검찰은 매스컴 각사가 '혐의불충분'이라 보도했는데도, 보도 정정을 하지 않았다는 얘기가 된다. 그렇다면 그것은 국민의 눈을 속인 행위와 동일하지 않을까. 다른 한편, 강간죄로 '그 외'라 분류된 배경은 친고죄이기에 발생하는, 본인의 고발철회가 상정되기 때문이라는 점은 앞서 말한 대로다. 하지만 집단강간죄는 친고죄가 아니다. 오키나와 중학생 피해 사건처럼, 본인의 고소취하로 기소도 행해지지 않았던 경우와 같은 전개는 성립되지 않는다. 곧 '그 외'의 내용은 친고죄가 아닐 것이다. 그렇다면 지검이 불기소한 진정한 이유는 무엇일까. 검찰청이 명시를 회피하고, '그 외'라고 한 불기소처분의 진정한 이유는 미일밀약에서 유래한 재판권 인도라는 미일 간 합의에서 찾을 수 있지 않을까.

게다가 또 다른 가능성도 있다. 히로시마 사건의 통계상 분류를 '강간치사상'이라 했을 가능성이다. '강간치사상'은 2007년 3건 중 1건이 기소되었다. 하지만 기소된 그 1건은 히로시마 사건 직전, 오키나와에서 발생한 P 사건이라 본다.[11] 나머지 2건은 '혐의불충분'으로 불기소되었다. 따라서 그 어느 쪽이든 히로시마 사건일 가능성이 없다고는 말할 수 없다.

하지만 그렇다면, 또 새로운 의혹이 생겨난다. 히로시마 사건에서 피해자의 부상관련 보도는 행해지지 않았다. 피해자가 부상을 입었음에도, 경찰이 그 사실을 덮었다면, 큰 문제다. 피해자가 입은 상처에는 지사의 발언 보도도 포함될 수 있다. '한밤중에 유흥가에서 어슬렁 어슬렁 다닌다'라는 여성인물에 대한 이미지가 넓게 유포되었다. 피해자의 부상이 존재한다면, 이를 제대로 보도하는 일은 여성이 피해자인 사실을 분명히 보도하는 행위다. 그런데 실제는 어떠했을까. 미리 얘기하자면, 나중에 군법회의에서 검찰 측이 제시한 증거자료 중에는 히로시마 사건 피해자의 상처사진도 포함되었다는 기자 메모도 존재한다. 또한 범죄현장인 주차장 근처를 산책하던 지역주민이 '피투성이로 쓰러져 있는 여성'을 목격했다는 얘기도 나온다. 그녀가 버려져 방치된 주차장 부지에 '질질 끌려진 것처럼 보이는 핏자국이 남아 있었다'고 말한 사람도 있다. 히로시마현 경찰이 피해자의 부상사실을 보도진에게 감추었을 가능성도 부정할 수 없다.

덧붙여 말하자면, 사건 당시 히로시마현 경찰은 피해여성이 최초로 작성한 고발장의 죄상을 후에 수정하여, 원래 고발장을 부당하게 폐기처분한 사실도 있었다. 그래서 이 일에 관여한 경감에게 처분을 내렸다는 보도를 현지 각 신

11) 2007년 10월 1일, 이른 새벽녘, 가데나기지 내에 거주하는 공군대위의 자식(23세) P가 22세 여성을 맥주병으로 구타하고 강간했다(P 사건). 이 사건은 기소되어, 那覇 지방재판소는 이듬해 2008년 12월에 징역 5년의 구형에 징역 3년의 판결을 내렸다.

문이 보도했다. 그 시점은 군법회의 판결 후 1년이 지난 시점인 2009년 6월이었다. 교오도통신(共同通信)은 6월 23일자에, '히로시마, 집단폭행 고소장 파기혐의 경관 2명을 서류 송검'한다는 타이틀 기사를 보도했다. 기사는 히로시마 사건의 처리를 둘러싸고, 당시 히로시마 중앙경찰서 경감과 경위가 여성의 최초고소장을 버렸으며, 따라서 공문서 훼기(毁棄) 등 혐의로 히로시마현 경찰에 서류 송검된 사실을 현 경찰에 대한 취재과정에서 알았다면서 이렇게 보도했다.

> 히로시마현 경찰 감찰관실에 따르면, 07년 10월 당시 히로시마 중앙경찰서 형사 1과장(경감)과 부하 경위는 여성에게서 피해신고서와 고소장을 수리한 후, 죄명을 일부 변경하고, 동일일자와 번호를 기입, 날인한 서류를 새로이 작성했다. 그리고 여성의 양해를 얻어, 2통의 원본을 문서 절단기로 세단한 후 버렸다.
> 히로시마 지검은 작년 7월 서류 송검된 경감 등을 기소유예 처분했다. 경감은 '수정해서, 이전 원본은 불필요하다고 생각했다'고 얘기했다. 감찰관실은 경감에게 소속장 주의를 내렸지만, 발표하지 않았다. 감찰관실은 '수사에 지장이 없고 발표할만한 기준에도 못 미치는 내용이기 때문'이라 했다.

당시 이 사건을 취급한 신문기자로부터 들은 바에 따르면, 각 신문사는 '경찰이 공문서 불법처리에 대한 부주의를 숨겼다'는 의미 이상으로, 이 사건을 받아들이지는 않았다고 한다.[12] 신문기자는 점점 새로운 뉴스를 추구했고, 또한 부임지가 자주 이동되는 상태였다. 히로시마 사건을 취재한 기자들이 현 경찰의 공문서 불법처리를 발각했을 때, 그들은 이미 다른 부임지로 이동되었다. 또한 사소한 뉴스거리에 불과하다 해서 현지 이외의 지역에서는 보도

12) 音光香菜美 인터뷰, 히로시마시에서, 2010년 3월 5일.

된 경우도 없었다. 때문에 히로시마 사건에 관심이 있었다 해도, 다른 부현(府県) 사람에게는 이 뉴스가 눈에 띄지 않았다. 요컨대 공문서 불법처리가 발각되었어도, 히로시마 사건의 처리가 적정했는지 아닌지를 조사하고 밝혀낸 사람은 없었고, 더욱이 그렇게 하려는 사람도 전혀 없었다. 도대체 원래 고발장과 나중의 고발장은 어떻게 죄상이 다른가. 왜 죄상은 변경되었는가. 그것은 결국 지금도 여전히 공표되지 않은 채로 있다.

생각해보면, 여성은 강간피해뿐만 아니라 소지한 현금을 빼앗겼으므로, 서류 송검 당시 정식 죄상은 강간강도죄이기도 하다. 하물며 부상이 사실이라면, 강간치상죄가 아닌가.

히로시마 사건은 '강간 사건'으로서 혐의불충분이 아닌데도, 불기소된 것인가. 혹은 사건은 '강간치상 사건'인데도 피해자 부상이 부당하게 은폐된 것인가.

일반적으로 보도된 히로시마 사건에 대한 기재가 검찰청 통계에서 눈에 띄지 않는 점은 경찰과 검찰이 보도진에게 내보낸 히로시마 사건의 진상 정보와 그것이 달랐음을 보여준다. 또한 '실제로 히로시마 사건은 혐의가 불충분해서, 불기소된 것이 아니'라는 사실을 보여준다. 혹은 '여성에게 부상을 입힌 해병대원의 범죄를 은폐'하고 있다는 사실을 보여준다. 어느 경우라도 피해자의 인권 · 사회정의의 관점에서 간과될 수 없는 부분이다.

3장

자화자찬하는 미군 · 미군을 평가하는 일본사회

자화자찬하는 미군

히로시마 사건을 일본재판에서 재판하지 않는 사태에 대해, 우려를 표하며 미국 군법회의가 아닌 일본에서 재판해야 할 필요성이 있다고 주장하는 시민이 많았다. '군사기지와 여성' 네트워크의 항의성명과 공개 질문장을 현 경찰 · 지검으로 보냈는데, 여기에 다수 사람들이 서명한데서도, 여론의 일단은 드러난다.

하지만 또 다른 한편, 일본이 불기소한 사건을 미군이 재판한다는 점에서 '미국 측이 일본보다 확실하게 한다'고 수용하는 반응도 일본사회에서는 적지 않았다. 그런 반응은 분명히 미군 당국이 어필하려고 한 부분이기도 했다.

미군 당국은 '기강숙정'을 위해 노력하고 있다는 점을 활발히 어필해야만 하는 사정이 있었다. 2월 14일 · 15일, 이와쿠니기지에서 열린 히로시마 사건 예비심문을 전후하여, 오키나와에서 2건의 강간 사건, 더욱이 민가 불법침입과 음주운전 사건이 연달아 발생했던 사실은 앞서 언급했다. 하지만 특히 2월 10일 사건은 일찍이 1995년에 발생한 소학생 여자 아동폭행 사건을 방불케 한 여아희생 사건이었다. 오키나와 사람의 분노는 억제하기 어려웠다. 오키나와현은 여자중학생 폭행 사건이 일어나자, 곧바로 '미군인 등 범죄방지대책

검토회의'를 설치했다. 2월 18일, 첫 회합을 갖고 나카이 마히토카즈(仲井眞弘多) 지사는 '기강숙정의 대처가 행해지려던 참에 (미군 병사의 범죄가) 차례로 일어난 점은 (지도가) 철저하지 않아서인지, 해이해서인지 매우 의심스럽다'며 미군 대처의 불충분성을 비판했다. 그날은 고이즈미(小泉) 수상(당시)이 보도진으로부터 연속된 미군범죄에 대한 소감을 추궁당하는 질문을 받고, '어쨌든 저질러진 사건 아닌가'라고 말하기도 한 날이었다. 2월 말 일본을 방문한 라이스 미 국무장관도 오키나와 중학생 사건을 접하고, 수상관저에서 사죄를 표명해야만 했다.

계속된 범죄상황으로 미군에 대한 불신감과 반감이 높아진 2월 29일, 오키나와 지검은 중학생 피해 사건의 기소철회를 공표했다. 오키나와현 시민을 시작으로 전국의 분별 있고 양식 있는 시민은 사건 후, 사회적인 비난으로 심한 2차 피해를 받은 중학생의 심정을 헤아리며, 흉악한 미군범죄를 이처럼 재판하지 않고 끝내는 행위를 묵시하지 않았다. 이제 주일미군은 '기강숙정 · 재발방지'의 립 서비스만으로는 대처가 불가능했다.

이런 상황에서, 미군은 '기강숙정'을 위한 의욕적인 표현, 그리고 '일본 이상으로 규율을 존중할 수 있는 미군'이라며 자신을 어필할 수 있는 최적의 이미지 업 재료로 히로시마 사건에 관한 군법회의의 개최를 활용했다.

미군 당국은 3월 3일, 군법회의로 사건을 송치한다는 방침을 결정했다고 발표했다. 방침 결정은 '미일 당국이 주일미군범죄를 억제하기 위하여 강력히 노력한 결과'라고 강조했다(『성조기』 3.6.).

3월 6일, 일본의 시민단체 · 평화포럼의 대표가 미국 대사관을 방문한다. 평화포럼은 자신을 응대한 대사관의 정치부 · 안전보장 정책과 과장, 레이몬드 F. 그린에게 '일본정부는 용의자를 석방했습니다만 미국정부는 어떻게 대응할 예정입니까'라고 질문한다. 그린은 다음과 같이 답변한다.

> 히로시마 사건을 일으킨 이와쿠니기지의 병사를 일본은 불기소했습니다만, 미국은 군사법정에 회부했습니다. 미군이 재판을 행한다는 뜻은 미군의 규율수준이 높고, 또한 사건을 진지하게 수용한다는 의미를 상징합니다.

이는 분명 미군이 묘사하고자 한 군법회의 개최에 대한 자화상이라 할 수 있다. 그린은 계속 미군이 성폭력 사건의 예방조치를 중시하여, 병사교육프로그램을 재고하는 테스크포스나, 미군범죄 방지를 위한 워킹팀을 꾸려 활동의 시동을 걸었다는 점을 득의양양하게 말했다. 또한 주일미군의 대다수 군인은 성실하게 근무하는데, 하나의 사건이 여러 다른 군인의 이미지를 나쁘게 만들었기 때문에, 군사령관이 사건을 진지하게 받아들이고 있다는 점을 강조했다.

'미국은 일본보다 낫다'는 수용방식

이런 그린의 어필을 포럼 측은 '용의자를 군사법정에 회부한 점, 성폭력 문제 대책을 최우선으로 하고 있는 점 등, 미군의 노력은 이해합니다'라고 대응한다.[1)]

평화단체마저 이런 반응이었다. 곧 미군 당국의 자화자찬을 액면대로 수용하여, '미군의 노력'을 평가하는 소리가 일본사회에서는 일반적이었다.

각 신문의 타이틀도 '폭행 불기소의 이와쿠니기지 미군 병사 4명, 미군이 "대군법회의"로'(『요미우리(読売)』 3.6.), '4 미군 병사 "대군법회의"로, 여성

1) 「沖縄での米軍兵士による少女・女性性暴力事件についての米国大使館への申し入れ」, http://www.peace-forum.com/mnforce/2008/02katudou/080306.html

폭행 사건, 지검은 불기소'(『도쿄(東京)』 3.6.)라는 어조였다. 신문보도는 일본사법이 하찮게 여긴 사건을 미군은 중요시 여기고, 군법회의를 개최한다며 대조를 강조했다. 신문투고나 인터넷 사이트에서도 히로시마 사건의 군법회의로의 회부를 두고 '일본은 제 구실도 못하지만 미국은 제대로 하고 있다', '미국은 일본보다 낫다'는 어조의 감상이나 의견이 잇달아 등장했다.

이런 수용방식은 이중의 문제점이 있었다. 하나는 군법회의 개최는 원래 일본이 가졌던 재판권을 불명확한 석연치 않은 과정을 거쳐, 미국 측에 인도한 결과에 다름 아니며, 게다가 군법회의 개최로 일본 측은 이 사건을 다시 재판하는 일이 불가능해졌다는 점이다. 그럼에도 그런 사실을 비판적으로 인식하려는 면은 결여되어 있었다. '일본은 불기소지만, 미국은 기소'란 재판권 행사를 둘러싸고 밀실에서 미일 당국이 협의한 결과에 다름 아니다. 미국과 일본 각각의 주체가 '불기소인가 기소인가'를 두고, 각각 선택한 결과가 아니었다. 일본이 불기소했기 때문에, 미군이 기소 가능했다. 가베 마사아키(我部政明)의 말을 빌리면, 여기에서 표출된 점은 '지위협정을 둘러싼 미일의 공범관계'[2]다. 곧 미군 성폭력을 두고, 미일 양국의 태도에는 본질상 차이가 없다.

또 하나 문제는 군법회의에 대한 환상이다. 군법회의는 민간법정과는 다른 이질적인 군대논리로 시종한다. 곧 철저한 진상구명으로 사회정의의 실현, 범죄자의 엄격한 처벌, 범죄 피해자의 인권옹호라는 민간법정이 토대로 하고 있는 이념이 군법회의에서는 군사이익 하에 놓이는 경향이 있다. 그런데 군법회의가 과연 정직하게 성폭력 사건을 재판할 수 있을런지를 의심하기보다는 미군의 자화자찬의 의미도 모른 채, 그대로 받아들여 '일본은 제 구실도 못했지만, 미군의 군법회의에서는 정의가 실현될 것 같다'고 군법회의에 기대를

2) 2부 2장의 주5와 동일.

품는 듯한 의식이 상당히 광범위하게 퍼져 있던 것은 아닌가.

미군 측이 일본의 경찰이나 검찰보다 사건을 중요시 여기고, 엄정히 대처했다고 보는 수용방식에 영향을 미친 요소 중 하나는 군법회의를 자화자찬하는 미군 당국의 모습을 무비판적으로 보도한 미디어의 태도였다. 예를 들면, 히로시마 사건을 미군 군법회의로 회부한다고 했을 때, '고등군법회의'라는 통례의 군사용어가 아닌 '대군법회의'라는 과장된 번역어로 이를 보도한 사례가 많았다. '미군 내 중대범죄를 재판하는 "대군법회의"에서 심리한다'는 어조였다. 그야말로 미군은 사건을 '중대범죄'로 간주하여, '대'자가 붙은 법정에서 이를 재판하려고 한다는 인상을 주지만, 제1장에서 언급했듯이, 1년 이상의 양형이 상정되는 죄상이라면, 특별히 중대하지 않아도 고등군법회의에 회부된다.

물론 매스미디어만 문제 있지는 않았다. 일본 검찰의 사건 불기소처리를 잘한 처사라고 생각지 않은 사람 사이에서도, '미군이 재판하는 편이 가해자 측에 무거운 처벌이 부과된다'는 설이나 '민주주의나 인권존중의 문화적 배경이 존재하는 미국 측이 그렇지 않은 일본의 사법보다 제대로 대응한다'라는 설이 그럴싸하게 회자되었다.

'미군은 낫다'는 담론 중에는 불기소처분한 히로시마 지검을 보며, 일본의 사법태도를 비난하면서, 일종의 레토릭으로 미군 측이 낫다고 치켜세우는 경우도 있었다. 그러나 미 군법회의에 과대평가를 부여하는 행위는 잘못된 레토릭이다. 또한 미 군법회의에 대한 과대평가는 '일본 측의 불기소로부터 미국 측의 군법회의로'라는 전개가 미일 당국이 미일군사동맹의 틀 안에서 행한 공동행위라는 사실을 은폐하게 만든다. 뿐만 아니라 일본재판에 상정되는 것보다도, 군법회의의 판결이 중요하게 된 사례가 존재한다거나, 혹은 논리상 그럴 수 있다 해도, 그것은 항상 그렇게 기대할 수 있는 일은 아닌 것이다.

국회에서 히로시마 사건의 불가시성

미군이 행한 범죄 · 성폭력 사건이 국회에서 채택되는 경우가 결코 이례적이지는 않다.

제1장에서도 언급했듯이, 오키나와의 데루야 간토쿠(照屋寬德) 의원은 2000년 7월, 오키나와 주둔 해병대원의 14세 소녀 폭행 사건을 국회에서 질의했고, 일본정부는 불기소한 사건의 경위에 대해 답변했다.

2003년 6월 24일, 국회 오키나와 및 북방문제에 관한 특별위원회에서 오키나와의 긴쵸(金武町) 사건을 크게 다루었다. 사건이 발각된지 3주 이상 지난 후에 구속영장을 발부하고, 그날 개최한 미일합동위원회에서 기소 전 신병인도를 요청하여, 이틀 후 미국으로부터 동의를 얻어, 오키나와현 경찰이 용의자를 체포했다. 이와쿠라 히로후미(岩倉博文, 자민당), 가와우치 히로시(川內博史, 민주당), 시라호 다이이치(白保台一), 야마다 마사히코(山田正彦, 자유당), 도우몬 미츠코(東門美津子, 사민당), 아카미네 세이켄(赤嶺政賢, 공산당) 등이 각각 사건을 비판하고, 정부의 태도를 추궁했다. 가령 야마다 의원은 사세보(佐世保) 지역의 변호사였던 경험을 근거로, 범죄입건은 피의자의 행위에 대한 해명이 중요하기 때문에, 체포해서 조사하는 일이 제일 중요하며, 대개 일본의 강간 사건의 경우, 구속영장 발부로부터 한 달 정도 걸린다고는 생각지 않는다고 판단하며, 구속영장 발부의 경과를 추궁했다. 2001년의 자탄(北谷) 사건의 경우는 몇 일내로 구속영장이 나왔다. 그럼에도 긴쵸 사건의 경우, 구속영장이 지체된 이유는 외무성이나 미군에게서 압력이 있었기 때문 아닐까. 야마다 의원은 2002년 오키나와 브라운(ブラウン) 사

건에서 일본이 요청했음에도, 미군이 신병인도를 거절한 사례도 언급하며, 정부가 '운용의 개선'을 진행하고 있다고 말하지만, 사태는 완전히 반대라고 엄격하게 비판했다.

그리고 2008년 2월 여자 중학생 피해 사건을 다수의원이 국회에서 다루었다. 데루야 의원은 앞서 언급한 2000년 7월 사건에 관한 질문 이후에도 여러 가지 각도에서 지위협정 문제를 국회에서 다루며, 그 무렵 눈에 띄었던 미군 범죄의 문제를 추궁했다. 2008년 2월 13일 · 14일 · 27일 세 번에 걸쳐 중학생 피해 사건에 관한 질문서를 제출하고, 미군 병사의 기지 외 거주문제도 추궁했다.[3] 또한 3월 18일 국회 본회의에서 아카미네 의원은 1955년 유미코(由美子) 살해 사건[4]을 시작으로 오키나와에서 성폭력 범죄가 다발로 발생한 사실, 전국에서 매년 백 건 가까운 미군범죄가 일어나는 실태를 지적했다. 그리고 기지가 존재하는 한, 미군범죄는 사라지지 않는다고 호소했다. 또한 미군범죄에 항의하는 오키나와 현민(県民) 대회 개최 다음날인 3월 24일, 국회 예산위원회에서 야마우치 도쿠신(山内德信, 사민당) · 하마다 마사요시(浜田昌良, 공명당) · 이노우에 사토시(井上哲士, 공산당) 등 각 의원이 오키나와의 중학생 피해를 언급하며, 빈번한 미군 성범죄를 문제 삼았다.[5] 그 때 이노우에 의원은 매년 그렇듯이, 주일미군 성폭력 발생의 데이터나 미군 내 성폭력 격증

---

3) 「米海兵隊員による女子中学生暴行事件に関する質問主意書」(2008년 2월 13일 제출 질문 제83호), 「米海兵隊員による女子中学生暴行事件と日米地位協定に関する質問主意書」(2008년 2월 14일 제출 질문 제88호), 「在沖米軍の基地内住宅に関する質問主意書」(2008년 2월 27일 제출 질문 제119호)등. 이것들은 중의원 홈페이지에서 읽을 수 있다.

4) 1955년 오키나와 본도 중부에서 발생한 6세 여아 나가야마 유미코(永山由美子)에 대한 유괴 · 강간치사 · 사체유기 사건(역주).

5) 衆議院会議録情報, http://kokkai.ndl.go.jp/SENTAKU/syugiin/169/0001/16903180001010a.html, 参議院会議録情報, http://kokkai.ndl.go.jp/SENTAKU/sangiin/169/0014/16903240014013a.html

의 데이터를 근거로, 미군 성폭력 사건의 해소는 미군 · 해병대를 철수하는 길밖에 없다고 주장했다.[6)]

이처럼 국회에서도 자주 미군의 성폭력을 문제시했다. 그렇다면 히로시마 사건은 어땠을까.

3월 24일 예산위원회에서 야마우치 의원은 미군기지 정리 · 축소와 미일지위협정의 발본적 재검토를 요구한 오키나와 현민대회를 언급한 후, '정부 답변은 사건이 발생해도 새로운 내용 없이, 늘 판에 박은 듯이 똑같이 되풀이되고 있으며, 늘 운용의 개선 운운한다. 만약 당신의 가까운 사람 혹은 가족이나 지역사람이 그런 사건의 피해자라면, 그 때도 외무대신은 운용의 개선, 운용의 개선이라 말할 텐가'라고 따졌다.

---

6) 井上 의원이 국회에서 배포한 자료는 http://www.inoue-satoshi.com/kokkai/image/080324.pdf에서 읽을 수 있다. 또한 미군 성폭력 상황이나 미국방총성 연차보고 등은 川田忠明, 「米兵の性犯罪はなぜ繰り返されるのか」(『前衛』 2008.5.)이 참고가 된다.
아프간 전쟁 이후, 미군 병사에게 성폭행을 당했다는 여성들의 고발이 계속되어서 미 국방총성은 대책을 추궁받고 2004년부터 미군 전체를 대상으로 성범죄 데이터 수집을 시작했으며, 연방의회에 연차보고를 제출했다. 다음의 표는 국방총성 연차보고를 근거로, 필자가 작성한 내용인데, 성범죄 보고 총수 · 피해자가 신청을 행한 건수 · 피해자가 신청을 취하한 건수를 나타내고 있다. 모두 실제 수는 훨씬 많으며, 보고된 수는 빙산의 일각에 지나지 않지만, 그런데도 건수가 해마다 증가하고 있음은 일목요연하다.

국방총성연차보고서

연도	성범죄보고총수	피해자가 신청을 철회한 건수	신청건수
2004			1,700
2005	2,374(20%증가)	327	2,047
2006	2,947(24%증가	670	2,277
2007	2,688(9%감소)	603	2,085
2008	2,923(8%증가)	643	2,280
2009	3,230(11%감소)	714	2,516

http://www.ncdsv.org/images/DOD_FY07ReportonSexAssaultintheMilitary.pdf
http://www.defense.gov/utility/printitem.aspx?print=http://www.defense.gov/releases/release.aspx?releaseid=11757
http://blogs.abcnews.com/politicalradar/2009/03/dod-sexual-assa.html 및 『琉球新報』(2008년 3월 6일)을 참조하여 작성.

이에 다카무라 마사히코(高村正彦) 외무대신은 또 역시 '판박이 말처럼' 지위협정의 개정은 어려우므로, 운용의 개선에 힘쓰겠다는 응답이었다. 그러나 과연 그 답만으로는 난처했는지, 다카무라 대신은 만약 가까운 측근이나 지역사람이 피해자라면 어떻겠는가라는 야마우치 의원의 질문에 이렇게 대답했다.

> 현재의 선거구는 아닙니다만, 제 앞 선거구에 이와쿠니시가 들어있습니다. 이와쿠니시에서도 이런 사건이 일어났습니다. 그런 사건이 발생되지 않도록 어떻게 할지가 제일 중요합니다. 그래서 세계적인 표준 이상으로 신병 문제에서 운용의 개선을 현재 꾀하려는 이유입니다. 그 이상의 문제인 지위협정은 좀 어렵습니다.[7]

이와쿠니시의 보조금 동결 등, 강경하게 미군재편 수용을 강요한 아베(安倍) 정권 하에서, 방위대신을 역임한 다카무라 대신은 히로시마 사건이 일어난 전 달에, 후쿠다(福田) 내각의 발족에 따라 외무대신으로 취임한다. 이 사건의 미일교섭을 맡은 최고 책임자야말로 다카무라 대신인 셈이다. 집단강간 사건의 발생이나 불기소처분에 분노한 시민의 항의서나 신청서는 다카무라 대신 앞으로 보내졌다.

하지만 미군재편 문제, 미군범죄 문제에 관한 국가 중책을 맡고, 미군범죄 대응에 관한 미일협의의 최고 책임을 맡은 다카무라 대신은 '이와쿠니시에서도 이런 사건이 일어났습니다'라고 발언했을 때, 어느 사건을 어떻게 염두에 두었을까. 히로시마시에서 발생한 이와쿠니기지 소속 해병대원의 집단강간 사건은 도대체 어떻게 의식되었을까.

이와쿠니 시민이 미군재편을 좀처럼 수용하지 못했던 이유 중 하나는 다름

---

7) 주5와 동일.

아닌 반복된 미군범죄, 바로 그것이다. '그런 사건이 발생되지 않도록'이란 확실히 이와쿠니 시민의 염원이다. 따라서 미군 관계자가 분명 배로 증가할 아타고야마 지역의 미군 주택건설이라는 미군재편 계획에 강하게 저항했다. 다카무라 대신은 그런 이와쿠니 시민의 생각 그리고 이와쿠니에서 반 세기 이상 동안 처참한 살인이나 소녀의 피해를 포함한 성폭력 사건이 반복해서 발생된 경과를 얼마나 인식하고 있을까.

이처럼 다카무라 대신은 '이와쿠니'를 일단 입에만 올릴 뿐, 공허한 답변만 했다. 하지만 추궁하는 야당 측도 끝내 이와쿠니기지 존재로 발생한 히로시마 사건 혹은 그 이전의 무수한 미군범죄를 구체화하여 문제 삼지는 않았다. 이상처럼 히로시마 사건은 국회에서 다수의 미군 성폭력 사건 중 하나로 파묻혔다. 때마침 고등군법회의의 개정 국면이었음에도, 그 부당성은 전혀 문제시 되지 않았다.

여기서 사민당(당시)의 즈지모토 기요미(辻元清美) 의원이 3월 7일부로 제출한 '성폭력 문제에 관한 질문 주의서'에 주목해 보자. 약간 길지만 전문은 다음과 같다.

2008년 2월 10일 발생한 오키나와현 주둔 아메리카 합중국 해병대 소속 2등 중사의 일본인 중학생 강간 피의 사건은 2월 29일 피해자 측에서 고소를 취하하여, 피의자는 석방되었다. 사건발생 당시부터 피해자에 가하는 비난이 매스컴 등에서 반복된 점은 주지의 사실이다. 하지만 향후 성폭력이나 성폭력 피해자 측이 이중의 고통이라 할 수 있는 이런 피해자 비난을 피할 수 있는 정책이 취해져야만 한다고 생각한다.

따라서 다음 사항을 질문한다.

1. 2월 10일, 발생한 사건의 피해자가 고소를 철회했지만, 현재 이번 사건에서 여

자 중학생에게 어떤 성폭력이 행해졌다고 정부는 생각하는지 명시해주기 바란다.
2. 고소 취하로, 정부가 이 사건을 인식하는 데 아무런 변화가 없는지, 있다면 어떤 요인으로 어떻게 달라졌는지 명시해주기 바란다.
3. 이 사건이 엄연히 존재한다고 생각한다면, 일본정부는 이런 성폭력 피해자의 보상에 관한 생각을 명시해주기 바란다.
4. 이 같은 사건의 재발방지를 위해 정부는 어떤 대책의 수립이 가능한지 명시해주기 바란다.
5. 마찬가지로 이와쿠니 미군기지 해병대원 4명이 일본인 여성에게 성폭력을 휘두른 사건을 일본 측 검찰은 불기소로 처분했고, 미 군법회의로의 회부를 결정했다. 이것은 성폭력에 관한 양국 제도의 차이에 따른 결과지만, 이런 이중규범 현상을 정부는 어떻게 생각하는지 명시해주기 바란다.
6. 1995년에서 2007년에 발생한 강간 사건의 건수와 검거율을 연도별로 명시해주기 바란다.
7. 마찬가지로 주일미군 관계자(군인, 군속, 가족)가 가해자인 강간 사건의 건수와 검거율을 명시해주기 바란다.
8. 마찬가지로 강간혐의 고소가 취하된 건수를 명시해주기 바란다.
9. 8 가운데서, 마찬가지로 피의자가 주일미군 관계자인 건수를 명시해주기 바란다.
이상을 질문한다.[8)]

이 질문 주의서 제5항목은 히로시마 사건에 관한 질문이지만, 거기서 즈지모토 의원은 '일본 측 검찰은 불기소로 처분했고, 미 군법회의로의 회부를 결정했다. 이것은 성폭력에 관한 양국 제도의 차이에 따른 결과지만, 이런 이중규범 현상을 정부는 어떻게 생각하는지 명시해주기 바란다'고 질문했다.

이 질문은 과거 국회에서, 성폭력 사건의 불기소 처리에 대한 이유의 설명

---

8) 「辻元清美のつじもとWEB」, http://www.kiyomi.gr.jp/kokkai/inquiry/01_q/20080307-1517.html

이나 구속영장 청구의 지체 등을 비판하며 그 문제를 구체적으로 추궁하곤 했던, 과거의 질문 선례와는 다른 양상으로서, 큰 변화였다. 검찰이 행한 히로시마 사건의 불기소 이유나 군법회의에 대한 정부 책임의 설명을 요구하지 않았으며, 검찰의 불기소 · 미 군법회의 개정 모두를 비판하지 않았다. 오히려 검찰의 불기소 · 미 군법회의 개정이 '양국 제도의 차이에 따른 결과'며, 또한 '이중규범 현상'을 나타낸다고 본 즈지모토 의원 자신의 견해를 표명한 것이다. 곧 미일 양국은 제도가 다르기 때문에, 일본제도의 기준에서는 기소되지 않지만, 미국 기준에서는 기소된다는 견해다. 그것은 일본은 야무지지 못하지만 미국은 빈틈없이 하고 있다는 군법회의에 대한 긍정적인 평가로, 일본사회에서 일반적으로 감도는 견해와 서로 통하는 견해이기도 했다.

하지만 그것은 기본적인 사실인식에서부터 잘못되었다고 하지 않을 수 없다. 히로시마 사건은 용의자가 미국 군인이 아닌, 일본인이 일으킨 사건이라면, 당연히 체포 · 기소에 이르렀을 사건이었다. 문제는 '이중규범'이 아니라 미일의 공범관계다.

즈지모토 의원의 질문에 후쿠다 수상은 다음과 같이 답변한다.

> 개별의 구체적인 형사 사건을 우리나라 검찰당국에서 어떻게 처분했는가의 상세한 내용에 대한 대답은 삼가겠지만, 일반적으로 검찰당국은 주일미군 관계자와 관계된 사건도 우리나라의 법과 증거에 근거해 적절히 처리한다고 알고 있다. 또한 지적처럼, 미국 측의 조치는 미국법령에 따라 행한다고 알고 있다. 따라서 이런 조치에 대한 미국 측 판단을 정부가 대답할 입장은 아니다.[9]

9) 앞과 동일, http://www.kiyomi.gr.jp/kokkai/inquiry/02_a/20080318-1522.html

냉담하고 무책임한 답변으로 밖에 보이지 않는다고 말하지 않을 수 없다.

과거 국회의 질문에서는, 개별의 구체적인 형사 사건도 일정한 사실해명에 도움이 되도록, 구체적인 회답을 이끌어내는 사례가 있었다. 또한 국회의원의 질문이 질문형식을 취하면서도, '운용의 개선'으로는 잇달아 발생하는 미군범죄에 대처하기가 불가능하다는 점을, 그리고 지위협정은 발본적으로 개정이 필요하다는 점을 분명히 보여준 사례도 적지 않았다. 그런 사례를 생각하면, 히로시마 사건을 질문에 포함시킨 유일한 의원이 즈지모토 의원이었지만, 히로시마 사건 자체의 질문은 공허했고, 게다가 사건을 잘못 독해했다는 점은 부정할 수 없다.

또한 오키나와 여자 중학생이 비난에 노출되었다고 말한 점은 '향후 이와 같은 성폭력이나 성폭력의 피해자 측이 이중의 고통이라 할 수 있는 피해자 비난을 피할 수 있는 정책이 취해져야만 한다고 생각한다'는 견지에서 질문했을 것이다. 그런데 히로시마 사건의 피해자도 역시 비난 피해의 와중에 있었고, 게다가 군법회의에서 증언이 예상되었음에도, 일본정부가 여성을 어떤 방법으로 지원할지에 대해 질문한 적은 없었다.

이상 언급한 바처럼, 히로시마 사건이 국회에서 정면으로 취해진 적은 끝내 없었다.

군법회의 개최가 보도되었을 때, 일본사회 내에는 이를 미군의 '기강숙정' 포즈에 지나지 않는다고 의문시하거나, 비판하는 목소리가 확실히 존재했다. 하지만 미일지위협정의 재검토나 여성인권을 문제시 한 사람들에서 조차 위에서 설명한 바처럼, 군법회의의 개정 자체에 대한 비판적 의식은 희박했다. 군법회의 개최를 미군 측의 노력의 표현으로 수용하는 여론이 대세였다. 대부분의 사람은 군법회의 내막에 엄격한 감시의 눈을 기울이려하지 않았다.

재판공개의 원칙과 미군의 군법회의

미군의 군법회의가 일본시민으로부터 시종 엄격한 감시를 받지 않은 이유 중 하나는 군법회의가 일반시민에게 공개되지 않았던 점이다.

군법회의는 정식재판으로 자리매김 된다. 따라서 원래 일반시민에게도 공개재판은 원칙이다. 군법회의 매뉴얼(the Manual for Court-Martial: MCM) 제806조는 공개원칙으로, 사람이 방청 가능한 시설에서 군법회의를 개최해야만 한다는 점, 일정한 단체 · 개인을 자의로 배제하는 일이 없도록 특별히 배려해야만 한다는 점, 보도진과 피고의 친척을 위한 좌석배치나 법정의 출입수속을 적절히 배려해야만 한다는 점 등을 규정하고 있다.

하지만 이런 규정과 실제 이와쿠니기지 내에서 행해진 예비심문 · 군법회의의 '공개' 사이에는 큰 차이가 존재했다. 공개가 원칙이지만, 방청인은 '이와쿠니기지에 에스코트 없이 출입이 인정된 사람'으로 한정되었다. 곧 현실은 미군 관계자만 공개며, 보통의 일본시민은 비공개였다. 미군 당국은 히로시마 사건 예비심문과 고등군법회의 개정에 즈음해서 일본의 일부 미디어에 재판을 '공개'한다고 말했지만, 이는 걸프전쟁이나 이라크전쟁 이래 비판의 대상이 되는 이른바 '대표취재(pool 취재)'[10]와 다름없었다.

보도관계자도 자유로운 취재가 인정되지 않았으며, 대표취재 풀이 설정되었다. 예비심문에 즈음하여, 기지가 발행한 홍보문서 일자는 2월 11일로 실제로 신문 각사에 이것이 전해진 시점은 예비심문 개최 직전이었다. 그런 갑작스런 전개에 현지 각 신문사는 충분히 대응하지 못했다. 또한 대응하고 싶어도 인원수를 제한했기 때문에 취재조건이 엄격했다. 기지 내로 들어간 보도

10) 대표취재. 보도진이 많을 때, 대표가 취재하여 그 내용을 다른 보도진에게 나누어 주는 방법(역주).

관계자는 미디어 배지를 상시 몸에 부착해야 했다. 그리고 보도부의 에스코트가 상시 붙어 있어야만 했다. 기지관계자의 지시에 반드시 따라야만 했고, 지나가던 사람, 마침 그 현장에 있던 사람에게 인터뷰하는 일은 금지되었다. 곧 모든 인터뷰는 기지보도부원을 통해야만 했다. 법정 안은 종이와 펜, 연필을 이용한 메모는 가능했지만, 음성, 영상기록기를 소지하고 들어가는 행위는 모두 금지되었다. 촬영은 법정이 있는 건물 외관 및 이와쿠니기지 정문만이 인정되었다. 대표취재자는 이런 룰이 기재된 서면에 서명한 다음, 예비심문 당일 이와쿠니시 관공서 내 기자클럽에 모여서, 준비된 버스에 탑승해 기지 내로 들어갔다. 심리 중 보도기관에게 통역지원은 제공되지 않았다. 일단 심리가 시작되면, 보도관계자를 포함한 방청자 전원은 심리가 끝날 때까지 법정에서 외출이 금지되었다. 단 법정이 선언하는 휴식시간과 법정 내 전원 퇴거가 요구되는 긴급한 경우는 제외였다. 개인적인 긴급한 이유로 법정에서 밖으로 나와야만 하는 경우, 심리를 계속하는 동안 법정 내의 재입장은 불가능했다.[11)]

이런 엄격한 제약 하에서 매스미디어의 대표취재가 행해졌다. 재판은 영어로 진행되었다. 따라서 귀에 익숙하지 않은 법률용어와 속어가 난무한 가운데서, 그 의미를 취하기는 지극히 어려웠다. 게다가 피해자의 증언마저 목소리를 충분히 알아듣기 곤란한 좌석에 배치되었기 때문에, 기자끼리 서로 확인하려해도 고유명사마저, 알아들은 내용은 전원 달랐다고 한다.

이처럼 군법회의의 실질적인 비공개와 취재제한은 엄격히 비판받아 마땅했다. 일반시민이 법정을 엄격히 감시한다는 의미에서도 또한 증언을 행한 피해여성을 지원한다는 의미에서도 시민의 방청을 방해해서는 안 되는 일이었다.

---

11) 2부 2장의 주1과 동일.

그런데 군법회의 대표취재를 허락받은 미디어관계자 중 이런 보도제한에 대해 비판적으로 기사를 쓴 경우를 지금까지 한 번도 보지 못했다. 오히려 반대로, 미군 당국이 일본매스컴의 취재를 일부 허용한 사실을 두고, '미군 이와쿠니기지에서 대군법회의, 이례적으로 공개'(『아사히신문』 2008.5.6.)라는 타이틀로 표현하여, '공개'를 강조하는 보도가 눈에 띄었다. 그런 타이틀만을 보며, 미 군법회의가 일반시민에게 공개되었다고 착각한 사람도 있었을 것이다.

확실히 대표취재나 기지 내 군법회의 취재를 주일미군이 미디어에게 허용한 점은 이례적이었다. 하지만 원래 미군범죄를 군법회의에서 드물게 재판했던 사실, 종래 군법회의를 전면 공개하지 않았던 상태야말로 비정상적인 것이다. 그런 비정상적인 제한상태에서 일부 공개한 일을 두고 미군 측의 태도가 공정하다고 평가하는 행위는 이상하다. 미군 측은 군법회의의 개최를 자군의 '기강숙정'이라는 매력적 호소를 위한 그럴듯한 재료로 생각했다. 또한 미군 측은 제한적인 '공개'에 지나지 않는 공개를 일본미디어가 풀 · 오픈이라 선전하도록 만들었다. 미디어관계자는 미군의 발표대로, 긍정적으로 군법회의를 보도했다. 이를 통해서, 미군 측의 희망을 만족시키는 역할을 다했다. 미디어의 태도는 일반시민에게 영향을 끼쳤다. 따라서 일반시민이 미 군법회의를 긍정적으로 보는 견해를 갖도록 미디어가 만들었음은 부정하기 힘든 사실이었다.

하지만 취재한 개개 기자에게 책임을 돌릴 수는 없다. 텔레비전과 신문사의 상층부에 계통적으로 이 문제를 추궁할 결의와 준비태세가 없는 한, 이런 취재제한에서 견실한 보도를 행하는 일이 곤란하다는 점은 분명하다. 오늘날 일본사회 일반에서, 미국을 우러러 보는 의식이 감돌고 있는 점도 사실이다. 개개 미군 병사의 범죄나 미군우위가 두드러지게 눈에 띄는 지위협정의 제 조항은 의문시하면서도, 주일미군 그 자체는 '일본의 평화와 안전'에 필요한 존재로 인정하는 의식, 미군 당국의 범죄에 대한 엄격한 태도에서 희망을 기대하는 의식은 일반적이다.

이와쿠니에서는 일찍이 베트남전쟁을 기피한 미군 병사를 지원하는 반전운동이 존재했다. 당시 반전운동에 참여했던 사람이 병사지원의 일환으로, 이와쿠니기지 내에서 열리는 군법회의에 방청하러 갔다고 한다.[12] 또한 미국의 반전운동에서는 반전단체가 시민의 권리를 주장하며, 이라크 파병을 기피한 와타다 중위에 대한 군법회의의 재판방청을 호소했다. 그래서 시민이 군법회의의 심리를 감시하는 참여활동도 행했다.[13] 그런데 오늘날 일본사회는 일반시민의 군법회의 방청행위를 당연한 권리라고 여기는 감각마저 상실해버렸다. 제한 취재였음에도, '공개' 강조의 보도만이 횡행했고, 그런 현실에서 다른 목소리를 내는 사람은 극히 적었다.

히로시마 사건의 피해여성은 숨어서, 일반시민이 지켜볼 수 없는 장소에서 증언해야만 했다. 그럼에도 대표취재를 인정받은 대형신문사 소속기자는 미군의 예비심문과 고등군법회의 심리에 대한 방청메모를 각각 자세하고 꼼꼼하게 취재했다.[14] 다음 장(章)에서 기자가 기록한 여성의 증언을 기초로 사건의 전체상을 분명히 하자. 그리고 이 사건을 재판한 군법회의는 무엇이었나를 고찰하자.

---

12) 中川六平, 『ほびっと 戦争をとめた喫茶店－ベ平連 1970-1975 in 岩国』, 講談社, 2009.

13) "Attend the court martial of Lt. Watada", 米国の戦争拒否兵士支援団体「抵抗する勇気」(Courage to Resist) 홈페이지, http://www.couragetoresist.org/x/content/view/196/39/

14) 2부 1장의 주3과 동일.

4장

2차 성폭력인 군법회의

1. 예비심문과 군법회의 과정에서 표면화된 사건의 진상

예비심문은 2월 14일 · 15일 열렸다. 고등군법회의는 그 후 5월 중 D와 B, 6월 중 A와 C에 관한 심리를 행했고, 판결을 내렸다. 죄상과 판결내용은 167쪽 〈표 9 · 10〉과 같다.

이 절에서는 2월의 예비심문과 5~6월의 고등군법회의 과정에서 밝혀진 사실로부터 히로시마 사건이 실제 어떠한 사건이었는지, 그리고 군법회의는 동 사건을 어떻게 재판했는지를 재차 언급하겠다.

히로시마로 외출한 4명의 해병대원

4명은 해병대 이와쿠니 항공기지의 동일부대에 소속해 있었다. 최연장자 A 일등중사는 사건 당시 39세, 1987년 입대. 이어서 B 일등중사는 34세, 1991년 입대. C 삼등중사는 25세, 2002년 입대. 최연소는 19세였던 D 병장으로 2006년 입대. 일등중사 두 명은 모두 부인이 있었다. A는 3명의 아이를 둔 아버지였으며, 장녀가 피해자와 동년대였다. B는 버지니아주 구안티코에 주둔했을 무렵, 그와 동일한 해병대의 훈련교관인 여성과 결혼했다. B 부부는 그 후 이

와쿠니로 이주, 사건 당시 아내는 임신 중이었고, 군법회의를 시작하기 전에 쌍둥이를 출산했다.[1)]

C와 D는 독신이었다. 두 명은 병사의 외출이나 음주를 규제하는 미군의 리버티 · 카드 제도로 심야외출이 금지되어 있었다. 해병대는 2004년부터 이 제도를 도입했다. 삼등중사 이하의 대원에게 레드 또는 골드, 두 종류의 식별카드가 발행되며, 레드카드 소지자는 심야(오전 0시부터 오전 5시까지) 외출이 제한된다. 그 중 300일의 관찰기간 중, 소행이 양호하다고 판단된 사람은 외출에 제한이 없는 골드카드가 발행된다. C와 D는 레드카드 소지자였으며, 게다가 D는 리버티 · 카드에 '언더 20'이라 표기된 미성년병사로, 음주 금지조치가 부과되었다.

2007년 10월 13일 밤, 19세의 D 병장과 C 삼등중사는 C 삼등중사가 가져온 맥주를 마시고 있었다. 일등중사 B는 그 두 명에게 말을 걸었다. 그는 일등중사 A의 퇴역과 일본 출국을 축하하기 위하여, 함께 밖으로 외출하자고 권했다. 4명은 B가 운전하는 스테이션 웨건으로 22시 30분 무렵, 이와쿠니기지를 출발, 히로시마 시내 유명한 유흥가 업소로 향했다.

이 시점에서 4명은 이미 군대규율을 위반하고 있었다. D는 미성년으로 음주가 금지되었으며, 다른 3명은 그 사실을 알고 있었다. 또한 C와 D는 심야외출이 금지된 병사였다. 그들은 징벌을 피하기 위해서, 오전 5시 이후까지 기지 바깥에 있다가 나중에 기지로 돌아올 계획이었다. 이런 계획 사실을 그들은 인정했다. B 일등중사는 그 사실을 알면서 두 명을 유인했다.

---

1) 합중국해군 · 해병대군사공소재판소의 판정문, 2009년 2월 26일. http://www.jag.navy.mil/courts/documents/archive/2009/RAYNOR,%20J.D.%20200800621%20UNPUB.pdf B는 고등군법회의 판결에 불복하여, 공소했다. 이 문서는 그 판정문인데, B의 주장은 각하되었다. 이하 특별히 주가 없는 한, 미군 병사 4명에 관한 서술은 『星条旗』와 이 문장에 근거한다.

게다가 그들은 히로시마로 향하는 차 안에서 맥주를 마셨다. 이것도 군대의 규율위반 행위에 해당된다. 4명은 2007년 10월 14일 오전 0시 30분 무렵 히로시마시 나카구(中区)의 차이나타운에 도착했다.

여성을 유인한 해병대원

차이나타운은 이벤트 홀이며, 댄스나 할로윈 이벤트가 많이 행해지는 젊은 이들의 인기장소다. 여성은 13일 밤, 일을 끝마치고 여자 친구와 함께 차이나타운에 갔다. 모친이 차로 파르코[2)]까지 데려다주었다. 그 곳에서 10분 정도 걸어서 도착한 시간은 11시경이었다. 밴드가 시작되기 전이라서, 아직 손님은 적었다. 여성은 매실주를 주문했다. 이윽고 밴드 연주가 시작되고, 업소 안은 손님으로 떠들썩했다.

C와 A는 그녀들에게 다가갔다. C가 "What's up? Are you having fun?"(기분 어때? 즐겁게 놀고 있니?)라고 여성에게 말을 걸었다. A는 그녀의 친구에게 말을 건넸다. 그녀의 친구는 영어를 배우러 미국에 유학한 경험도 있었다. 영어회화 실력을 키우는 일에 적극이어서, 이와쿠니기지 내에서 아르바이트한 경험도 있었다. 한편 C는 매우 친절하게 보였다고 했다.

이윽고 여성이 혼잡해진 차이나타운을 막 나오자, C가 '함께 간다'고 따라오며, '내 집에 안 갈래?'라고 유인했다. C에게 호감을 느꼈던 여성은 동의하고 C가 차를 정차했다고 한 주차장으로 가서, 차에 탑승했다. C가 자신과 함께 뒷좌석에 탑승했을 때, '어째서 집에 가는데 뒤에 앉을까'라고 이상하게 느꼈다고 한다. 여성은 C의 집에 갈 생각으로 차를 탔지, 주차장에 정차한 차 안에서 섹스할 목적으로 승차하지는 않았기 때문이다. 그런데도 C가 성적인 접

---

2) 전문샵이 모여 있는 형식의 백화점. 원래는 '공원 · 광장'의 뜻(역주).

촉을 요구해왔을 때, 여성은 거부하지 않았다. 새로운 사랑을 만났다고 여성은 생각했을 것이다.

유괴와 집단강간

여성이 C에 속았다고 눈치 챈 시점은 3명의 해병대원이 돌연 차에 탑승했을 때였다. 여성은 눈치 채지 못했지만, 다른 3명의 해병대원이 C와 여성의 성행위를 차창을 통해 들여다보고 있었다.

이벤트 홀의 주차장은 다른 손님에게도 눈에 띄는 장소다. 3명은 여성의 동의를 구하지 않고, 차에 탑승하여, 발진을 걸었다. A가 조수석, D가 뒷좌석에 탑승, B가 차를 운전했다.

'군법회의 취재기'에 여성의 증언은 이렇게 기록되고 있다.

> 저는 하반신 알몸으로 브래지어 후크가 끌러졌고, 블라우스도 아무렇게 입혀진 상태였습니다. 3명이 들어오고, 옷을 입으려 하기 전에, 차가 움직여서 어떤 행위도 할 여유가 없었습니다. C에 속았고 강간당할지도 모른다고 생각했습니다. 저의 의사도 묻지 않고, 차를 작동시켰기 때문입니다. 저는 '최악이다'라는 의미를 담아 "You fuck up!"이라 말했습니다. 생각난 단어가 그 말이었습니다. Stop이라고도 말했습니다. 함께 가고 싶다고는 말하지 않았습니다. (차에서) 나가고 싶다는 말도 못했습니다. 무서웠기 때문입니다. 모두 웃으면서 "stupid, bitch"라고 말하기도 했습니다. 차가 어디를 향해 가는지 알지 못한 채, 뒷좌석 시트에서 뒹군 상태였습니다.
>
> 10~15분 정도 달리고 차가 정차했을 때는 어디에 있는지 몰랐습니다. 누가 했는가는 기억하지 못하지만, 2번 째 주차장에 도착하기 전, 누군가가 제 몸을 만지고 있었습니다. 주위를 볼 여유가 없어서, 누가 만졌는지 모르지만, 쭉 차 바닥에서 가슴이나 음부를 만졌습니다. 음부에 손을 넣기도 했습니다. 행위에 동의하지

는 않았습니다. '이제 그만, 이제 무리'라고 일본어로 말했습니다. 페니스를 꺼내 "suck my penis"라 말하는 소리가 들렸습니다만 정말로 무리였기에 그렇게 말했습니다. 그런데 입 가까이 댔기 때문에 어쩔 수 없이 입에 넣었습니다만, 속이 메스꺼워지자마자 꺼냈습니다. 저를 모멸했다고 생각했습니다.[3)]

D는 차 뒷좌석에 탑승하고, 차 이동 중 여성에게 손댄 행위를 인정했다. C도 같은 차 뒷자석에서 차가 달리는 동안, 3명에게 'We could all hit this'라고 말했다. 그것은 '다른 공동 피고인도 여성과 성행위를 할 수 있다는 의미다'라고 미군의 공소재판소 문서에 기록되었다. D는 'Hell yeah, let's go'라고 말했다.

4명은 2킬로미터 남짓 떨어진, 나카구 내 강가에 위치한 주차장까지 이동했다. 심야로부터 새벽녘까지 사람의 왕래가 적은 지역이다. 사람 눈에 띄지 않는 장소를 선택하여, 이동했다고 본다. B는 어느 맨션 근처, 다른 차는 정차해 있지 않은 어두운 주차장에 차를 정차했다. 차가 정차하자, C와 여성을 남겨두고 3명은 밖으로 나왔다. 슬라이드 도어는 열려 있었지만, C가 여성의 신체를 덮치고 있어서, 그녀의 상체는 도어에서 떨어진 위치에 있었다. 따라서 주위를 둘러볼 여유마저 없었다. 그녀는 '도망갈 수 있는 상태가 아니었습니다. 번갈아 강간당했습니다. 확실하다고는 말할 수 없습니다만, 처음에는 C였다고 생각합니다'라고 증언했다.

C가 여성을 강간한 후, A는 C로부터 '다음에 해도 좋다'라고 들었다. 그래서 성행위를 했다고 증언했다. A에 이어 차례로 전원이 그녀를 강간했다. 열린 슬라이드 도어에서 자신의 순서를 기다리던 대원들은 맥주를 마시고 큰소리로 웃으면서 'bitch', 'stupid'라며 비웃는 말을 토해냈다.

---

3) 「軍法會議取材記」, 2부 1장의 주3과 동일.

그 사이 여성은 몇 번이나 있는 힘을 다해 영어로 'Stop', 'It hurts', 일본어로 '무리'라고 호소했다. 해병대원을 밀치려고 했지만, 자기보다 큰 대원들을 밀쳐내는 일은 가능하지 않았다.

군법회의에서 몇 번 당했는가라고 질문받은 여성은 이렇게 증언했다.

> 적어도 5회입니다. 죽고 싶지 않았습니다. 어쨌든 빨리 돌아가고 싶었습니다. 저 1명에 4명이 주위에 있었고, 저는 강간당했습니다. 그래서 이런 행위를 하는 사람들로부터 살해당해도 이상하지 않을 것이라고 생각했습니다. 범행되는 동안은 아무것도 할 수 없었습니다.[4]

'적어도 5회'라는 여성의 증언을 군법회의 판사는 '해병대원들은 제2의 주차장에 도착한 후 여성과 6회 섹스를 했다'고 인정했다. 후술하듯이 재판과정에서 여성은 강하게 '섹스가 아니고 강간'이라며 항의했음에도, 판사는 '섹스'라는 표현을 계속 사용했다. 그 판사에 따르면 C와 D는 각각 2회의 성행위를 했다는 이야기다.

절도와 방치

4명은 집단강간 후 갑자기 여성을 골칫덩어리로 느낀 것 같다. 여성은 이렇게 증언했다.

> 행위 후 그들의 태도가 곧 바뀌었다. 초조해 하는듯한 분위기가 되자, 저를 차에서 내던졌습니다. 그 후 4명은 초조함을 느끼고, 제게 옷을 입으라고 말했습니다. 누군가 제게 건네준 옷은 속옷은 아니었고 바지였습니다. 그들은 제게 화를 내는 듯

---

4) 앞과 동일.

이 보였습니다. 휴대폰, 가방, 구두를 차 밖으로 내던졌습니다. 차 밖으로 던져지고, 그들이 떠났을 때, 살해당하지 않았음을 알았습니다. 속옷을 입지 않고 바지를 입었습니다. 블라우스는 대충 걸친 상태였습니다. 몹시 굴욕감이 들었습니다. 지갑을 보니 만 엔 한 장과 천 엔 두 장, 그리고 잔돈이 들어있어야 하는데, 21엔 밖에 없었습니다.[5]

지갑에 들어있던 12,000엔을 훔쳐 가져간 사람은 B였다. 그들은 여성을 주차장에 남겨둔 채 차로 도주했다.

경찰에게 보호된 여성

구두도 신지 않고 옷도 반쯤 벗겨진 상태로 방치된 여성은 자신이 어디에 있는지도 몰랐다. 여성은 이벤트 홀에서 함께 있었던 친구에게 휴대전화로 전화를 걸어 도움을 청했다. 여성은 이렇게 증언했다.

주차장을 빠져나오기 전, 휴대전화로 친구에게 전화를 걸었습니다. 휴대폰으로는 친구에게 우선 '최악. 흑인에게 집단강간당했다'고 얘기했습니다. 어디에 있는지 몰랐기 때문에, '데리러 와주면 좋겠다'고 부탁했습니다. 쭉 전화를 걸면서 얘기하고 있었습니다. 우연히 순회 중인 경찰차를 만났습니다. 경찰에게 '지금 제가 있는 장소를 가르쳐주셨으면 좋겠다'고 말하자, 놀란 듯이 '무슨 일 있었어요?'라고 물었습니다. 하지만 관여하지 말기를 바라는 듯한 태도를 보였습니다. 울부짖으며 흥분했다고 생각합니다. 강간당했다고 말했습니다만 (경찰과) 관계되고 싶지 않았기 때문에, '화장실을 사용하고 싶다'고 말하고 근처 패밀리마트에 갔습니다. 일전에 경찰에게 도움을 요구한 적이 있었는데, 그 때 아무 일도 해주지 않아서, 이 사건도 같을 것이라고 생각했습니다.[6]

---

5) 앞과 동일.

6) 앞과 동일.

패밀리마트의 방범카메라(녹화시각 10월 14일 오전 3시 42~45분)는 나중에 군법회의의 증거자료로 제출되었다. 방범카메라에는 피해여성이 오열하면서 입점하며, 휴대전화에 대고 '데리러 와'라고 큰 소리로 외치는 모습이 촬영되었다. 영상에는 캉캉소리도 기록되었다. 여성은 '억울하고 모든 상황이 싫었다.' 패닉 상태의 그녀가 다리로 바닥을 찬 소리가 캉캉 음향으로 들렸다. 여성은 휴대전화로 친구에게 도움을 청하고, '빨리 데리러 와, 어디에 있는지 몰라'라며 흐느껴 울었다. 장소를 모르기 때문에, 패밀리마트의 남성점원에게 부탁해서 전화로 직접 장소를 설명하게 했다.

여성의 이상한 상태를 눈치 챈 경관은 그녀의 뒤를 쫓고, 패밀리마트에 들어가 화장실에서 나온 여성을 보호했다. 이때 여성은 자신이 경관에게 보호를 요구하지 않았으며, 오히려 관여하지 않았으면 좋겠다는 태도를 보였다. 여성은 경찰에게 강한 불신감을 갖고 있었다. 이전에 교제하던 남성이 폭력을 휘둘러 경찰을 불렀음에도, 경찰이 힘이 되어주지 않은 씁쓸한 경험이 있었기 때문이다. 그녀는 경찰은 어차피 아무것도 해주지 않는다고 생각했다. 범인을 잡는 일 등을 절대 할 리 없다고 느꼈다. 그런데 친절한 경관의 태도를 접하고 여성은 집단강간피해를 입은 사실을 털어놓고 피해 신고서를 제출했다.

아침까지 기지 밖에 있었던 해병대원

한편 해병대원들은 여성을 방치한 후, 기지로 바로 돌아가지 않았다. C와 D는 0시부터 5시까지 기지출입이 금지된 심야외출 금지 병사였다. 돌아가면 검문만 당할 뿐이었다. 그래서 오전 5시 후 돌아가는 편이 징벌을 면하기에는 쉬웠다. 처음부터 그럴 생각이었다고 그들은 후에 인정했다. 미군 병사의 범죄는 심야시간대에 다발했다. 리버티 · 카드 제도가 외출을 규제한 바로 그 시간대다. 오키나와에서는 리버티 · 카드 제도의 효용에 의문을 제기하는 목소리도 존재한다. 리버티 · 카드 제도는 '규제를 피해 아침까지 기지 밖에서 지내며, 따라서 범죄와 연결되지 않는가?'라는 주장이다.

4명이 3시 반부터 아침에 기지로 귀가할 때까지, 어떻게 보냈는지 군법회의는 거의 문제시 하지 않아서, 자세한 사정은 모른다. 하지만 B의 '걸프렌드'가 경영하는 미용실에 갔다는 내용이 합중국 해군 · 해병대 군사재판소 자료에 명기되어 있다. B는 미용실에서 '걸프렌드'와 성교를 가졌다. 그 사이 다른 3명은 차 안에서 기다렸다고 한다. 4명 중에서 B의 양형이 가장 무거웠는데, '미용실에서 걸프렌드와의 부정'도 영향을 주었다. B의 양형은 피해자 돈을 절도한 점도 죄로 추궁되었다. 또한 일련의 범행수단인 차가 B의 차며, 그가 차를 운전했던 사실도 유의되었다.[7]

집단강간 후, 4인조 외국인이 동일한 나카구의 한 음식점에서 다른 여성을 때리고, 차로 도주한 사건이 있었다. 그런데 이 사건은 완전히 불문에 붙여졌다. 구타 사건의 발생 사실은 사건 직후에 집단강간 사건과 아울러 여러 신문에 보도되었다. A · B · C · D '4명의 범행으로 판명되었다'고 보도되었다. 그래서 현 경찰이 이와쿠니기지로 조회해서, 그 결과 기지로 귀가한 네 명을 미군이 구속했다고 전했다. 그런데 그 후 이 구타 사건은 전혀 보도되지 않았다. 또한 미군 당국의 예비심문 · 고등군법회의 과정에서도 이 건은 전혀 접할 수 없었다. 혼동될 정도로 흡사한, 또 다른 한 4인조 집단이 동일한 나카구에서 구타 사건을 일으켰다고 보기는 어렵다. 현 경찰이나 미군 당국은 사소한 트러블에 지나지 않는다며 무시해버렸고, 군법회의에서도 불문으로 되었다.

어쨌든 집단강간과 함께 구타 사건이 발생하여, 현 경찰은 이와쿠니기지에

---

7) 앞과 동일.

조회했고, 미군 당국은 오전 11시경 기지로 돌아온 4명을 구속했다.

2. 2차 강간과 부당 판결

증언의 환경

앞 절에서 언급한 사건의 전체상은 피해자 여성이 증언했기 때문에, 표면화 되었다. 사회가 범죄를 방치하지 않고, 사실을 구명하고 죄를 재판하여 정의를 실현하려 한다면, 피해자 증언이 중요하다는 사실은 두말할 필요도 없다. 엄정한 재판이 가능하려면, 불합리한 압박으로부터 증언자를 보호하는 조치가 필요하다. 또한 사법당국은 피해자가 법정에서 증언을 행하도록, 환경을 정비할 책임이 당연히 있는 것이다.

출전: 대표 취재로 들어갔던 테레비山口(TYS) 이와쿠니 지국 · 福永太郎 기자가 스케치 『朝日新聞』(山口県版), 2008년 6월19일.

특히 성폭력 피해자가 법정증언을 행할 괴로움은 헤아리고도 남는다. 생각하고 싶지 않은 고통의 경험을 생각해내야만 하며, 자기 자신에게마저 인정하고 싶지 않은 불쾌한 사건을 타인에게 말해야만 한다. 그 과정에서 피해는 리얼하게 재현되며, 그것이 다시 피해자를 괴롭힌다. 그러한 2차 피해는 성폭력 재판에서 공통된다.

그러나 히로시마 사건의 군법회의에서 2차 피해는 보통 추측 이상으로 피해자를 가혹하게 만든 요소가 많았다.

인권보호 수준이 저급하다는 일본의 법정에서조차 칸막이로 가림조치를 한다든지 비디오링크 방식을 도입한다든지 해서, 성범죄 피해자를 보호하고자 해왔다. 제도의 도입배경은 성범죄 피해자의 법정증언 시, 2차 강간으로 연결되는 경우가 많아, 증인에게 고통을 준다는 인식에서였다. 그래서 피고인·방청인과 증인 사이에 칸막이를 세우는 가림조치를 2001년 취하였고, 본인 증언을 법정의 별실에서 행할 수 있도록 비디오링크 방식을 도입했다. 2001년 오키나와 자탄쵸(北谷町)에서 발생한 미군 병사의 강간 사건은 앞서 말한 대로, 구속영장 청구는 늦었지만, 기소가 행해져, 일본재판이 열릴 수 있었다. 그 때 오키나와 여성단체 등은 비디오링크 방식의 채용, 피해자를 도와줄 신뢰할 만한 보조자 채용 등을 요구하여, 종래의 법정에서는 볼 수 없었던 피해자 보호조치를 이루어냈다. 피해자 인권보호의 일보 진전이라 평가받는다.

2005년 재판은 헌법이 정한 대심(對審)원칙에서, 비디오링크 방식은 무엇인가라는 문제가 쟁점이 된 재판이었다. 최고재판소는 다음과 같은 판결을 내렸다.[8)]

---

8) 최고재판소에서 비디오 링크 방식에 대한 합헌 판단(2005.4.14.), http://www.cc.matsuyama-u.ac.jp/~tamura/bideorinnkuhannketubunn.htm

형사소송법 157조 3은 증인심문 시, 증인이 피고인에게 보여, 압박을 받아 정신의 평정을 현저히 침해받는 경우가 있다. 따라서 그 부담을 경감하기 위해서, 그런 우려가 상당히 있다고 인정될 때는 재판소가 피고인과 증인 사이에 상호 상대의 상태를 인식할 수 없도록 하기 위한 조치를 취하며, 동시에 방청인과 증인 사이라도 상호 상대의 상태를 인식할 수 없도록 하기 위한 조치를 취할 수 있다(이하 이들 조치를 '차폐조치'라 한다)고 규정한다. 또한 동법 157조 4는 이른바 성범죄 피해자 등의 증인심문에서 재판관 및 소송관계인은 재석장소에서 증언요구가 가능한데, 그것으로 증인이 받는 정신적 압박을 피하기 위해서, 동일한 구내의 별도장소에 증인을 재석시켜, 영상과 음성의 송수신으로 상대의 상태를 서로 인식하며, 통화할 수 있는 방법으로 심문할 수 있다(이하 이런 방법을 '비디오링크 방식'이라 한다)고 규정한다.

이렇게 해서 일본에서 비디오링크 방식은 증언자를 불필요한 정신적 압박으로부터 보호하는 조치로 정착되어 왔다.

그런데 미군이 이와쿠니기지에서 행했던 예비심문 · 고등군법회의의 전 과정을 통해, 미군 사법당국은 그런 보호조치를 일절 강구하지 않았다. 예비심문과 고등군법회의를 방청한 기자들은 피해여성이 증언을 위해 입실하자마자, 해병대원이 자신의 눈앞에 줄지어 있는 모습을 눈치 채고, 표정이 갑자기 얼어붙어 동요하는 듯이 보였던 점을 잘 기억했다. 증언대와 피고석의 거리는 가까웠다. 그녀는 그 앞에서 증언을 해야만 했고, 범인이 누구인가를 가리키는 일도 요구받았다고 한다. 그 정도만으로도 충분히 여성에게 과중한 부담이라 하지 않을 수 없다. 참기가 힘들었던 여성이 오열하며 쓰러져 우는 장면도 있었다.

취재한 기자가 피해자가 증언한 방의 모습을 그린 그림이 있다.

모발을 깨끗이 정리하고 검은 정장차림으로 증언대에 섰던 여성의 모습이 그려져 있다. 하지만 여성의 인물특징을 나타내지 않도록 한 배려인지, 여성에게는 눈과 코가 없고 표정도 없다. 여성이 입실할 경우, 사용하는 출입구가 오른쪽 뒤쪽에 있다. 여성은 옆에 보조해주는 사람도 없이 증언대에 섰다.

미군 당국은 여성의 증언을 위해 통역을 준비했다. 하지만 기자에 따르면 여성은 어느 정도의 영어회화가 가능했기에, 자주 통역내용에 의아스러운 얼굴을 하고, 곤혹스러운 표정을 띠며, '제대로 번역해주세요!'라고 항의하는 일도 있었다. 방청석을 위한 통역은 보장되지 않았기에, 기자들은 증언이나 심문을 알아듣기가 매우 힘들었다. 그런데도 어느 기자는 통역자가 전문용어 혹은 일반적인 '가방', '지갑', '속옷', '팬티'라는 말도 적절하게 통역하지 않고 있음을 알아챘다. 통역이 개입해서 자신이 하고 싶은 말을 전하지 않는 상황하에서, 여성은 자주 자기 힘으로 영어를 사용하며, 대답했다고 한다. 그러나 유창하게 증언할 정도의 영어실력을 갖추지는 않았다. 증언자의 증언을 얻기 위한 최소한의 필요한 통역보장조차 적정하게 이루어졌다고 말하기 어려운 실정이었다.

여성 인격에 대한 모욕

미군의 군법회의가 여성에게 2차 강간의 장소가 된 점은 단순히 그 판결의 부당성 때문만은 아니다. 부당판결로 수렴해가는 군법회의 전 과정을 통해서 여성은 그 자체가 성폭력이라 하지 않을 수 없는 성적인 인격공격을 받았다. 피해자 심문이 어떤 배려로 넘쳐있었다 해도 강간 사건의 기억을 상기해야하는 증언자는 고통을 강요받는다. 그렇기 때문에 법정에서는 심문내용의 제한, 강간피해자 칸막이나 비디오링크 방식이라는 강간피해자 보호를 위한 여러 가지 방책들이 요구된다. 실제 미국에서도 강간 · 쉴드법(강간피해자 보호법)이 존재한다. 하지만 미 군법회의에서는 피해자 보호를 위한 배려가 없었다. 게다가 여성 인격에 철저한 모욕, 무의미한 치욕을 주는 증언의 강제가 행해졌다.

해병대원 측 변호단의 전술은 예비심문 단계에서 최후진술에 이르기까지, 시종일관 여성을 철저히 '거짓말쟁이'로 부르며 폄하했다. 법정기록을 읽으면, 법정에서 등장한 횟수가 가장 많았던 말이 '거짓말'은 아닐까라고 생각될 정도로, 변호단은 여성을 '거짓말쟁이'로 반복해서 매도했다. 그에 따라 여성은 강간피해자가 부여받아 마땅한 보호는커녕 중대한 인권침해를 당했다.

변호 측이 그려내려는 이야기는 여성이 4명과 섹스를 합의했지만, 나중에 돈을 도둑맞아서 화가 났고, 그 울분으로 4명을 해코지 할 목적으로 경찰에게 가서, 강간당했다고 거짓말했다는 스토리였다. 또한 부수적인 이야기로, 여성은 자유의사로 4명과 섹스 했지만, 모친이나 세상으로부터 '수치스러운 인간'이라 경멸당할까봐, 그것이 싫어서 강간당했다고 속였다는 주장이었다. 미성년인데도 술을 마셔 몹시 취해 있었으며, 과거에도 미국인 남자친구가 있었고, '누구와도 잔다', 거짓말만 하는 신뢰할 수 없는 인물이라며, 여성은 변호사에게서 모욕적 발언을 뒤집어썼다.

미국 대부분의 주는 강간 · 쉴드법에 따라, 강간피해자에게 과거의 남성경험을 질문하는 일을 금지하고 있다. 군법회의 매뉴얼(MCM) 제 412조에는 강간 · 쉴드법의 규정이 존재한다. 그런데 고등군법회의는 여성의 과거를 의미심장하게 꺼냈다. 여성이 상하 매치된 속옷을 착용한 일조차, '남성을 유혹하고 싶은 기분이 들어서 아닌가?'라며 질문했다.

여성에게 '거짓말쟁이'라는 말에 더해, 변호단은 기가 막히게도 여성이 방범카메라 영상에서 '괜찮아!'라고 말했던 장면마저 거짓말쟁이의 증거라며 주장할 정도였다. 그 누구의 눈에도 분명히 패닉상태였던 여성은 경찰이 관계되지 않았으면 하는 마음에서 그 말을 행했다. 그런데도 변호단은 그것이 '괜찮지 않은데, 괜찮다고 거짓말을 했다'는 증거라며 강변했다. 설명할 필요도 없지만, 변호단의 의도와는 반대로 방범카메라는 그녀가 돈을 도둑맞은 울분으로 경찰에게 가서, 해병대원을 고발했다는 변호단의 주장이야말로 아무런 근거도 없는 거짓말임을 증명한다.

'거짓말'이란 무엇인가

검찰 측 증인으로 법정에 소환된 한 심리학자는 이 방범카메라의 영상을 본 후, 피해자 여성의 행동은 강간피해를 당한 후 보이는 여성의 가장 일반적인 반응이며, 완전히 일관성이 있다고 증언했다. 강간피해자는 어쨌든 빨리 그 자리에서 피하고 싶어 하는 행동을 하며, 그녀를 도우려는 사람(이 경우는 경찰)도 피하려 한다는 점이다.

또한 여성이 경찰에게 달려가 피하기는커녕 오히려 경찰의 개입을 꺼리는 태도를 취한 데는 다른 이유도 있었다. 우선 여성은 일찍이 교제하던 남성의 폭력에 직면하여, 경찰에 도움을 요청한 적이 있었음에도, 도움을 받지 못한 아픈 경험이 있었다. 어차피 경찰은 아무런 도움도 주지 않는다는 강한 불신감을 갖고 있었다.

게다가 여성은 경찰에게 피해를 털어놓은 후에도 여전히 엄마가 딸의 집단강간피해를 알고서 얼마나 상처 입을까를 두려워하여, 절대로 피해사실을 모친에게 알리지 않았으면 하는 바람을 갖고 있었다. 미성년이기에 피해 신고서를 모친에게 보내면, 모친이 말려드는 결과가 되지 않을까 진지한 걱정을 했다. 그래서 수사관에게 '돈을 도둑맞았을 뿐이라고 말해주세요', '19세이므로 피해 신고서를 보내 어머니가 아시게 된다면, 강간은 말씀하지 마시고 돈을 도둑맞았을 뿐이라고 해주세요'라고 부탁했다고 한다. 또한 그녀가 차이나타운에서 실제로 마신 음료는 약간의 매실주 2잔으로 술 취할 정도의 양은 아니었다. 하지만 모친에게 성적 피해를 알리지 않으려고, 음주해서 술 취해버렸을 뿐이라고 얘기했다고도 한다. 그런데도 '한 명의 경찰관이 부모마음을 헤아려서, 여러 가지를 여성에게 알려주었다.' 그래서 여성의 마음이 변했고 여성은 군법회의에서 증언했다. 딸이 진실을 말하는 일이야말로 부모의 불안을 경감할 수 있다는 의미의 설득이었을까. '그 경찰관이 말한 이야기가 올바르다고 생각했다.' 따라서 피해당한 사정을 털어놓기에 이르렀다고 한다.

최초로 보호해준 경찰 그리고 모친에게도 피해사실을 털어놓으려 하지 않았던 여성의 심정이나 피해 신고서를 보내는 데에 따른 여성의 갈등은 쉽게 헤아릴 수 있다. 그 시점에 여성이 피해사실을 전면 말하려 하지 않았다 해서, 그리고 말하고 싶지 않은 사실을 질문 받아서 사실이 아닌 것을 말했다 해도, 본래 '거짓말'로 비난당할 일은 아니다. 또한 여성은 C가 차로 유인한 상세한 경위를 원래 경찰에게 얘기하려 하지 않았다. 이는 안지 얼마 안 된 남성의 꾐에 빠진 자신을 사람들이 편견을 갖고 대할까봐 무서워했기 때문이다. 집단강간피해 사실에 대해서는 맨 처음부터 일관되게 진실을 말했다.

그런데 해병대 측 변호단은 그런 여성의 심정을 이해 못하는지 혹은 알면서도 모른 체 하는지, 모든 일을 여성의 '거짓말'이라 주장했다. 변호단이 묘사하려는 인물상은 모순이다. 변호단에 따르면, 여성은 절도로 분노하여, 4명에게 복수를 기도했으며, 집단강간피해를 날조했다는 이야기가 된다. 다른 한편 4명과 섹스 한 행위를 부끄러워했으며, 모친이나 경관으로부터 '누구와도 자는 인간', '가벼운 여자'라 경멸당하지 않으려고, 강간당했다고 거짓말했다는 이야기가 된다. 후술하듯이, 검찰 측은 4명의 범행을 입증하려는 철저한 자세를 견여하고 있었다. 하지만 변호 측의 주장에는 '정합성이 없어서 일리가 통하지 않는다'며 반박하는 장면도 있었다. 여성이 절도로 분노했을 뿐이라면, 도난 신고서를 보내면 끝난다. 만약 4명과 성행위한 점을 부끄러워했다면, 누구에게도 말하지 않으면 될 뿐 아닌가.

이처럼 변호단은 냉정히 보면, 변호 측에 긁어 부스럼이든, 일관성이 없든 상관하지 않고, 모든 일을 여성이 '거짓말'하는 증거인 듯이 강변했다. 부끄러워야 할 인간이 부끄러워야 할 거짓말을 한다며, 철저히 인격을 모욕했다. 그리고 해병대원의 공격행동은 '약간 딴 눈 팔았을 뿐, 아무 일도 아닌 사소한 군대규율 위반이며, 단순 부주의에 지나지 않는다'며 옹호했다.

여성을 공격하기 위해 이용된 일본 측 수사 자료

변호단은 일본 측이 제출한 수사 자료를 최대한 이용했다. 이 점에 특별한 주위를 기울이고 싶다. 변호단은 일본 측 수사 자료에서 나타나는 진술 변화를 세세히 지적하며, 여성이 '거짓말'만 한다고 주장했다. 가령 여성은 군법회의에서 '살해당할지 몰라 무서웠고, 아무런 저항도 할 수 없었다'고 증언했다. 하지만 변호단의 논리는 일본 측이 제공한 여성의 진술조서에는 몇 번이나 '그만 둬!'라고 외쳤다고 적혀 있으므로 모순된다는 이야기다. 이치에 맞건 안 맞건, 여성을 '거짓말쟁이'라 각인시키고 싶은 변호단은 모두 거짓말이라 규정하고, '외치다'와 '큰 소리로 말하다'는 다른 말이며 이것도 거짓말이라는 어조로 공격했다. 그리고 누군가 다리를 잡아 눌렀다고 한 여성의 발언을 거짓말이라 주장했다. '아무도 그런 일을 하지 않았다'고 판단한다고 말하기도 해서 주장이 격해졌다. 이처럼 변호단은 여성의 경찰 진술조서를 바로 때맞춰

공격재료로 활용했다.

1장 3절에서 군법회의 종료 후 1년이 지난 시점에, 히로시마현 경찰이 최초 고발장에서 죄상을 수정하고 원래 고발장을 부당하게 폐기한 사실이 발각되었다고 언급했다. 이 사건을 취재한 기자에 따르면, 여성은 새로운 죄상으로 새 고발장을 쓰는 데 동의했다. 그렇지만 여성이 다른 취조관과 대화했을 때, 원래의 오래된 고발장 관련 대화로부터 경찰 내부의 부당폐기가 발각된 내막이 있었다고 한다. 또한 현 경찰 내부에서 히로시마 사건 입건에 적극적이었던 경감이 나중에 경질되었다는 풍문도 있다.

도대체 이것을 어떻게 생각하면 좋을까.

변호단 측은 '여성이 복수를 기도해 스스로 경찰에 뛰어들었다'고 주장했지만, 공식적인 수사기록이나 비디오영상이 보여주듯이 그것이야말로 허위였다. 실제로는 누가 봐도 비정상인 상태에 있던 피해 직후의 여성을 경찰이 발견하여 보호하고, 사정을 묻기 시작했던 것이다. 경찰에 대한 불신이나 모친에게 염려를 끼치고 싶지 않은 마음에서, 처음에는 아무것도 말하려 하지 않은 여성이 수사하던 경찰관의 설득으로 차츰 마음을 열어, 경찰을 믿고 진실을 말하기 시작했다는 경과였다. 경찰이 자신을 위해 힘써준다고 느껴, '자신도 힘내지 않으면, 싸우지 않으면'이라고 마음먹고 결정했다고 그녀는 말한다.

죄상마저 도중에 수정된 사실에서도 드러나듯이, 여성의 '진술' 변천은 이러한 맥락에서였다. 하지만 그러한 여성의 진술조서까지도 어째서 일부러 군법회의에 제공될 필요가 있었을까. 그 진술변천의 경과와 맥락을 알고 있던 경찰이 수사를 위한 자료를 어째서 미군에게 모두 던져주었을까.

2009년 6월, 히로시마현 경찰의 공문서 부당폐기가 신문에 보도된 점을 앞서 언급했다. 고발장 부당폐기 사건은 문서관리가 뭔가 석연치 않다고 현경

내부에서까지 얘기되었다. 신문기사에 따르면, 죄상을 바꾸었는데 날짜는 원래대로 했다고 한다. 곧 단순히 '보존해 두어야만 할 원래 문서를 보존하지 않았다'는 차원이 아니라 처음부터 '어떤 하나의 죄상이었다'는 것으로 고의로 공문서를 고쳤다는 점이다. 어째서 그럴 필요가 있었는가. 고발장이 부당하게 폐기된 경과나 그것이 현 경찰내부에서 발각된 경위, 게다가 그것이 군법회의가 끝난 후, 1년이 지나서 신문기자에게 폭로될 때까지, 은닉된 경과를 생각하면, 일련의 석연치 않은 처리가 미군에 대한 수사협력이라는 문제와 무관하다고는 생각하기 어렵다.

일본의 일반시민은 이러한 현 경찰의 수사나 미일 수사협력의 내막에 관해서 전혀 알지 못한다. 고발장이나 진술조서의 열람을 청구해도, 쉽게 허가되지 않는다. 하지만 집단강간범을 변호하기 위해서는 그 조서까지도 미군 측에 제공되고 여성공격에 이용되고 있다. 마치 재판받는 자는 집단강간범이 아니라 그 피해를 당한 여성인 것 같다.

이 군법회의 장에서, 해병대원의 변호인은 여성이 최초 C의 유인에 빠진 사건을 경찰 및 검찰에게 확실히 털어 놓은 시점이 10월 25일이며 그 시점에 이미 검찰관은 수사를 맡고 있었음을 보여주는 발언을 했다. 25일은 마침 그때까지 강제수사 방침을 견지한 히로시마현 경찰이 '집단적인 여성폭행혐의로 체포하는 데 충분한 증거를 얻지 못했다' 등의 이유로 체포영장청구를 취소하고, 임의사정청취로 방침을 전환한다고 공표한 날이었다.

여기에서 추측되는 점은 다음과 같다. 일본 측은 최대한 사건을 기소하지 않는다는 거대한 미일밀약을 배경으로, 여성이 힘에 눌려 차로 끌려가지 않았으며, 해병대원 1명이 데리고 갔다는 경위만 있다면, 불기소해도 상관없다라는 판단이 관계자 사이에서 행해지지 않았는가라는 점이다. 지검이 불기소 이유를 전혀 설명하지 않은 점은 전술한 대로지만, 만약 이 추측대로라면 불기소 이유를 도저히 공적으로 설명하지는 못했을 것이다. 곧 여성이 한 명의 남성과 교제에 합의하면, 그 남성동료들도 상대해야만 한다는 논리가 되기 때문이다. 이는 강간범과 동일한 논리며, 회피할 수 없는 불명예스러운 여성차별주의기 때문이다.

진상은 은폐된 채로 있지만, 어쨌든 일본 검찰이 본 사건을 기소에 적합하지 않다고 한 점이 미군 측에게는 큰 의지가 되었을 것이다. 일본 여론에 어필하는 데는 '일본이 취하는 데 충분하지 않다고 한 재판을 군대규율이 엄격한 미군은 채택했다'라는 틀만으로도 충분하다고 미군 측은 인식했다고 본다. 해병대원 측 변호단이 '미성년이 밤에 놀러 다닌 점이 문제다', '여성이 말하는 사실은 애매하다', '데리고 갔다면 여성이 나쁘다'고 피해자를 비난하는 일본 사회의 분위기를 숙지한 다음, 철저히 여성에 대한 인신공격을 자신의 변호 전술로 삼은 점은 쉽게 상상할 수 있다. 이런 의미에서도, 여성에 대한 부당한 공격은 본질적으로 해병대원 측 변호단의 단독만은 아니며, 확실히 일본 측 조사기관과의 '수사협력'에 근거한 것이다.

판사 · 검찰

변호단의 여성에 대한 인신공격이 그저 단지 외양은 상관하지 않는 변호전술이라면, 내용이 너무 비도덕적이라 해도, 성폭력 재판에서는 쉽게 접하는 일로, 상정된 범위 내에서 어느 정도는 인정될지도 모른다. 하지만 문제는 변호단만이 아니었다.

증언자에 대한 도가 지나친 인격모욕은 증언에 대한 부당한 압력이며, 당연히 검찰이나 판사 측으로부터 이의가 주창되어 저지되어야만 한다. 하지만 검찰이나 판사는 한 번도 그러한 개입을 하지 않았다.

그뿐만 아니라 애당초 검찰이 강간, 유괴사실을 입증하려 했는지가 의문이다. 일단 검찰 측은 본 사건은 강간이며, 유괴가 행해졌다고 주장하기는 했다. 하지만 예비심문과 군법회의에 관한 기자의 취재메모에 따르면, 검찰의 심문과 증거제출이 강간과 유괴를 입증하기 위해 이루어졌다고는 보기는 어려웠다. 판사 역시 진실을 분명히 밝히려는 태도였다고는 믿기 어려웠다.

예를 들면 예비심문의 장에서, 놀랍게도 검찰 측은 여성에게 어떻게 저항했는가를 꼬치꼬치 따졌다. 여성은 전술한 대로, 살해당하지는 않을까라는 공포의 한 가운데서 해병대원들에게 윤간 당한다. 4명 전원에게 1회씩 강간당한 후 더하여 2회나 더 성행위를 강요당한다. 언제 끝날지 모르는 집단폭력의 와중에서 여성은 순간적이나마 빨리 해병대원들이 행위를 끝마치기를 바란다. 저항불능 상태에 놓인 그때, 그녀는 동일한 상황에 몰린 다수의 여성이 행동하는 것처럼 똑같이 행동한다. 빨리 그들이 행위를 끝내도록 하기 위해 헐떡이며 숨가빠하는 소리도 냈다. 그것은 신체위해를 최소한으로 억제하기 위한 가장 현명한 판단이었다. 하지만 그녀가 그처럼 한 행위를 변호측이 아닌 검찰 측이 여성에게 대답하도록 만들었다. 게다가 '어떤 소리를 냈는가?'라고 집요하게 추궁했다. 대답하기 곤란한 여성에게 그 소리를 재현하도록 요구했다. 여성은 곤혹스러워하면서도 그 요구에 따라 소리를 내보였다. 그리고 그 후에 여성에게 던진 말은 '그럼, 합의했던 것 아닌가?'라고 말했다고 한다.[9]

대화를 방청하던 어느 여성기자는 '마치 고문 같다'는 혐오를 느꼈다고 말했다. 대화에서 도대체 여성을 우롱하는 이상의 그 어떤 의미가 있는가. 목적이 해병대원들의 강간입증이라면, 이런 심문은 아무런 의미도 없다. 그것은

---

9) 「予備審問取材ノート」, 2부 1장의 주3과 동일.

단순히 여성에게 상기할 필요도 없는 굴욕을 생각나게 해서, 미군 병사가 '강간은 아니고 합의한 집단섹스다'라는 주장에 가담하기만 하는 심문이었다. 단순히 과거 강간을 재현시킨 것만이 아니다. 여성에게 '그 때의 소리'를 내도록 요구하고, 구경거리로 만들었다. 그것은 2차 강간이라기보다도 성폭력 그 자체였다고 해야만 한다.

고등군법회의 장에서도 이해하기 어려운 심문이 행해진다.

예를 들면, D의 재판에서 판사는 차로 이동 중 뒷좌석에서 여성의 몸에 손댄 점을 인정한 D에게 질문을 했다. 하지만 판사의 질문과 D의 대화는 '군법회의 취재기'에 다음과 같이 기록되었다.

> 판사의 질문: '여성을 모욕할 생각으로 했는가, 그렇지 않으면 홍분시킬 생각으로 했는가?'
> D의 응답: '여성을 홍분시켜 기분 좋게 만들 생각으로 했다. 나 자신도 C 삼등중사도 홍분했다고 생각한다.'
> 판사의 질문: '여성은 적극적인 반응을 했나?'
> 피고변호인이 가로막다.
> 판사: '피고변호인은 이 내용을 자세히 조사하지는 않은 것 같다'고 말하고 휴정.

이것이 정당하고 진실한 재판이라 할 수 있을까.

여기서 추궁당한 사실은 여성의 의사에 반한 성폭력이 아니다. D가 그런 행위를 했던 의도다. 모욕할 생각은 아니었으며, '홍분시킬 생각'으로 했다면, 강간은 강간이 아닌 것일까. 또한 '여성은 적극적인 반응을 했나?'라는 질문으로 무슨 말을 하게 하고 싶었던 것일까. 여성에게 '헐떡이며 숨가빠하는 소리'를 재현하게 하는 일까지 시킨 사람들이 여기서 도대체 무엇을 듣고 취하려

했는가. 피고변호인이 가로막은 행위는 D가 너무나 비열한 말을 해서 무서웠던가, 그렇지 않으면 '여성이 적극적으로 반응할 수는 없었지만, 스스로 흥분하고 있었으므로 아무튼 좋았다'라고 정직하게 말해 버릴까봐 두려웠던가. 어쨌든 판사는 추궁해야만 할 가장 중요한 사실인 범행에 이르는 경위나 범행 그 자체는 묻지 않았다.

휴정 후 검찰에 의한 증인심문에서 피해자는 이것저것 개인정보를 추궁 당했다. 다름 아닌 검찰은 그녀에게 과거의 남성관계, 외국인 남성과의 교제 등을 질문했다. 미국에 존재하는 강간 · 쉴드법(Rape Shield Law)을 변호 측뿐만 아니라 검찰, 판사는 파괴하고 갈기갈기 찢어버렸다.

덧붙여, 이 날은 해병대원의 사건 후를 조사한 미군 측 수사관의 증언영상이 증거로 신청되었다. 하지만 검찰관이 PC를 텔레비전에 접속하려 했는데, 기계가 구비되지 않아서, 영상이 좀처럼 비추어지지 않았다. 판사가 '준비절차가 안 좋다'며 역정 내기 시작했고 영상은 취소되어 버렸다.

이 정도로 강간 · 쉴드와는 반대로, 피해여성의 과거, 현재의 개인정보를 흘리고, 모욕적인 심문을 실시한 측은 변호 측뿐만이 아니라 검찰 측도 판사도 비슷비슷했다. 이렇게 해서 미군의 군법회의는 변호단 주장의 대부분을 인정하고, 강간도 유괴도 무죄가 되는 판결을 내렸다.

고등군법회의의 판결은 대단히 부당했다.

하지만 일본의 매스미디어는 군법회의 결과를 겉으로 표출된 일만을 가지고 짧은 기사로 보도했을 뿐이었다. 그 타이틀만 보면, 일본이 불기소한 집단강간 사건을 미 군법회의는 '유죄'라고 했으며, 범인인 해병대원에게 처벌이 내려졌다는 인상만이 남는다. 하지만 지금까지 언급한 바처럼, 군법회의 내용을 잘 보면, 군법회의는 집단강간재판이 아니었고, 게다가 군법회의 판사는 강간 사실조차 사실로 인정하지 않았음을 알 수 있다.

히로시마현 경찰은 이 사건을 '집단강간죄' 혐의로 서류 송검했다고 전한다. 사실 엄밀한 죄상은 '강간'이 아니며, '강간치상'의 가능성도 있다고 앞장에서 언급했다. 하지만 어쨌든 현 경찰이 사건수사를 근거로, 범죄 내용을 집단강간이라 인식하고, 지검에 송검한 사실 자체는 의심할 여지가 없다. 하지만 여성이 집단강간을 호소한 사실을 군법회의는 4명 전원에게 강간에 관해 무죄를 판결했으며, 결국 4명 모두는 매우 가벼운 양형으로 처리되었다.

통일군법의 강간 정의

왜 그러한 결과가 되었을까. 우선 첫째로 통일군법 그 자체의 모순점을 지적하자.

통일군법에서 성폭력을 규정한 조항은 제120조지만 미국은 히로시마 사건 발생 직전, 2007년 10월 1일 통일군법을 개정했다.[10] 개정으로 제120조의 표제는 '강간(rape) 및 육체관계(carnal knowledge)'에서 '강간(rape), 성적 폭행(sexual assault), 그 외 성적 위법행위(sexual misconduct)'로 수정되고 '강간'의 정의가 변경된다.

10) 통일군법에서 강간의 정의 변경과 신구(新舊)의 통일군법에서 성폭력 규정에 대해서는 Keith Hodges, "The New Article 120, UCMJ", in The Federal Law Enforcement Informer (The Informer), October 2007, http://www.fletc gov/training/programs/legal-division/downloads-article-and-faqs/articles/SexOffensesintheMilitary.pdf/view
Rod Powers, "Punitive Article of the UCMJ Article 120, Rape, sexual assault, and other sexual misconduct.", http://www.usmilitary.about.com/od/justicelawlegislation/a/art120new_5.htm.
Walter T. Cox, III, "Consensual Sex Crimes In The Armed Forces:A Primer For The Uninformed", Duke Journal of Gender Law & Policy 791 (2007), http://www.law.duke.edu/shell/cite.pl?14+Duke+J.+Gender+L.+&+Pol'y+791#H1N3
Jennifer S. Knies, "Two Steps Forward, One Step Back: Why the New UCMJ's Rape Law Missed the Mark, and How an Affirmative Consent Statute Will Put It Back on Target," (Department of the Army Pamphlet 27-50-411, The Army Lawyer, August 2007, pp.1-44) 등이 있다.

구 통일군법은 강간을 '아내 이외의 여성에게 폭력을 행사, 여성과 합의 없이 섹스를 하는 자는 강간에 대해 유죄며, 사형 혹은 그 외 군법회의가 명하는 처벌을 받는다'고 규정했다. 곧 아내나 남성이 강간피해자인 경우를 정의상 배제한다는 점에서 결함은 있지만, 상대의 합의가 없는 섹스의 강요가 강간이라는 간결한 정의였다.

그런데 새로운 정의는 '(1) 폭력 (2) 중상 (3) 협박해서 죽음이나 중상으로 연결되는 위해(危害)나 유괴의 공포에 빠뜨리는 것 (4) 피해자의 의식을 빼앗는 것 (5) 약물 등으로 상대의 판단능력을 빼앗는 것' 중 어느 하나에 따라 사람에게 성행위를 시키는 경우만이 '강간'이며, '동의 없는 성행위'는 강간이 아니라는 규정이다.

구 통일군법의 성폭력은 제120항의 표제대로, '강간'과 '육체관계(carnal knowledge)' 두 가지 분류밖에 없었다. 이 법률에서 말하는 '육체관계'란 16세 미만 소녀와의 섹스를 의미했다. 곧 연소자의 경우는 본인이 합의해도, 정상적인 합의로 간주되지 않기 때문에, '강간'이라 병기(併記)하는 형식으로 연소자와의 '육체관계'를 금지했다.

하지만 이처럼 두 가지 종류밖에 없던 성폭력 분류는 새로운 통일군법에서 14항으로까지 세분화 · 증설되었다. 그 중 연소자를 대상으로 한 행위와 외설행위, 강제매춘에 관한 항목을 제외하면, 성폭력의 죄상 분류는 다섯 항목이다. 행사된 폭력과 신체위해의 심각도나 성기접촉의 정도를 세분화해서 '강간', '중(重) · 성적 폭행', '중(重) · 성적 접촉', '학대적 성적 접촉', '부정(不正) 성적 접촉'으로 나누었다. 각각의 최고형은 '강간'은 사형 또는 종신형, '중 · 성적 폭행'은 30년, '중 · 성적 접촉'은 20년, '학대적 성적 접촉'은 7년, '부정 성적 접촉'은 1년에 지나지 않는다. 이 같은 세분화로 합의 없는 성행위 강요는

'강간'이 아닌 것으로 되어버렸다.

부정(不正) 성적 접촉

히로시마 사건이란 몹시 힘이 세고 덩치가 큰 해병대원 4명이 여성을 에워싸고 여성의 의사에 반해, 성행위를 행하고, 여성을 살해당할지도 모른다는 공포로 빠뜨리고, 게다가 여성을 낯선 장소로 유괴하여, 윤간한 사건이다. 이런 범죄는 새로운 통일군법 정의에서도 강간이라 인정되기에 마땅했다.

하지만 군법회의에서 '폭력'이나 '부상', '협박'의 심각성 정도를 어떻게 산정, 평가하는가는 판사재량으로 위임되었다. 결국 4명의 미군 병사는 강간은 물론 중 · 성적 폭행도 중 · 성적 접촉도 인정되지 않았다. 그들은 학대적 성적 접촉죄로조차 추궁당하지 않았다. 최장 일 년 미만의 징역에 지나지 않는 '부정 성적 접촉' 위반으로만 인정될 뿐이었다.

고등군법회의 메뉴얼(MCM) 설명에 따르면, '성적 접촉'이란 '타인을 학대하고 수치심을 갖게 한다든지, 평판을 떨어뜨리게 한다든지, 상대의 성욕을 불러일으킨다든지, 만족을 채우려 한다든지, 그런 의도로 피부에 직접, 혹은 옷위에 간접적으로 타인의 성기, 항문, 사타구니, 가슴, 허벅다리, 둔부를 의도적으로 만지는 일, 혹은, 성기, 항문, 사타구니, 가슴, 허벅다리, 둔부를 의도적으로 타인에게 만지도록 시키는 일'을 의미한다. 그리고 '부정 성적 접촉'이란 '법적 정당화(legal justification) 혹은 합법적 권한부여(lawful authorization) 없이, 그리고 상대의 허가 없이 성적 접촉을 행하는 일'이다.

도대체 성적 접촉 행위로 '법적 정당화 혹은 합법적 권한 부여'가 존재하는 경우란 어떤 경우가 상정될지 이해하기 어렵다. 상대를 모욕하려는 의도나 성적 욕망의 의도가 없다면, '부정 성적 접촉'에 해당되지 않으므로, 의료행위

〈표 12〉 통일군법의 강간(レイプ) 정의

a	강간	(1) 폭력의 행사 (2) 중상을 입히는 경우 (3) 협박하여 죽음이나 중상으로 연결되는 위해나 강간(Rape), 유괴, 공포에 빠뜨리는 경우 (4) 의식을 잃게 하는 경우 (5) 약물 등으로 상대의 판단능력을 빼앗는 경우 중 어떤 것을 이용해 성행위에 종사시켜 성적 행위를 행하는 경우	사형 또는 종신형
b	아동에 대한 강간		상동
c	중・성적 폭행 Aggravated sexual assault	협박이나 신체적 위해를 수반하지만 위해가 강간보다 중대하지 않은 성행위	30년
d	아동에 대한 중・성적 폭행	12세 미만의 아동에 대한 중・성적 폭행	20년
e	중・성적 접촉(Aggravated sexual contact	성적 접촉이지만 강간에 해당하지 않는 경우	20년
f	아동에 대한 중・성적 학대	아동에 대한 음란한 행위	20년
g	중・아동에 대한 학대적 성적 접촉	아동에 대한 성적 접촉	20년
h	학대적 성적 접촉 Abusive sexual contact	성적 접촉이지만 중・성적 폭행에 해당하지 않는 경우	7년
i	아동에 대한 학대적 성적 접촉		15년
j	아동 면전에서의 음란한 행위	아동 면전에서 음란한 행위를 행하려는 경우	15년
k	외설 행위 Indecent act	외설 행위	5년
l	강제 매춘 forcible pandering	사람에게 매춘을 강제하는 경우	5년
m	공공연한(公然) 외설 Indecent Exposure	공공연한 외설	1년
n	부정 성적 접촉 Wrongful sexual contact	법적정당화(legal justification) 혹은 합법적 권한부여(lawful authorization)로 상대방 허락없이 성적 접촉을 행하려는 경우	1년

나 구조 활동은 해당되지 않을 것이다. 도대체 군사훈련 중 교관이 병사를 훈련시키기 위해, 성적으로 모욕하는 징벌은 합법적 권한이 부여되므로, 법적으

로 정당화 된다고도 말할 것인가.

하지만 그 의문점은 일단 제쳐두자. '부정 성적 접촉'이란 요컨대 본인이 허락하지 않는데 신체를 만지는 일이였고, 스쳐 지나가면서 사람의 스커트 위로 둔부를 만지거나, 전철에 함께 탄 사람의 가슴을 만지는 치한행위 등이 여기에 해당된다. 고등군법회의 판사가 인정한 제120조 위반이란 그러한 '부정 성적 접촉'에 지나지 않는다.

군법회의의 사법거래

통일군법에서 개념정의의 변경과 개념의 세분화로 강간범죄가 강간이 아닌 것으로 여겨진 점과 함께 가해자 면책을 위해 상승효과를 발휘한 다른 두 가지 요소가 있었다. 곧 형사범죄의 재판 대부분을 사법거래로 처리하는 미국의 사법제도와 군법회의 특징인 '가족 내 서로 감싸기(=자기식구 감싸기)' 구조다.

군법회의의 사법거래는 군법회의 규칙에서 정해진 피고면책에 관한 규칙에 기초한다. 사법거래는 군법회의 소집권자와 피고 간에 재판 전에 이루어지며, 피고가 유죄를 인정하면, 대신 소집권자는 판결의 경감을 약속한다고 서로 동의한다. 사법거래 신청은 피고 측에서도 가능하며, 소집자 측에서도 신청이 가능하다. 어쨌든 피고는 법무관의 원조를 받아, 이 거래를 행하고, 재판 전에, 피고와 법무관이 구성한 변호단 그리고 소집권자가 정식 동의문서를 작성하고 서명을 한다.

재판관 혹은 배심원의 판결은 재판협정 내용과는 독립적으로 판결을 내리는 외형이지만, 재판관이나 배심원이 내린 판결이 사법거래에서 합의했던 형을 넘으면, 사법거래에서 합의한 형보다 가벼운 형으로 낙착된다. 만약 결정된 형보다 재판의 판결이 가벼우면 보다 가벼운 판결만이 채택된다. 곧 재판 전에 이미 기본적인 결론은 나왔기에 재판으로 한층 더 형을 경감시킬 가능성이 남는다.

그처럼 사법거래 결과, 4명의 해병대원 전원은 죄상의 인정여부에서 죄상의 일부를 '유죄'로 인정했다. 그리고 그것을 담보로 '무죄'를 주장한 죄상이 무죄가 되었고, 양형은 경감되었다.

이렇게 해서 소추된 죄상 중 4명 전원은 통일군법 제81조 '공모' 및 제120조 '강간, 성적 폭행 및 성적 불법행위'에 관한 '강간'과 '유괴'라는 결정적인 죄상을 부인했으며, 죄상의 부인이 그대로 인정된 채로 판결되었다. 결국 현실에서 집단강간은 재판 전에 이미 재판대상에서 제외되어 버렸다. 제120조는 앞서 언급한대로 '강간' 외에 13개로 분류를 지정했지만, 죄상의 인정여부에서, 4명에게 유죄로 인정된 부분은 '외설행위'에 지나지 않았다. 일련의 고등군법회의의 결론을 보자.

『성조기』(5.8, 5.22.)에 따르면, 당초 D는 '25년 6개월의 징역', B는 '징역 21년 이상'의 징역 가능성이 있었다. 그런데 4명 중 가장 빨리 고등군법회의에 회부된 자는 D다. 그는 다른 해병대원에 대한 소추를 돕는 대신, 형이 경감된다는 사법거래가 가능했다. 그는 고등군법회의에서 검찰구형 10년, 판사판결 징역 2년을 받았다. 그런데 실제 부과된 형은 사법거래로 결정된, 징역 1년뿐이었다. 게다가 미결 구류일수가 앞당겨져, 사건 1주년 시점에 혐의가 풀려 석방되었다.

또한 징역 21년 이상이었던 B는 구형이 90개월(7년 6개월), 판결은 징역 600일(1년 8개월)이었지만, 사법거래 합의에 근거하여, 실제는 1년 6개월이었다. B가 다른 3명에 비해 처벌이 무거웠던 점은 '미용실에서 여자 친구와의 부정' 혹은 피해자 돈의 절도행위가 죄로 추궁된 점, 일련의 범행수단인 차가 B의 차며, B가 운전을 했던 점도 유의(留意)되었다.

계속 열린 A의 군법회의에서는 구형 5년 · 판결 15개월이었다. A는 두 번째 주차장에서 C가 '다음에 해도 좋다'라는 말을 해서 자신이 다음으로 성행위 했다고 인정했다. 그런데 A는 그 행위에 여성이 합의했다고 강변했다.

마지막으로 열린 군법회의의 피고는 C였다. 보통 시민적 감수성과 감각으로 생각하면, 그가 집단강간 범죄의 주범이다. 알게 된 여성을 '내 집에 가자!'고 속이고 차로 데리고 들어간 후, 여성의사에 반해 동료집단을 불러들여 집단으로 강간했던 인물이 C다. 또한 그는 B가 행한 절도를 알고 있었다. 게다가 그 일부를 취한 혐의도 있었다. 뿐만 아니라 당초 사건 후, 미군기지 내에서 이루어진 수사에서 허위를 말한 점도 죄상으로 드러났다. 그런데 그 역시 재판 시작 전, 사법거래로 강간, 유괴, 절도, 위증 모두가 재판대상에서 제외되었다. 결국 외설죄만 유죄로 인정, 징역 3년 이상의 구형에 판결은 징역 1년이었다.

고등군법회의의 결론

이런 과정으로 해병대원 전원은 1년~1년 6개월의 징역형으로 그치고 만다. 미군 당국은 군법회의 개정 전의 사법거래로 집단강간을 집단강간으로 취급하지 않았으며, 4명 해병대원의 강간, 유괴라는 결정적 죄상을 맨 처음부터 배제했다. 게다가 고등군법회의의 사실인정이나 판결은 재판 전 합의서와는 독립적으로 내려졌을 텐데, 그럼에도 강간이나 유괴는 인정되지 않았으며, 검찰 측 구형을 크게 밑도는 판결이 나왔다.

'일본검찰은 불기소 했지만, 미국은 이를 재판에 회부하여, 유죄판결을 내렸다'는 언설이 넓게 유포된 현상은 이미 언급했다. 하지만 이 장에서 분명히 밝힌 바처럼, 실제는 결코 그렇지 않았다. 4명은 제120조 '강간, 성적 폭행 및 성적 불법행위' 위반으로 유죄가 선고되었다. 하지만 위반이 인정된 조항은 단지 단순히 사람들 눈에 띄는 장소나 동료 앞에서 추잡한 행위를 했다는 의미에서의 '외설행위', 옷 위로 신체를 만졌을 때 적용되는 치한행위인 '성적 불법접촉'에 지나지 않았다.

곧 미군 당국의 수사와 고등군법회의의 결론은 집단강간의 죄상을 엄정하게 조사하여 적정한 처벌을 내리는 일이 아니었다. 그런 의미에서 히로시마현 경찰・히로시마 지검과 조금도 다른 점이 없었다.

어느 측이 '낫나'로 한정해 말한다면, 차라리 히로시마현 경찰 측만이 이 사건을 집단강간으로 송검했기에, 미군보다 경찰 측이 더 낫다고 말해도 좋을지 모르겠다. 일본사법제도 하의 법률해석이나 통상의 재판수속에서는 있을 수 없는 통일군법과 군대 내 사법거래가 집단강간이라는 흉악범죄를 사소한 일로 처리했다.

이처럼 히로시마 사건의 피해여성은 상기하는 일도 타인에게 얘기하는 일도 고통인 사건을 군법회의에서 증언했음에도, 4명이 1년이나 1년 6개월 만에 혐의에서 풀려나 석방되는 결론을 마주했다. 판결을 듣고 피해여성은 혼자 오열했다고 한다.

이 부당한 판결은 미 군법회의가 성폭력 범죄를 어떻게 취급했는지, 또한 미군의 법무 장교가 자군의 구성원이 여성에게 취해야만 할 태도를 어떻게 생각했는지가 드러나 있다. 그것은 피해여성만이 아닌 모든 여성의 존엄에 대한 모욕이며, 사회정의와 인권에 대한 위협이라 하지 않을 수 없다.

2부를 마치며

히로시마 사건은 미군의 강간 사건을 군법회의로 위임하는 선례가 되었다. 오키나와에서 미군 병사가 연속해서 일으킨 2건의 강간 사건 역시, 연달아 군법회의로 위임되었다.

오키나와 캠프 · 코트니 소속의 미 해병대 이등중사, T · H가 소녀를 강간한 사건이 발생했다. 2008년 2월 10일이다. T · H 이등중사는 범행 수 시간 후, 오키나와현 경찰에 체포되었고, 스스로 범행을 전면 인정했다. 따라서 사건은 일본에서 재판이 행해지리라 생각되었지만, 인터넷이나 주간지 등에서 '꾐에 빠진 소녀가 나쁘다', '가정에 문제가 있다' 등 피해자를 탓하며, 중상하는 비난이 일어나자, 2월 29일 고소가 취하되었다. 강간죄가 친고죄기 때문에 지검의 기소는 중지되었다. 2000년에 발생한 여자 중학생 피해 사건과 공통되는 사례다.

약 2개월 후인 4월 25일, 미군 당국은 T · H 이등중사를 통일군법 제120조 등의 위반혐의로, 미군 고등군법회의에 회부하기로 결정했다고 발표했다. 군법회의는 5월 16일, 오키나와 캠프 즈케란(瑞慶覽)에서 개정되었다. 이와쿠니기지에서 히로시마 사건의 범인인 D병장의 판결이 내려진 일주일 후의 일이다. T · H 이등중사의 판결은 '16세 미만 소녀에 대한 폭력적 성행위'만 유죄였다. 현 경찰의 취조에서 T · H 이등중사가 강간을 자백했음에도, 이 군법회의 역시 사법거래는 이루어졌다. 그 결과 '16세 미만 소녀에 대한 강간'과 '유괴'가 모두 무죄로 되어버렸다. 양형은 구형 징역 8년, 판결 4년이었지만, 사법거래의 공판 전 합의에 기초하여 징역 3년을 확정했다.

오키나와는 '국민, 현민의 인권을 유린하는 범죄와 미군 병사를 일본의 법률, 일본사법의 손으로 재판해서, 피해자의 구제와 범죄의 재발방지를 철저히 할 수 있어야만 진정한 법치국가다…미 군법회의로 사건의 심판을 위임하는 일은 있을 수 없다. 이번 사건이 남긴 교훈을 진중하게 받아들이고 싶다'는 『류큐신보(琉球新報)』 사설로 대표되듯이, 일본재판소가 사건을 재판할 수 없다는 사실에 낙담해 하는 목소리가 많았다. 하지만 사건은 '신속히 해결'되었다. '일본 불기소한 성폭력 사건을 군법회의에서 처리했으며, 미군은 '성범죄를 허용하지 않겠다는 강경한 자세'를 보였다'라는 긍정적 평가에 큰 반론은 일어나지 않았다.[11]

이 사건 1주일 후, 미 육군 패트리어트 · 미사일 부대 소속, R · H(특기병, 25세)가 필리핀 여성을 강간한 사건이 일어났다. 여성은 15일 일본에 와서, 오키나와시 클럽에서 엔터테이너로 막 일하기 시작했다. 일본에 온지 3일째에 해당되는 17일, 그녀는 5명의 동료여성이 업소에 온 5명의 해병대원과 밖에 나간다고 해서 따라갔다. 식사와 가라오케를 끝마친 후, 모두 '이제 늦었으니까, 오늘은 호텔에서 묵는다'라고 갑자기 말하기 시작했다. 호텔은 보통의 시티호텔이다. 일본에 온 직후, 일본에 대해 아무것도 모르며, 혼자서는 귀가도 할 수 없었던 여성은 R · H 특기병과 같은 방에서 숙박 하지 않을 수 없었다. 동료에게 여성끼리 같은 방을 쓰자고 부탁했지만, 들어줄 수 없었다. R · H는 실내에서 그녀를 강간하고, 저항하는 여성에게 전치 3주의 큰 부상을 입히고 도망쳤다. 로비에서 녹초가 되어 축 늘어져 있는 여성을 호텔종업원이 목격하

---

11) 高良沙哉, 「在日米軍人による性的暴力の提起する諸問題」(沖縄大学法学部紀要 第11号). 高良는 군법회의를 통해, '미군이 성범죄에 제대로 대응하고 있음을 보여주어, 주민의 분노를 억제하고, 미군 재편을 원활히 진행하려는 것인가'라고 질문하고 있다. 高良는 군법회의가 주민의 분노를 억제하는 데는 충분한 꼭 알맞은 대응이었다고 평가하는 것처럼 생각된다.

여, 구급차를 불러 입원시켰다.

사건 후 전개는 일주일 전에, 동일한 지역, 오키나와에서 발생한 여자중학생 피해 사건보다 히로시마 사건과 공통점이 많았다. 오키나와현 경찰은 R · H 특기병에게 임의사정청취 밖에 행하지 않았고, R · H는 '합의'를 주장했다. 4월 25일 서류 송검이 행해졌지만, 5월 15일 나하(那霸) 지검은 사건을 '혐의불충분'으로 불기소 처리했다. 그리고 이 사건 역시 고등군법회의로 회부되고, 사법거래를 경유하여 강간은 재판되지 않았으며 가벼운 판결만 나왔다. R · H는 리버티 · 카드 제도에 근거한 동반외출 의무를 위반했고, '단독으로 기지로부터 외출한 명령위반'과 '매춘'만 유죄였고, 양형은 금고 6개월에 지나지 않았다.

이 사건 역시 피해자에 대한 비난이 여성을 둘러싸고 폭풍처럼 쏟아졌다. 하지만 피해자가 필리핀인이라서, 히로시마 사건이나 오키나와 여자중학생 피해 사건에서는 일어날 수 없었던 민족차별의 중상(中傷)이 광범위하게 행해졌다. 또한 통역체제를 포함하여, 현 경찰과 지검은 그녀로부터 사정을 듣기 위한 적절한 조치를 강구하지 않았다. 여성에게는 정의 요구를 위한 법적인 조언도 주어지지 않았으며 방치되었다.

이 사건의 군법회의가 마치 가해 미군 병사보다도 오히려 피해여성에 대한 재판장과도 같이 된 점도 히로시마 사건과 공통된다. 필리핀 여성 피해 사건의 재판은 히로시마 사건의 재판에서는 볼 수 없었던 문제도 존재했다. 피해여성의 희망에 반해, 피해여성의 직접 증언마저 인정되지 않았던 것이다. R · H 특기병 측은 여성의 외상성 성기손상에서 나타난 과량출혈이 폭력의 결과는 아니며, 그녀의 성기가 특이하기 때문이라 주장했다. 그리고 여성은 중성(intersex)으로 '여성이 아니었'고 그래서 '강간이 아니다'라는 논법으로 무

죄를 호소했다. 또한 R · H 특기병은 여성을 데리고 외출할 때, 클럽 측에게 지불하는 '바 · 파인(バー · ファイン)'[12]을 지불했다는 사실을 방패삼아, 여성은 매춘부며 호텔에서 행해진 일은 여성의 매춘행위였다고 주장했다. 고등군법회의는 결국 그 주장을 인정했다. 이처럼 여성은 자신의 의사에 반한 성행위를 강요당하고, 심신에 큰 상처를 당한 뒤, 자신의 말로 호소할 기회마저 갖지 못한 채, 부당하게 사생활과 명예를 침해 · 손상당했다.

히로시마 사건 · 오키나와의 여자중학생 피해 사건 · 필리핀인 여성 피해 사건인 일련의 미군범죄는 범행지역, 폭력형태, 경찰과 검찰 · 해당 자치체의 사건대응 등에서 물론 각각 서로 다른 사건이었지만, 미군과 일본정부의 '기강숙정', '재발방지', '지위협정의 운용개선'이라는 상투구가 얼마나 공허한지를 잘 보여준 사건이었다. 또한 일련의 사건 처리과정에서 강간에 대한 비처벌이라는 부수적인 연쇄작용도 나타났다.

예비심문을 전후하여, 오키나와에서 두 개의 사건이 연달아 발생했다. 이런 오키나와의 사건들이 히로시마에서 미군 병사가 일으킨 집단강간 사건이 결국 미군 병사의 변명을 인정하는 형식으로 되어, 불기소로 낙착된 사정과 과연 무관하다고 말할 수 있을까. 일본은 집단강간이라는 흉악범죄조차 일본법정으로 소환하기는커녕 강제수사마저 하지 못했다. 그런 이와쿠니 해병대원의 경험이 무엇보다도 T · H 이등중사, R · H 특기병들, 오키나와 미군 병사들의 여성관이나 행동에 악영향을 끼친 것은 아닐까.

히로시마 사건에 관한 예비심문 보도에서도, 『성조기』는 맨 처음부터 미군 병사 측 변호단의 '집단강간은 날조'라는 주장내용을 크게 타이틀로 내걸고, 보

12) Bar Fine, 직역하면 '바의 벌금'. 의미는 '바 근무시간에 바에 없고, 다른 장소로 외출하는 일에 대한 벌금'이다. 바에서 일하는 여성과 손님의 외출로, 손님이 여성의 바 경영자에게 지불하는 돈이다. '바에서 여성을 데리고 나갈 때 지불하는 요금'이다(역주).

도했다. 군법회의 판결도 일본 미디어는 '유죄'를 강조하는 타이틀로 보도한 반면, 『성조기』는 우선 '해병대원에게 강간무죄'라는 타이틀을 내걸고 보도했다. 집단강간범죄조차 여성을 거짓말쟁이라고 합창하면, 무죄가 되는 현실, 집단강간범죄조차 '성적 부정행위' 정도로 정리되고 마는 현실을 보며, 미군 병사는 역시 동료의 경험으로부터 새로운 교훈을 배울 수 있었을 것이다.

미군 당국 역시 그 내막이 문제될 염려가 없다고 확신했을 것이다. 왜냐하면 히로시마 사건에 대한 일본정부나 일본사회의 반응으로부터 강간피해를 호소하는 여성의 입장이 대단히 힘이 없다는 점을 인식했기 때문이다. 또한 그녀의 인권보호를 태만히 해도 문제되지 않는다는 점, 군법회의로 회부된 사실을 자화자찬하기만 해도 '노력'으로 인정되고, 충분한 호소력이 발휘된다는 점, 일본 측은 군법회의에 비판적 감시의 눈을 보내지 않는다는 점을 인식했기 때문이다.

5월 9일 히로시마 사건의 미군 병사 D의 판결이 내려졌다. 일주일 후, 5월 16일 오키나와 소녀피해 사건의 판결이 내려졌다. 그것 역시 강간 · 유괴에 대한 무죄판결이었다. 사법거래로 강간이나 유괴라는 결정적 죄상이 쉽게 배제되어도, 강간이나 유괴가 무죄가 되어도, 역시 일본사회는 단순한 제도나 문화차이라고 밖에 해석되지 않는 반응이 많아, 큰 비판을 받을 일도 없었다.

양 판결이 내려진 시기와 동일한 시기인 5월 15일, 오키나와 지검은 피해자 필리핀인 여성에게 충분한 사정청취를 행하지 않은 채, 사건을 불기소로 처리했다. 필리핀인 여성피해 사건에 대한 군법회의는 여성이 스스로 증언할 기회마저 주지 않았다. 판결내용이 정의와는 동떨어졌다는 점은 앞서 말한 대로지만, 그런 군법회의로 여성을 위임한 원인은 오키나와 지검이 행한 불기소 처분 때문이었다.

이처럼 재판권이 미국 측으로 인도되어, 군법회의로 넘겨진 히로시마 사건은 본래 일본 검찰의 기소에 근거하여, 일본재판장에서 재판되어야만 할 미군범죄를 군법회의로 위임하게 하는 하나의 흐름과 경향성을 낳았다. 그리고 공개되어야 할 군법회의는 성역처럼 일본시민의 손이 닿지 않는 곳에서 행해지는 결과를 초래했다. 또한 본래 강간이나 유괴처럼 중죄로 재판되어야 할 범죄자를 무죄 방면하는 결과를 야기했다. 미군이 군법회의로의 위임을 기강숙정의 증거라며 선전해도, 실제 그것은 강간이라는 흉악범죄를 무죄로 만드는 방편이었다.

미국이 '대 테러전쟁의 정의(正義)'를 내걸고 아프가니스탄이나 이라크에서 전쟁을 개시하고, 그런 미국의 전쟁에 세계를 동원하는 것과 함께 미군의 성폭력은 세계적으로 격증하고 있다. 국방총성(國防總省)이 공식 보고하는 성폭력 사건은 빙산의 일각에 지나지 않는다. 무수한 피해자가 2차 강간을 견디기 힘들어하며, 고소를 취하한다. 혹은 피고와 피고를 옹호하는 미군관계자의 폭력으로 침묵을 강요받는다. 군법회의로 회부되지만, 가해자보다도 피해자가 불이익을 받고 있다. 히로시마 사건과 동 사건의 군법회의에서 나타난 여러 문제는 그와 같은 세계적 현상의 한 표출이었다. 일본사회는 언제까지 이런 미군의 군법회의에 대한 환상을 안고 '미군 측이 일본보다 낫다'고 계속 믿고만 있을 것인가.

결론

2010년 5월 23일, 오후 이와쿠니역 근처 공원에서 '재검토하라! 미군재편 5.23 이와쿠니 대집회~연대하자! 오키나와 · 전국과~'라는 모토로 집회가 열렸다. 4월 15일, 도쿠노시마(德之島) 1만 5천 명 집회와 4월 25일, 오키나와 9만 명 집회에 호응해, 이와쿠니 폭음소송회 등 15개 시민단체가 실행위원회를 결성하여 개최한 집회다.

미군재편 재검토를 분명히 공약으로 내건 민주당 · 연립정권이 오키나와 · 후텐마 문제를 '이설장소는 헤노코로 한다'는 현행안으로 되돌아가고, 민의를 무시한 채 미군재편을 강행하는 와중에 열린 집회였다. 호우 속에서도 약 4천 명이 참가했다. 그들은 '분노(怒)'의 문자를 인쇄한 황색종이를 내걸고, '함재기 필요 없어(怒)!'라고 소리 높여 외치며, 오키나와 · 전국의 시민과 연대하며, 미군재편 반대를 서로 결의했다.

집회는 오카무라 히로시(岡村寛)의 개회선언, 집회 대표간사, 이하라 가츠스케(井原勝介)의 호소에 이어, 후텐마 폭음소송단의 기노자 아키라(宜野座晃), 도쿠노시마(德之島) 자연과 평화를 지키는 모임의 고우 지에코(幸千恵子), 제4차 아츠기 폭음소송 원고단의 노구치 유타카(野口豊), 전직 도쿄도 국립시장의 우에하라 기미코(上原公子)의 연대 호소가 있었다. 민주당의 히라오카 히데오(平岡秀夫) 중의원 의원, 공산당의 니히 소우헤이(仁比聰平) 참의원(당시), 사민당의 시게노 야스마사(重野安正)도 발언했다.

그리고 마지막 발언자로 등단한 한 명은 고교생이었다.

고교 2학년생 오카다 미즈호(岡田瑞歩)입니다.

여러분은 '거짓말쟁이는 정치가의 출발'이라는 말을 들은 적이 있습니까.

이 말은 '거짓말쟁이는 도둑질의 시작'이라는 말을 모방하여 만든 말입니다만, 저는 이 말이 현재의 정치가나 관료에게 매우 잘 들어맞는 말이 아닌가라고 생각합니다.

기지 활주로를 앞바다에 이설하기 위해, 아타고야마는 붕괴되고 말았습니다. 철거된 아타고야마 터는 주민을 위해 사용된다고 저는 들었습니다. 그러나 뚜껑을 열어보니, 함재기 이주에 수반되는 미군 주택건설지로 활용된다고 들었습니다.

이 사실을 안 저는 당시 중학교 2학년이었습니다. 제게 '거짓말쟁이는 정치가의 출발'이라는 말을 확증해준 사건이었습니다.

그 정치가에게 물어보고 싶은 점이 있습니다.

저는 수업시간에 아주 심한 소음을 듣곤 합니다. 이 소리는 가르치시는 선생님의 말씀조차 완전히 지워버리는 그런 굉장한 비행기 폭음입니다. 그 탓에 수업은 중단되고, 모두는 '또 시작이야!'라는 표정을 짓고, 창밖으로 눈길을 돌립니다.

지금까지도 이렇게 시끄러운데, 거기에 더해 59기의 함재기가 온다고 생각하니, 고교시절의 중요한 수업을 소음의 한가운데서 받아야만 할 후배가 참 염려스럽고, 참을 수가 없습니다.

그리고 똑같이 이와쿠니 시민 여러분께서도 생각해주셨으면 합니다.

저는 비행기 소리를 '폭음'이라고 느낍니다만, 몇 명 친구는 '신경 쓰이지 않는다'고 말합니다. 저는 이 말을 듣고, 매우 놀랐습니다. 그러나 그렇게 생각함과 동시에 '습관'이란 정말 무섭구나라고 진심으로 생각했습니다. 그 친구들은 집근처에 함재기가 난무하여, 폭음소리 듣는 일에 익숙해져버린 것입니다.

그러나 익숙해졌다고 그런 일을 그대로 진행해도 좋을까요? 그것은 절대 예삿일이 아니며, 있어서는 안 될 폭음입니다. 이런 일을 지금 이와쿠니 시민은 몇 사람이나 눈치 채고 있을까요? 함재기가 오고 나서야 눈치 채고 후회하면 늦습니다.

저는 이 소음피해를 전국에 그리고 미국에 호소하고 싶습니다.

저는 어른들께 말하고 싶습니다.

당신들은 우리 아이의 미래까지 생각하며, 정치에 참가하고 있습니까.

눈앞의 이익에만 너무 얽매여 있지 않습니까.

오키나와, 히로시마에서 여성이 미국병사에게 참혹하게 당하고 있다는 이야기를 들으면, 저는 이와쿠니도 그렇게 위험한 마을이 될까봐, 매우 매우 불안해집니다.

지난번 시장선거가 끝났을 때, 저는 당시 14세였습니다. 어린 나이지만, 마음으로 나도 선거권이 있다면, 하고 강하게 생각했습니다.

모처럼 선거권을 가졌는데 흥미가 없어서 투표하지 않거나, 자신의 의사도 없이 부탁받은 사람에게 투표하는 그런 어른을 보면 한심스럽다고 생각했습니다.

사람들이 이와쿠니와 우리 아이를 생각하고 투표한다면, 지금 이렇게 불안한 생각을 하지는 않았을 테니까요.

어른 여러분, 우리의 바람을 들어주세요.

우리는 조용하고 안전하고, 한 사람 한 사람이 소중히 여겨지는 마을에서 공부하며 살아가고 싶습니다.

감사합니다.

흐릿하지 않은 눈으로 똑바로 정치와 사회를 응시하는 고교생의 의견표명으로 집회장은 큰 박수가 들끓었고, 공감대가 퍼져나갔다. 제1부 마지막에 90대의 연세를 넘어, 지금도 평화를 위해 활약하는 여성들이 있다고 언급했다. 이와쿠니에서 자신의 눈으로 제대로 이와쿠니의 현재를 응시하고, 자신의 말로 미래의 희망을 발신하는 십대의 젊은이가 자라고 있다. 앞으로 이와쿠니 여성사의 페이지는 그녀와 같은 젊은 세대가 써내려갈 것이다.

나도 한 명의 참가자로 열심히 발언을 듣고 있었는데, 너무 감동스러워서 울컥하며, 눈물이 나버렸다. '오키나와, 히로시마에서 여성이 미군 병사에게 참혹하게 당하고 있다'는 이야기를 접하면 '매우 매우 불안해집니다'라고 그녀가 호소했기 때문이다.

집회에서 어른들은 그 누구도 특별히 미군 성폭력 문제를 언급하지는 않았다. 어떤 사건 직후라면 몰라도, 특별히 그렇지 않다면, 미 군인에게 당하는 여성의 성적 피해에 대해 사람들은 침묵한다.

침묵의 표현이 예사로운 의미는 아닐 것이다. 상처가 너무 깊어, 말로 표현하지 못할 수도 있다. 집회장에는 말하지 못할 노여움과 분노를 안고 있는 피해자나 관계자도 있었으리라. 또한 중대한 문제로 생각해도, 피해자의 명예나 프라이버시와 관계된다고 생각하여, 경솔하게 말하지 않는 편이 좋다고 생각하는 사람도 있었으리라. 그리고 '기지의 거리' 하면, 항상 따라다니는 '미군 병사와 여성'이란 문제를 불쾌하게 여겨, 수치라고 느끼며 입에 담지 않으려는 사람도 있었으리라. 히로시마 사건발생 이후, '이와쿠니에서는 모두가 알고 있으므로, 저런 사건은 발생하지 않는다'라는 소리도 들었다. 이와쿠니 시내에서는 소녀가 미군 병사에게 접근하지 않는다고 배우기 때문에, '접근하면 위험을 식별한다'는 이야기다.

이유는 왜 저 어른들이 침묵한 '오키나와, 히로시마에서 여성이 미군 병사에게 참혹하게 당하고 있다'는 말을 오직 한 명의 여성이 발언했는가이다. 그 의미를 진지하게 받아들이고 싶다.

일본패전으로부터 65년, 안보조약 발효로부터 58년, 그리고 신안보조약으로부터 올해 정확히 50년이 흘렀다.

그 긴 세월 동안, 무수한 여성이 미군에게 성적 착취 · 성적 폭행으로 상처를 입었다. 하지만 여성의 아픔이나 굴욕은 거의 말해지지 않았다. 이와쿠니에서는 살해당한 여성들도 있었다. 하지만 죽음 직전에 그녀들이 맛본 공포나 고통은 본인이 말할 수 없다. 피해를 고발한 여성들도 있다. 그러나 그녀들의 투쟁은 따뜻한 사회의 지원으로 호위되지는 못했다. M 사건의 피해자는 재판 후 정든 땅을 떠났다. 히로시마 사건의 피해자는 오직 홀로 미군 군법회의에 맞서야만 했다.

M 사건의 피해자, 히로시마 사건의 피해자, 그녀들은 수치스러워해야만 할 이유가 전혀 없었다. 히로시마 사건의 여성이 미군 병사를 믿어서, 미군 병사에 대한 호감을 지녔던 점이 문제라면, 책임을 져야만 하는 측은 위정자다. 그들은 '미국은 가장 소중히 여겨야만 하는 동맹국으로, 미군 병사는 일본을 지키기 위해 주둔하고 있다'고 국민에게 끊임없이 선전하며, 온 힘과 정성을 다해 미군 주둔을 원해왔다.

속았음을 눈치 챈 후, 여성이 보여준 행동은 존경받을 만했다. 그녀는 죽음의 공포와 가혹한 폭력에서 살아남았다. 히로시마현 지사를 선두로 한 비난에 그녀는 노출되기도 했지만, 흉악범죄를 고발하고 검찰로부터 거부당해도 단념하지 않았다. 또한 미군기지 내에서 열린 심문 장소에 신뢰할만한 통역도 없이 혼자서 맞섰다. 2차 강간이라 불러도 마땅한 심문 장소에서, 여성은 해병대원 4명이 어떻게 자신을 속여, 흉악한 범행을 저질렀는지 그리고 자신을 어떻게 상처 입혔는지 똑바로 증언했다. 그것은 주일미군의 실태를 명시하는 귀중한 증언이며, 인권수호와 정의사회 구축을 위한 중대한 공헌이었다. 일본사회가 인권과 사회정의를 존중하는 사회라면, 어떤 방법으로든 여성에게 광범위한 사회적 감사와 존경을 전했을 것이다.

그런데 사건발생에서 군법회의 판결이 나올 때까지의 현실과정은 너무 끔찍했다. 여성은 피해자로서 그리고 증언자로서 받아야할 마땅한 보호도 받지 못했다. 일본 검찰의 불기소, 군법회의에서 벌어진 2차 강간, 강간이나 유괴를 무죄 판결한 실제 경과는 2부에서 언급한 바대로다. 피해자 여성을 비난하는 일본사회의 존재방식, 고발한 여성을 지지하지 않는 사회현상이 그런 미일 당국의 여성에 대한 부당한 취급을 조장했다고 말할 수 있을 것이다.

무수한 여성에게 상처를 가해온 미군폭력이 공적으로 언급되지 않으면, 피해자에게 침묵을 강요하는 압력이 제거되지 않으면, 그리고 미군범죄를 고발한 여성이 고립된 채로 있다면, 안전하게 한 사람 한 사람을 소중하게 여기는 사회라고는 말할 수 없다. 이 책이 감추어져 망각되어 온 여성수난의 자취를 더듬어서, 여성인권 옹호의 관점에서 이와쿠니기지 문제를 사람들에게 알리는 단서가 된다면 좋겠다.

이 책의 정리를 위해서 이와쿠니 시의회의 다무라 쥰겐(田村順玄)과 '미국병사의 범죄를 허용하지 않는 이와쿠니시민회'의 오오카와 기요시(大川清), 이와쿠니 징고관(徵古館)[13] 전(前) 관장의 미야다 이즈미(宮田伊津美) 선생을 시작으로 하여, 많은 이와쿠니 시민으로부터 여러 방면의 지원과 협력을 받았다. 또한 연구 프로젝트 '기지와 이와쿠니시민'의 대표를 역임하셨던, 야마구치현립대학(山口県立大學) 전(前) 교수 미야케 요시코(三宅義子) 선생, 군법회의 실태를 전해주셨던 신문기자들에게도 많은 신세를 졌다. 이 자리를 빌어 감사드리고 싶다.

2010년 7월 14일
후지메 유키

---

13) 이와쿠니시 징고관은 1940년에 건설된 일종의 향토역사관. 향토의 역사나 예술, 민속 등을 수집 · 보관 · 연구하는 기관이다. 이와쿠니 지방 번주 요시카와(吉川) 가문에서 기증한 미술 · 공예, 역사자료는 향토사 연구의 귀중한 자료가 되고 있다(역주).

역자후기

이 책은 후지메 유키의 『여성사에서 본 이와쿠니 미군사기지: 히로시마만의 군사화와 성폭력』(히로시마여성학연구소, 2010) (『女性史からみた岩国米軍基地― 広島湾の軍事化と性暴力』, ひろしま女性学研究所, 2010)을 번역한 것이다.

이와쿠니(岩国)는 예로부터 연근과 해초가 유명한 천혜의 자연을 간직한 풍요로운 땅이다. 그런데 평온했던 땅은 구일본의 군기지로 출발해 패전 후 한국전쟁을 계기로 미군기지가 되고, 한미일 군사협력체제 하에서는 평화도시로의 길이 막혀, 이제는 여러 사건사고, 환경파괴, 수많은 미병사의 범죄, 성폭력으로 시민의 안전과 여성인권이 위협당하는 도시로 변해버렸다. 이런 변화는 저자도 말하듯이 이와쿠니 주민이 원하는 미래가 아니었다.

일본정부는 이제까지 이와쿠니 군사기지의 확장을 국책으로 추진해왔다. 이와쿠니 시민의 바람과 달리 이같은 주일미군기지의 전략지로서 반 세기 이상 계속 확대되어온 이와쿠니 군사기지화에 대해 이와쿠니 시민은 정부의 획책을 그저 침묵하며 바라보지만은 않았다. 2006년 3월 시민들이 주민투표로 군사기지화에 반대하는 의사를 분명히 표명했던 것이다. 역자는 이와쿠니 시민이 주민투표로 군기지 확장 및 이전을 거부하며, 자발적으로 활동하는 모습을 한국인권영화제를 통해 무척 감동 깊게 본 적이 있다. '더 이상의 기지 기능의 확대 · 강화는 도저히 용납할 수 없다'는 시민의 용기있는 행동과 선택은 일본은 물론 이웃나라인 한국으로부터도 매우 많은 사람의 공감과 지지를 이끌어냈다. 현재도 많은 반전평화운동가와 여성인권운동가들이 이와쿠니를 방문하고 있으며, 아시아에 평화와 인권이 존중되는 질서가 만들어지기를 바라는 사람에게 그곳은 오키나와와 함께 큰 희망을 주는 평화의 도시로 상징되고 있다.

히로시마만 군사삼각지대(이와쿠니 · 히로시마 · 구레)에 위치한 이와쿠니는 히로시마시의 원폭돔을 정점으로 서쪽에 위치하는 도시다. 원폭돔의 동쪽은 해상자위대와 미군시설이 집중된 구레, 에타지마(江田島)가 위치한다. 반핵 국제평화도시로 삼각형의 정점에 위치했던 히로시마시의 평화는 이처럼 그동안 바로 저변에 위치한 이와쿠니나 구레의 군사기지화로 담보되었던 셈이다. 동시에 이와쿠니는 한국의 부산까지도 매우 가깝게 위치하여, 한반도 유사시 적응 가능한 주일미군기지의 전략지로서 반 세기 이상 계속 증강 · 확대되어 왔다. 이 책은 이같은 이와쿠니 지역의 70년 역사를 여성과 민중의 시점에서 지금까지 어떠한 중요성도 부여받지 못한 채 비가시화 된 성폭력 피해자 입장에 초점을 두고, 군사기지화와 성폭력의 관계에 대해 말하고 있다.

일본 전전(戰前) · 전후(戰後)의 사회상황에서 사회의 저변으로 추락할 수밖에 없었던 하층민 여성 그리고 기지주변에서 복합차별을 감내하며 살아야 했던 재일조선인 여성 등 점점 광역화 하고 있는 군사기지화에 따른 피해에 관심을 두고 그들에게 가해지는 폭력이나 인권침해 상황, 그리고 그것을 용인한 여성들, 혹은 피해여성을 방치하는 것으로 자신의 사회적 특권을 유지하고자 한 대다수 일본인을 향하여, 성찰적 비판을 던지고 있다. 그리고 이러한 일본여성사의 탁류에 항거한 여성들의 활동과 삶의 편린도 찾아내서 역사적 의미를 부여하는 일도 잊지 않았다.

또한 2007년 10월 히로시마시에서 발생한 이와쿠니기지 소속 해병대원의 집단강간 사건(히로시마 사건)의 사건수사와 재판과정을 하나하나 추적하여 여성인권이 미일지위협정과 미군범죄를 둘러싼 미일정부 간 밀약으로 조직적으로 침해된다는 점을 분명히 했다. 게다가 엄격히 제한된 조건에서 전개된 미군법회의 일차재판권의 방청상황을 통하여, 성폭력 피해여성의 인권은 미국과 일본 그 어느 정부에서도 관심 밖의 문제였으며 따라서 미국과 일본정부는 공동으로 성폭력을 비가시화 하는 정치를 수행한다고 보았다.

· · ·

주둔국 시민의 일상공간을 관통하며 유지되는 미군기지는 국제 반군사기지화 운동에서 언제나 격렬한 논란대상이었다. 그동안 미군기지에 대한 논의는 주로 군사주권 보호에 관한 정부의 협상능력과 관련하여, 군사통제력에 강조점이 집중되었다. 가끔 여성을 상징적으로 사용하는 접근에서, 여성의 입장이 다루어지기도 했지만, 미군기지협정의 실제 모습과 운용을 여성과 관련시켜 이해하는 데는 많이 소홀했다. 미군기지를 둘러싸고 미군이 어떻게 지역 주민여성과 성적 관계를 맺는지, 혹은 여성인권과 여성의 안전성에 대한 사회적 감각이 어떻게 변하는지 등에 대한 대중적 토론과 조사가 부재했다. 게다가 미군의 성폭력 같은 질문은 부차화되곤 했다. 국제전략이나 군사주권 침해를 둘러싼 질문과 관련해서 논쟁이 될 뿐, 이 과정에서 개입하는 젠더정치의 전략적 특성은 대개 사라져버리곤 했다. 이러한 상황에서, 성폭력 피해자를 중심으로 이와쿠니 미군기지화를 비판한 이 책은 군사화에 개입하는 젠더정치의 특성을 잘 보여주었다.

여성이 미군사기지와 전쟁을 반대하는 중요한 요인 중 하나는 군사화의 맥락에서 발생하는 남성의 폭력, 특히 성폭력에 대한 경계심일 것이다. 여성의 입장에서 볼 때, 군사화된 상황과 시민사회에서 발생하는 여성에 대한 성폭력은 강하게 연관된 듯이 보인다. 그런 연관성은 불변하는 남성성의 특징이라기보다는 역사적으로 형성된 사회구조 및 권력구조의 표현으로 이해될 수 있다. 이 책은 이 점에서 이와쿠니 군사기지화와 성폭력의 관련성을 역사적 맥락과 복합적인 사회관계 차원에서 이해하도록 도왔다.

또한 군사화와 성폭력의 관계성을 단순한 '몸의 정치학' 관점에서만 다루지 않았다. 미국 중심의 패권적인 전 지구적 자본주의, 군사주의 비판과 새로운 형태의 제국주의 · 식민주의 그리고 계급착취에 관한 더 넓은 역사적 관심을 포괄하고 있다. 곧 젠더관계의 작동을 인지하면서, 계급 · 민족 · 인종 등 다양한 역사적 범주를 염두에 두었다. 게다가 여성의 주변화와 정치제도에서 나타나는 과소대표성도 감지하며, 국제적 인권과 여성인권을 변호하고 국제정의의 발전을 옹호하는 포괄적 내용도 포함했다. 이런 정치적 통찰력을 바탕으로 국가와 권력이 의미하는 바와 권력 자체가 작동하는 방식을 비판하고 있다. 그것으로 일본이라는 민족국가 체제를 관통하고자 했다. 이런 지향은 전쟁과 군사주의 한가운데 존재하는 여성, 식민지 상황에서 도일해야만 했던 빈곤에 처한 재일조선인 등 하층민 여성에게 주목하며, 그녀들에게 여성운동의 주도성을 돌리고자 하는 노력에서도 엿보였다.

이처럼 이 책은 이와쿠니 미군기지를 둘러싼 허울뿐인 미일동맹관계의 실체, 그 관계를 유지시키는 물적 토대로서 군사기지의 존재, 기지건설의 폭력과정, 기지로 피해 당하는 주민과 여성들, 지위협정의 불평등성 등의 문제를 구체적으로 다루었다. 문제의 정점에 전전(戰前) 시기부터 일본정부가 견지한 일관된 군사우선주의 원칙이 존재했으며, 미국에 추종하며 일본시민의 주권과 여성인권을 포기하는 일본의 사법, 행정, 의회의 실정이 존재한다는 점도 분명해졌다. 이러한 부끄러운 일본의 역사가 전후 65년 이상이 지난 지금까지 지속되는데도, 역사적 죄과와 상처를 묻지도, 극복하지도 못하는 일본사회의 현실 무지에 대해서도 이 책은 경고를 보내고 있다.

그런데 이런 상황은 결코 일본만이 전유한 상황은 아니다. 한국 근현대사에서도 오래 전부터 존재했던 익숙한 상황이기도 하다. 물론 다른 역사적 맥락을 지니지만, 넓게 보면 미일 군사동맹 및 주일미군기지화, 그것으로 발생하는 범죄 및 여성인권 침해 문제는 한미일 군사동맹으로 가기 위한 경로라는 점에서 우리의 상황과 사실상 크게 다르지 않아 보인다. 현재 한미일 군사동맹과 군사주의화는 일본뿐만 아니라 한국사회에서도 급속히 확산되고 있는 심각한 문제다. 일본에서 전개되고 있는 군사기지화 및 군사화의 실체 및 영향이 어떠한 것인지, 여성의 시점에서 분명히 말해주는 이 책은 일본사회뿐만 아니라 한국사회에 대한 경고장으로도 다가온다.

한국사회는 2011년 발생한 주한미군의 10대 여학생 성폭행 사건으로 충격에 휩싸이기도 했다. 해방 후 미군이 한국에 첫발을 내딛은 후, 오랜 시간이 흘렀다. 그동안 한국의 안보 미명 하에 미군이 수많은 범죄를 저질렀고, 또한 그 범죄가 은폐 · 축소된 사실은 어제 오늘의 일은 아니다. 한국은 이제까지 주한미군 범죄자를 구속하기는커녕 제대로 수사조차 할 수 없었다. 특히 미병사가 저지른 성폭행은 여성에게는 가장 참혹한 인권유린이다. 정부는 이런 성폭력 사건을 두고 한미우호관계의 훼손을 우려했다. 대부분의 사건에서 그러했지만, 시민의 기본권을 보호할 의무를 가진 한국정부가 외국군의 범죄라는 이유로, 여성인권 침해에 무기력하게 대응하는 모습은 최근 10년간 미군 성폭력 사건 중 재판권을 행사한 경우가 약 16%에 불과하다는 점과 맞물려, 주한미군 범죄로 우리 시민이 받은 피해를 명백히 드러냈다.

1992년 윤금이 사건, 2002년 신효순 · 심미선 사건 발생으로부터 20년, 10년이 흘렀다. 두 사건 이후 오랫동안 주목 받지 못했던 미군기지와 미군범죄는 큰 관심대상으로 떠올랐다. 존재조차 제대로 알려지지 않았던 한미주둔군지위협정(SOFA)은 한미관계의 불평등성을 표상하는 상징으로 널리 알려졌다. 오랜 세월의 흐름 속에서 그러한 변화를 마주할 때면, 더 나아갈 희망을 가지게 된다. 반면 불평등한 한미관계와 군사화로 나아가고 있는 현실은 우리가 걸어온 길의 굴곡과 앞길을 막아선 고비를 넘기 위해 흘려야 할 땀의 무게를 생각하게 한다.

과연 2002년 이래로 2012년 현재 우리 사회는 얼마나 변했을까. 피해자가 피해에 이른 상황, 피해자의 한과 슬픔, 얼마나 크게 나아졌을까. 피해자의 입장에서 피해자의 고통과 분노를 이해하고 지원 · 협력하는 여성운동의 신장은 얼마나 진전했을까. 현실을 가까이 들여다보는 우리들 마음의 고통도 10년 전과 그리 다르지 않다. 한국여성뿐만 아니라 아시아에서 온 여러 나라의 많은 여성까지도 바로 이곳에서 한국의 군사종속과 성폭력 혹은 성착취 구조의 이중함정에 빠져들고 있다는 현실이 10년의 세월이 만든 차이라면 차이일까.

현재 미국의 대아시아정책과 남북관계는 급격히 변하고 있다. 이제 주한미군은 북의 도발을 막는 존재에서 벗어나, 오히려 한반도를 드나들며 중국과 러시아를 잠재적 공격방어대상으로 포괄하는 동북아신속기동군으로 전환한다는 미군재배치 계획에 따라, 재배치되고 있다. 우리 땅이 이와쿠니, 오키나와 미군기지처럼 미군의 동북아기지가 되는데도, 미군의 계속 주둔을 전제로 한 미군의 주둔환경 보장을 위해, 우리의 시민권과 여성인권을 제한해야 하는가. 주한미군이 한국을 지키러 왔다는 인식에서 더 이상의 협정개정과 여성의 인권상황 개선에 출발한 평등한 한미관계 재정립이 가능할지 의문이다. 평등한 한미관계의 정립과 이에 기초한 SOFA의 전면적 개정, 그리고 미군범죄로 피해당한 여성을 지원하는 여성운동이 시급한 이유다. 여성의 삶에서 군사기지화로 입은 피해의 아픔을 벗어내고 치유하지 않는다면, 여성인권의 보장도 온전히 이루어지지 않을 것이다.

· · ·

2003년 여름이라고 기억한다. 역자는 한국에 유학 온 일본인 동료의 소개로, 서울에서 후지메 유키 선생을 처음 만나 인사했다. 이후 2004년 그 친구와 함께 '여성 · 전쟁 · 인권' 학술회의에 참석 차, 오사카대학으로 향했다. 당시 역자는 '성의 역사학'이라는 선생과 공통의 관심사에 몰두해 있었다. 그것이 계기가 되어, 지금까지 10년 동안 선생과 계속 교류하며, 인연을 맺어오고 있다. 세계 여성운동, 특히 아시아여성운동에 각별한 애정과 관심이 많아, 현장을 직접 답사하며, 아시아 각국에서 수집해온 귀중한 여성사 책과 자료로 둘러싸인 오사카대학의 연구실을 선생은 지금까지도 역자가 일본을 방문할 때면, 언제든 마음껏 이용할 수 있도록 연구실 열쇠며, 복사카드까지 거리낌 없이 건네주신다.

역자는 후지메 유키 선생과 여러 일을 도모하며 함께 시간을 보내면서, 서로에 대해 알게 되었다. 2006년 오사카에서 도쿄까지 동행하며, 도쿄 · 오사카의 성 노동 현장을 견학했고, 도쿄이주노동자단체며 위안부역사박물관을 방문했던 기억도 떠오른다. 2010년에는 이와쿠니 미군사기지 현장을 답사하고, 함께 군사기지 반대를 위한 집회에도 참석했다. 이와쿠니 시민과 운동가들을 직접 만날 수 있었다. 60을 넘기신 연세에도 열정을 다해 활동하시는 다무라 쥰겐 선생 등 모두 잊혀지지 않는 분들이다. '진정한' 히로시마 사람을 줄로 삼아서, 내면을 문지르고, 히로시마라는 렌즈를 통해, 자신의 반전 평화의 사상과 감각, 그리고 윤리를 모두 재점검하고자 했던, 60년대 일본의 어느 문학가처럼,

역자 역시 거듭된 이와쿠니로의 방문으로, 새로운 이와쿠니 사람들을 만났으며, 그 만남을 통해 가장 신선한 감명을 건네받았다. 그때의 경험이 이 책을 번역하는 계기가 되었다. 그리고 작년 2012년, 교토에서 개최된 반핵 · 반전운동을 위한 회의 참여로 이어졌다.

후지메 유키 선생과의 동행은 일본에서뿐만이 아니었다. 2004년 아시아여성학대회, 2005년 평화를 위한 광주 · 아시아여성회의, 2006년 미 점령기 한일여성사 국제심포지엄, 2011년 미군과 성폭력을 주제로 한 한일합동 심포지엄, 이외에도 미아리 · 청량리 성 노동 현장 방문, 평택 대추리 · 매향리 군사기지, 기지촌 방문 등 한국에서도 늘 함께 했다. 만나면 항상 밤을 지새우며 대화하고, 학계의 동향과 지식인의 역할에 대해 토론했다. 때로는 끝까지 침묵하고자 하는 군사주의 피해자들의 침묵에 대해서도 토론했다. 침묵할 수 있는 유일한 권리를 지닌 피해자들의 이야기에 공감하며, 그런 침묵의 이야기들이 군사주의 반대를 위한 정치적 발언을 위한 자료, 혹은 역사자료로서만 이용되기보다는, 어떻게 자신을 치유하고, 자신의 인간성을 회복하여, 피해자가 아닌 일반인과 똑같은 삶을 자신의 삶으로 맞이하게 할 수 있을까, 그럴 수 있도록 우리는 어떻게 피해자와 협력할 수 있을까를 두고 함께 고민했다. 그런 공감 속에서 이제는 지내온 삶에 대한 얘기로 울고 웃으며, 남겨진 인생을 어떻게 살지 어느덧 속마음까지 터놓는 간담상조(肝膽相照)의 관계가 되었다.

후지메 유키 선생에게 역자는 학문적으로 엄청난 신세를 졌다. 하지만 후배이자 동료 연구자로서 선생께서 보여준 본보기는 지적인 면도 있지만, 차라리 윤리적인 것이었다. 그녀의 일상행동, 사건이나 사람을 마주하는 그녀의 방식을 관찰하면서, 거기에 따르고 반응하려는 노력과정에서 그러한 본보기는 주어졌다. 항상 역사를 똑바로 응시하며, 모순과 혼란을 평가하고, 그에 따라 더 큰 정의와 더 큰 동정심이 있는 미래를 위한 제안을 아끼지 않으셨다. 그녀가 보여준 윤리적 본보기는 작지만 끈질긴 어떤 희망을 늘 주었고, 포기하지 않도록 힘을 주었다. 항상 감사한 마음뿐이다.

일본어에 능숙하지도 않고, 일본사에 대한 지식이 뛰어나지도 않으며, 게다가 저자처럼 사회와 역사에 대한 깊은 통찰력과 실천성을 담보하고 있지도 않은 역자가 이 책을 번역하기가 힘들다는 사실을 안 시점은 번역계약 후였다. 하지만 군사기지화와 주한미군범죄에 반대하는 운동가와 반전 · 평화운동단체, 그리고 기지촌 언니 · 정신대할머니와 연대하며 여성인권 향상을 위해 매진하는 한국의 여성운동단체들에 미력하나마 도움이 되었으면 하는 마음, 거기에 후지메 유키 선생의 동료애에 보답하려는 마음까지 합해져, 고심 고심하며 번역에 노력을 기울였다. 결과는 전혀 만족스럽지 않다. 당연히 이 책을 읽으며 느낄 문제는 모두 역자의 한계와 노력부족 탓이다. 그럼에도 저자가 전하려는 반전평화와 여성인권의 메세지를 독자들이 무리 없이 읽어내 주기를 바라는 마음은 간절하다. 마지막으로 항상 후지메 유키 선생과 역자 사이에서 통역을 담당해주고, 이번 역서와 관련한 수고로운 조언을 아끼지 않고 해준, AWC일본위원회 반전평화운동가, 나가야 선생께 감사드린다. 얼어붙은 출판계 상황에서도 한국과 일본에서 반전평화의 역사적 운동 및 사상의 계승 그리고 한일 간 학술, 시민운동의 소통과 교류를 위하여, 헌신과 노력을 다하고 계시는 논형의 편집진에게도 감사의 마음을 전하고 싶다.

2013년 1월
양동숙

색인

사항

지명

인명